Supply Chain Resilienz

Lukas Biedermann

Supply Chain Resilienz

Konzeptioneller Bezugsrahmen und Identifikation zukünftiger Erfolgsfaktoren

Mit einem Geleitwort von Prof. Dr. Herbert Kotzab

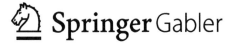

Lukas Biedermann
Bremen, Deutschland

Dissertation Universität Bremen, 2018

ISBN 978-3-658-23515-4   ISBN 978-3-658-23516-1 (eBook)
https://doi.org/10.1007/978-3-658-23516-1

Die Deutsche Nationalbibliothek verzeichnet diese Publikation in der Deutschen Nationalbibliografie; detaillierte bibliografische Daten sind im Internet über http://dnb.d-nb.de abrufbar.

Springer Gabler
© Springer Fachmedien Wiesbaden GmbH, ein Teil von Springer Nature 2018
Das Werk einschließlich aller seiner Teile ist urheberrechtlich geschützt. Jede Verwertung, die nicht ausdrücklich vom Urheberrechtsgesetz zugelassen ist, bedarf der vorherigen Zustimmung des Verlags. Das gilt insbesondere für Vervielfältigungen, Bearbeitungen, Übersetzungen, Mikroverfilmungen und die Einspeicherung und Verarbeitung in elektronischen Systemen.
Die Wiedergabe von Gebrauchsnamen, Handelsnamen, Warenbezeichnungen usw. in diesem Werk berechtigt auch ohne besondere Kennzeichnung nicht zu der Annahme, dass solche Namen im Sinne der Warenzeichen- und Markenschutz-Gesetzgebung als frei zu betrachten wären und daher von jedermann benutzt werden dürften.
Der Verlag, die Autoren und die Herausgeber gehen davon aus, dass die Angaben und Informationen in diesem Werk zum Zeitpunkt der Veröffentlichung vollständig und korrekt sind. Weder der Verlag noch die Autoren oder die Herausgeber übernehmen, ausdrücklich oder implizit, Gewähr für den Inhalt des Werkes, etwaige Fehler oder Äußerungen. Der Verlag bleibt im Hinblick auf geografische Zuordnungen und Gebietsbezeichnungen in veröffentlichten Karten und Institutionsadressen neutral.

Springer Gabler ist ein Imprint der eingetragenen Gesellschaft Springer Fachmedien Wiesbaden GmbH und ist ein Teil von Springer Nature
Die Anschrift der Gesellschaft ist: Abraham-Lincoln-Str. 46, 65189 Wiesbaden, Germany

Geleitwort

Die vorliegende Schrift befasst sich mit dem aktuellen Thema der Supply Chain Resilienz (SCR) und entwickelt dazu einen konzeptionellen Bezugsrahmen mit dessen Hilfe Erfolgsfaktoren zur Gestaltung resilienter Supply Chains identifiziert werden können.

SCR erweist sich als innovatives Managementkonzept, das angewandt wird, damit eine Versorgungskette nach einer Störung in den ursprünglichen Zustand oder in einen besseren Zustand als ursprünglich zurückkehrt. Denn vor dem Hintergrund der wachsenden Bedeutung globaler Wertschöpfungsketten und deren steigender Komplexität kommt es folglich zu einer steigenden Fehleranfälligkeit in den Abläufen dieser Ketten. Jedes international sowie global agierende Unternehmen hat sich diesen Entwicklungen zu stellen und Herr Biedermann stellte sich die Frage welche Faktoren zu berücksichtigen sind, damit Unternehmen nach dem Durchleben einer Störung wieder ihre vorangegangene Wettbewerbsfähigkeit erlangen beziehungsweise gestärkt aus der Krise gehen und ihre Wettbewerbsposition gar verbessern.

Herr Biedermann widmet sich der Thematik äußerst akribisch und stellt fest, dass das von Shaprio und Heskett (1985) ausgewiesene Zitat auch in seinem Falle zutrifft: „Logistics is a difficult subject to study and a difficult function to manage". Und dennoch gelingt es ihm eindrucksvoll das Thema in all seinen Facetten zunächst wissenschaftlich zu verorten, mit Theorien zu verbinden, um anschließend ein für Entscheidungsträger und -trägerinnen strapazierfähiges Gerüst an Maßnahmen zu präsentieren, um Versorgungsketten im globalen Wettbewerb erfolgreich zu gestalten.

Noch beeindruckender jedoch war der – in der Schrift unbemerkbarer und schwierig zu beobachtender – Entstehungsprozess der Arbeit. Herr Biedermann entwickelte seine Vorschläge quasi aus der Praxis für die Praxis, doch tauchte er in die akademische Forschung in einer beachtenswerten Tiefe ein, die einen hauptberuflichen Forscher beeindruckt. Er zog sich aus dem beruflichen Umfeld zurück und widmete sich quasi 365/24/7 seinem Thema. Dabei vernetzte er sich mit den wesentlichen Akteuren des Gebiets, präsentierte seine Ergebnisse bei wichtigen wissenschaftlichen Tagungen und veröffentliche – nahezu nebenbei – die eine oder andere wissenschaftliche Publikation. Dies zu begleiten stellte ein Vergnügen dar, neben den vielen Diskussionen zur Literatur, die zur Erstellung der Arbeit herangezogen wurden.

Insgesamt handelt es sich um einen Mixed-Method-Ansatz bei dem sekundärstatistische und primärstatistische Datenerhebungs- und -auswertungsmethoden angewandt wurden. Die Ergebnisse der Arbeit sind sehr innovativ, denn es handelt sich um die erste Arbeit, die sich mit der Analyse des Theorieeinsatzes in der SCR-Forschung befasst. Dabei stellt Herr Biedermann fest, dass aufgrund der hohen Aktualität des Forschungsfeldes weder ein dominantes Forschungsdesign und/oder noch ein allgemein gültiges Forschungsverständnis (inkl. klares Theorieverständnis) vorliegt. Vielmehr herrscht große Unklarheit über die Begriffe, Theorien und Methoden, die zum Einsatz gelangen.

Herrn Biedermann gelingt eine überzeugende Entwicklung eines Bezugsrahmens, der einer empirischen Untersuchung unterzogen wurde. Ich bin mir sicher, dass diese Arbeit das Resilienzverständnis in der Praxis positiv beeinflussen wird und dass der entwickelte Bezugsrahmen den Lackmustest des praktischen Einsatzes eindrucksvoll bestehen wird.

Bremen, Juni 2018   Prof. Dr. Herbert Kotzab

Vorwort

"Take your time or someone else will."

Unbekannter Autor

Die vorliegende Arbeit entstand im Rahmen meines Promotionsstudiums zur Erlangung des akademischen Grades Dr. rer. pol. Sie wurde in Zusammenarbeit mit dem Lehrstuhl für ABWL und Logistikmanagement der Universität Bremen angefertigt.

Für die persönliche sowie fachliche Wegweisung, das geteilte Wissen und die vermittelten Erfahrungen möchte ich mich bei allen Beteiligten, die mich während dieser Reise begleitet und unterstützt haben, herzlich bedanken.

Mein Dank gilt insbesondere Herrn Prof. Dr. Herbert Kotzab, für die überragende Begleitung während des gesamten Dissertationszeitraumes. Die zahlreichen Telefonate, persönlichen Gespräche und kurzzyklischen Schriftverkehre haben nicht nur zum Funktionieren der transatlantischen Brücke, sondern auch maßgeblich zur Qualität dieser Arbeit beigetragen.

Ebenso möchte ich mich bei Herrn Prof. Dr. Hans-Dietrich Haasis für die freundliche Übernahme des Zweitgutachtens und dem damit verbundenen fachlichen Interesse an meiner Arbeit bedanken. Dr. Tim Pettit, Dr. Andreas Bahke und Ilja Bäumler danke ich für ihren wissenschaftlichen Rat und die methodischen Hilfestellungen zu jeder Zeit. Dr. Sabrina Schell, Philipp Veit und Christopher Kallhoff möchte ich für den fachlichen Austausch und das wertvolle Feedback im Rahmen der zurückliegenden Monate danken.

Ebenso gilt mein Dank meinen Kollegen und Vorgesetzten der Porsche Consulting, allen voran Carsten Kahrs, Dr. Wolfgang Lindheim und Federico Magno für das Vertrauen und die Freiheit, die einjährige berufliche Auszeit nehmen zu können. Ferner danke ich den Experten von Mercedes Benz Vans, LLC in

Charleston, SC (USA) für die Unterstützung bei der Studien-Durchführung sowie den Experten von DHL, der Daimler AG und der Porsche Consulting für das Mitwirken im Rahmen der Studiendurchführung in Deutschland. Meinen Freunden Petrus, Henry, Matt und Jan danke ich für ihre moralische Unterstützung und für den körperlichen Ausgleich auf dem Rad in frühen Morgenstunden.

Abschließend gilt mein besonderer Dank meiner Familie, insbesondere meiner Frau Susan. Ohne ihr Verständnis, die Geduld und die sensationelle Unterstützung in allen Phasen des Dissertationsprojektes wäre das Vorhaben nicht möglich gewesen.

Allen Beteiligten möchte ich für die große Unterstützung während der Entstehung dieser Arbeit von Herzen danken. Die fachlichen und persönlichen Gespräche gaben mir stets den nötigen Rückhalt und die zusätzliche Motivation, meine Reise mit höchstem Engagement fortzusetzen.

Inhaltsverzeichnis

1 Einleitung 1
   1.1   Risikotreiber in globalen Supply Chains 1
       1.1.1   Volatilität und Vernetzungsdichte als Komplexitätstreiber 3
       1.1.2   Supply Chain Resilienz als innovatives Managementkonzept 5
       1.1.3   Praktische Themenrelevanz 5
   1.2   Problemstellung und Forschungslücken 7
   1.3   Zielsetzung und Forschungsfragen 8
   1.4   Methodik und Struktur der Arbeit 10
       1.4.1   Abgrenzung des Betrachtungsumfangs 10
       1.4.2   Wissenschaftstheoretischer Ansatz und Methodik 11
       1.4.3   Aufbau der Arbeit 13

2 Inhaltliche und begriffliche Grundlagen 17
   2.1   Supply Chain Management 17
       2.1.1   Der Begriff Supply Chain 18
       2.1.2   Herleitung der Arbeitsdefinition von Supply Chain Management 21
       2.1.3   Facetten der SCM-Forschungslandschaft 24
   2.2   Supply Chain Risikomanagement 32
       2.2.1   Thematische Einordnung 32
       2.2.2   Vom statischen zum dynamischen Risikoverständnis 33
       2.2.3   Bezugsrahmen zum Supply Chain Risikomanagement 40
       2.2.4   Arbeitsdefinition Supply Chain Risikomanagement 44
   2.3   Supply Chain Resilienz 46
       2.3.1   Ursprung und Perspektiven 46
       2.3.2   Arbeitsdefinition Supply Chain Resilienz 47
       2.3.3   Klassifikation von Supply Chain Störereignissen 50
       2.3.4   Strategien und Erfolgsfaktoren zur Gestaltung resilienter Supply Chains 58

2.4 Definition Erfolgsfaktor 60
  2.4.1 Ursprung der Erfolgsfaktorenforschung 60
  2.4.2 Kritik an der Erfolgsfaktorenforschung 60
2.5 Zusammenfassung 62

3 Analyse der wissenschaftlichen Forschungslandschaft 65
  3.1 Vorgehensweise der systematischen Literaturanalyse 66
    3.1.1 Inhaltlicher Fokus 66
    3.1.2 Methodik 67
  3.2 Ergebnisse der inhaltkritischen Analyse und Interpretation 72
    3.2.1 Quantitative Übersicht 72
    3.2.2 Methodische Forschungsansätze der Supply Chain Resilienz-Forschung 73
    3.2.3 Theorien in der Supply Chain Resilienz-Forschung 75
    3.2.4 Inhaltliche Forschungszugänge und Perspektiven 79
    3.2.5 Supply Chain Resilienz-Forschungsschwerpunkte 88
    3.2.6 Genannte Eigenschaften resilienter Supply Chains 93
  3.3 Ergebnisse der bibliometrischen Analyse 95
    3.3.1 Forschungslücke und Zielsetzung 96
    3.3.2 Vorgehen und Methodik der bibliometrischen Analyse 98
    3.3.3 Ergebnisse der Zitationsanalyse 99
    3.3.4 Ergebnisse der Kozitationsanalyse 104
  3.4 Zusammenfassung 108

4 Entwicklung des konzeptionellen Bezugsrahmens 111
  4.1 Vorgehensweise 112
  4.2 Analyse existierender Bezugsrahmen zur Supply Chain Resilienz 113
    4.2.1 Auswahl relevanter Bezugsrahmen 113
    4.2.2 Analyse 13 relevanter Bezugsrahmen 114
  4.3 Anforderungen an den zu entwickelnden Bezugsrahmen 125
  4.4 Bezugsrahmen zur Gestaltung resilienter Supply Chains 126
    4.4.1 Deduktives Vorgehensmodell 126

4.4.2	Abgrenzung der Gestaltungsansätze	127
4.4.3	Abgrenzung der Erfolgsfaktoren und Wirkzusammenhänge	130
4.4.4	Aufbau und Struktur des Bezugsrahmens	148
4.5	Evaluation des entwickelten Bezugsrahmens	149

5 Empirische Untersuchung ... 151
- 5.1 Empirischer Forschungsansatz ... 152
  - 5.1.1 Untersuchungskonzept ... 152
  - 5.1.2 Auswahl der Erhebungsmethode ... 153
- 5.2 Studiendesign und -durchführung ... 155
  - 5.2.1 Auswahl der Teilnehmer und Untersuchungsdesign ... 155
  - 5.2.2 Durchführungssystematik ... 157
  - 5.2.3 Auswertungssystematik ... 161
  - 5.2.4 Sicherstellung der Güte der Erhebung ... 162
- 5.3 Ergebnisse und Diskussion ... 164
  - 5.3.1 Supply Chain Risiken bis 2025 aus Sicht der Experten ... 164
  - 5.3.2 Ergänzungen zu Gestaltungsansätzen und Erfolgsfaktoren ... 170
  - 5.3.3 Empirisch plausibilisierter Bezugsrahmen ... 184
  - 5.3.4 Limitierende Faktoren zur Gestaltung resilienter Supply Chains ... 187
- 5.4 Evaluation und Handlungsempfehlungen ... 191
  - 5.4.1 Zusammenfassung der empirischen Untersuchungsergebnisse ... 191
  - 5.4.2 Managementmodell und Handlungsempfehlungen ... 192

6 Zusammenfassung und Ausblick ... 197
- 6.1 Zusammenfassung ... 197
  - 6.1.1 Beantwortung der ersten Forschungsfrage ... 197
  - 6.1.2 Beantwortung der zweiten Forschungsfrage ... 199
  - 6.1.3 Beantwortung der dritten Forschungsfrage ... 200
- 6.2 Ausblick ... 202
  - 6.2.1 Implikationen ... 202
  - 6.2.2 Zukünftige Forschungsbedarfe ... 203

Literaturverzeichnis **205**

Anhang **261**

Abbildungsverzeichnis

Abbildung 1:   Supply Chain Volatilitätsindex (1970-2015) 4
Abbildung 2:   Forschungsperspektive und thematische Einordnung 10
Abbildung 3:   Wissenschaftstheoretischer Ansatz 12
Abbildung 4:   Aufbau der Arbeit 15
Abbildung 5:   Struktur der wissenschaftlichen Grundlagenarbeit 17
Abbildung 6:   Spannbreite des Supply Chain Begriffs 18
Abbildung 7:   Kooperationsreichweiten und Supply Chain Interpretationen 21
Abbildung 8:   Arbeitsdefinition Supply Chain Management 24
Abbildung 9:   Das Forschungsfeld Supply Chain Management 26
Abbildung 10: Thematische Einordnung Supply Chain Risikomanagement 32
Abbildung 11: Dynamischer Risikobegriff und SCRM-Strategien 35
Abbildung 12: Elemente und Charakteristika dynamischer Supply Chain Risiken 38
Abbildung 13: Arbeitsdefinition Supply Chain Risiko 40
Abbildung 14: Supply Chain Risikomanagement Bezugsrahmen 41
Abbildung 15: Arbeitsdefinition Supply Chain Risikomanagement 45
Abbildung 16: Arbeitsdefinition Supply Chain Resilienz 49
Abbildung 17: Ebenen von Supply Chain Störungsauswirkungen 50
Abbildung 18: Beispiele verschiedener Störereignis-Zugangspunkte 53
Abbildung 19: Phasen einer resilienten Supply Chain 55
Abbildung 20: Definition Supply Chain Störereignis 55
Abbildung 21: Auswirkungen von Supply Chain Störungen auf betriebliche Kennzahlen 57
Abbildung 22: Arbeitsdefinition Erfolgsfaktor 61
Abbildung 23: Struktur des dritten Kapitels 66
Abbildung 24: Operationalisierung der Forschungsfragen 67
Abbildung 25: Vorgehensweise zur systematischen Literaturanalyse 68

Abbildung 26: Jährliche Verteilung der Supply Chain Resilienz-Veröffentlichungen ... 73
Abbildung 27: Methodische Forschungszugänge der Supply Chain Resilienz-Literatur ... 74
Abbildung 28: Theorien im Forschungsfeld Supply Chain Resilienz ... 77
Abbildung 29: Häufigkeitsverteilung der in der Literatur genannten Theorien .. 79
Abbildung 30: Spezifische Forschungsperspektiven zur Supply Chain Resilienz ... 82
Abbildung 31: Das Forschungsfeld Supply Chain Resilienz im Überblick ... 89
Abbildung 32: Forschungs-Schwerpunkte im Forschungsfeld Supply Chain Resilienz ... 92
Abbildung 33: Unterschied zwischen Zitation und Kozitation ... 97
Abbildung 34: Vorgehensweise der bibliometrischen Analyse ... 99
Abbildung 35: Forschungscluster zur Supply Chain Resilienz auf Basis von Kozitationen ... 106
Abbildung 36: Vorgehensweise zur Formulierung zukünftiger Erfolgsfaktoren ... 112
Abbildung 37: Vorgehensweise zur Bezugsrahmen-Entwicklung ... 113
Abbildung 38: Forschungsperspektiven und Autoren der analysierten Bezugsrahmen ... 115
Abbildung 39: Anforderungen an den zu entwickelnden Bezugsrahmen ... 125
Abbildung 40: SIPOC-Modell zur Entwicklung des konzeptionellen Bezugsrahmens ... 126
Abbildung 41: Konzeptioneller Bezugsrahmen zur Gestaltung resilienter Supply Chains ... 150
Abbildung 42: Vorgehensweise Kapitel 5 ... 151
Abbildung 43: Iterative Vorgehensweise der Fokusgruppen-Interview-Methodik ... 158
Abbildung 44: Supply Chain Risiken bis 2025 nach Risikotreibern ... 165
Abbildung 45: Plausibilisierter Bezugsrahmen ... 186
Abbildung 46: Managementmodell zur Gestaltung resilienter Supply Chains . 193

Tabellenverzeichnis

Tabelle 1: Untersuchungsrahmen der Literaturrecherche 70
Tabelle 2: Eigenschaften einer resilienten Supply Chain in der Literatur von 2003-2016 94
Tabelle 3: Die 20 meistzitierten Journale im Forschungsbereich Supply Chain Resilienz 100
Tabelle 4: Am häufigsten zitierte Publikationen zur Supply Chain Resilienz 102
Tabelle 5: Ergebnisse der Faktorenanalyse 106
Tabelle 6: Analyseergebnisse existierender Bezugsrahmen 116
Tabelle 7: In Bezugsrahmen genannte Erfolgsfaktoren 122
Tabelle 8: Untersuchungsdesign 156
Tabelle 9: Proaktive und reaktive Erfolgsfaktoren 184
Tabelle 10: Kategorien und Beschreibung von Supply Chain Verletzlichkeits-Treibern 188
Tabelle 11: Handlungsempfehlungen für die Praxis 194

Abkürzungsverzeichnis

ABS	Association of Business Schools
ABWL	Allgemeine Betriebswirtschaftslehre
ADAC	Allgemeiner Deutscher Automobil-Club
Anz.	Anzahl
BVL	Bundesvereinigung Logistik
bzgl.	bezüglich
bzw.	beziehungsweise
ca.	circa
CoV	Variationskoeffizient
CPFR	Collaborative Planning, Forecasting and Replenishment
CR	Continuous Replenishment
CT	Contingency Theory
CSCMP	Council of Supply Chain Management Professionals
Dok.	Dokument
d.h.	das heißt
ECR	Efficient Consumer Response
etc.	et cetera
f.	folgende
ff.	fortfolgende
FF	Forschungsfrage
GM	General Management
Hrsg.	Herausgeber
IT	Informationstechnologie
IuK	Informations- und Kommunikationstechnologien
JIT	Just in Time
i.S.v.	im Sinne von
Max.	Maximum

MDS	Multidimensionale Skalierung
Mean CoV	Mittlerer Variationskoeffizient
Mgt.	Management
Min.	Minimum
Mio.	Millionen
Nr.	Nummer
NT	Network Theory
OEM	Original Equipment Manufacturer
OM	Operations Management
PAT	Principal Agent Theory
POS	Point-of-Sale
RBV	Resource-based View
RDT	Resource Dependency Theory
RGT	Relational Governance Theory
ROI	Return on Investment
S.	Seite
SCM	Supply Chain Management
SCOR-Model	Supply Chain Operations Reference Model
SCRM	Supply Chain Risikomanagement
SIPOC	Source – Input – Process – Output – Customer
S&OP	Sales & Operations Planning
s.o.	siehe oben
TCA	Transaction Cost Analysis
TCE	Transaction Cost Economics
TPM	Total Productive Maintenance
u.a.	und andere
usw.	und so weiter
vgl.	vergleiche
VMI	Vendor Managed Inventory
z.B.	zum Beispiel
Zit.	Zitation

1 Einleitung

1.1 Risikotreiber in globalen Supply Chains

Die heute fortschreitende Digitalisierung von Unternehmensprozessen in Form moderner Informations- und Kommunikationstechnologien (IuK) sowie innovativer Produktions- und Logistiktechnologien ermöglicht eine noch nie dagewesene Echtzeit-Transparenz und Prozesseffizienz entlang global vernetzter Wertschöpfungsketten. Neben den positiven Effekten der Globalisierung des Wettbewerbs durch die Liberalisierung von Waren-, Informations- und Finanzströmen sowie durch den technologischen Wandel sind jedoch auch neue Herausforderungen im Supply Chain Management entstanden (Kumar & Kumar Singh, 2017, S. 635) (Slack et al., 2010, S. 55).

Im Zuge der steigenden Vernetzungsdichte und Volatilität in internationalen Wirtschaftsmärkten steigt die Anfälligkeit von Supply Chains gegenüber unvorhersehbaren Störereignissen (Sahu et al., 2016) (Weltwirtschaftsforum, 2013) (Peck, 2005) (Barry, 2004). Ein strukturelles Supply Chain Risiko kann am prominenten Beispiel des zehnminütigen Feuers in einer Produktionszelle bei Royal Philips' Semiconductor in Albuquerque (New Mexico, USA) im Jahr 2000 veranschaulicht werden: Philips war im Rahmen einer Single-Sourcing-Strategie der einzige Lieferant bestimmter Mikrochips für den schwedischen Mobilfunkhersteller Ericsson, welcher die Produktionsausfälle in Folge des Feuers bei Philipps nicht kompensieren konnte (Hartmann et al., 2014, S. 97) (Chopra & Sodhi, 2004). Der Vorfall führte bei Ericsson zu einem Quartalsverlust von 400 Mio. US-Dollar vor Steuern und in Folge dessen zu einem späteren Austritt aus dem Mobilfunkmarkt. Im April 2001 rettete sich Ericsson in das 50-50 Joint Venture mit Sony zur Begründung von Sony-Ericsson (Sheffi, 2005b). Ericssons Konkurrent Nokia hingegen, der ebenso Mikrochips aus Philips' Albuquerque-Werk bezog, verfolgte statt einer Single-Source-Strategie einen Multiple-Sourcing-

Ansatz und konnte deutlich flexibler auf den Störfall reagieren. Durch kurzfristige Kapazitätserhöhungen in anderen Philips-Werken sowie die Erhöhung von Abnahmemengen bei amerikanischen und japanischen Mikrochip-Lieferanten, konnten die Auswirkungen des Störfalls bei Nokia gering gehalten werden (Sheffi, 2005b) (Chopra & Sodhi, 2004).

Ähnlich wie derartige strukturelle Supply Chain Risiken nimmt die Bedeutung beschaffungsspezifischer Qualitätsrisiken, wie sie etwa Kallhoff & Kotzab (2015) diskutieren, zu.[1] Kürzer werdende Produktlebenszyklen und eine gleichzeitig zunehmende Variantenvielfalt sind hierbei ebenso Risikotreiber (Chopra & Meindl, 2013, S. 48) wie der enorme Kostendruck, den Automobilhersteller ihren Lieferanten auferlegen, um ihre eigenen Kosten gering zu halten (Wannenwetsch, 2005, S. 10). Die steigende Zahl an Rückrufaktionen der weltweit produzierenden Automobilhersteller veranschaulicht diesen Sachverhalt. Nach Angaben des ADAC wurden allein in Deutschland im ersten Quartal 2017 insgesamt 307 Fahrzeugmodelle zurückgerufen. Im weltweiten Vergleich startete Toyota am 30. März 2017 den größten Rückruf mit 2,9 Mio. Fahrzeugen aufgrund fehlerhafter Airbags des Zulieferers Takata (Spiegel Online, 2017).[2] Kosten zur Beseitigung von Rückruf-Ursachen sowie die Rückruf-Abwicklung liegen häufig im dreistelligen Millionenbereich, sodass potenzielle Kosteneinsparungen im Vorfeld ad absurdum erscheinen (Wannenwetsch, 2005, S. 10).

Die in verschiedenen Industrien zu findene, über Jahre hinweg stattgefundene Transformation von unternehmensübergreifenden Wertschöpfungsprozessen in schlanke (i.S.v. Lean Management), global vernetzte und komplex

---

[1] Kallhoff und Kotzab (2015) stellen fest, dass insbesondere im Kontext von automobilen Produktionsstandorten in Niedriglohn- und Schwellenländern, lokale Lieferanten oft nicht die geforderte Produktqualität erreichen, was einen deutlich höheren Ressourceneinsatz zur Erreichung der gewünschten Qualitätsstandards, im Vergleich zu Standorten in Industriestaaten, erfordert.

[2] Auch Mercedes musste im ersten Quartal 2017 über 1 Mio. Autos verschiedener Modelle, aufgrund einer möglichen Überhitzung der Zündschaltung und einer damit verbundenen Brandgefahr, weltweit in die Werkstätten zurückrufen (Auto Zeitung, 2017). Audi rief Ende März 2017 572.000 Fahrzeuge der Modellreihen Q5 und SQ5 in China zurück, aufgrund eines möglicherweise undichten Sonnendachs (Handelsblatt, 2017).

interargierende Supply Chains[3], hat deren Anfälligkeit gegenüber Störereignissen[4] signifikant erhöht (Thun & Hoenig, 2011) (Pettit et al., 2010, S. 2) (Simchi-Levi et al., 2009) (Hendricks & Singhal, 2005a, S. 1). Insbesondere steigt das Risiko durch netzwerk- und schnittstellenspezifische Störungen: Mangelnder Informationsaustausch und unzureichende Zusammenarbeit zwischen den beteiligten Supply Chain Akteuren sind Ursachen für Entscheidungsunsicherheiten und stellen im Kontext komplexer Supply Chain Strukturen unternehmerische Risiken dar (Faisal et al., 2007).

1.1.1 Volatilität und Vernetzungsdichte als Komplexitätstreiber

Das heutige Wettbewerbsumfeld ist hochdynamisch, turbulent (Sahu et al., 2017) und ist gekennzeichnet durch eine steigende Vernetzungsdichte und Volatilität in internationalen Wirtschaftsmärkten (Weltwirtschaftsforum, 2013). Charakteristisch hierfür ist, dass obwohl die Finanzkrise der Jahre 2008 und 2009 heute als weitestgehend überwunden gilt, das weltweite Supply Chain Volatilitätslevel immer noch auf einem sehr hohen Niveau liegt und insgesamt höher als vor der Finanzkrise 2008/2009 (Christopher & Holweg, 2017, S. 3ff.; 2011).[5] Abbildung 1 stellt die Volatilität im Zeitraum von 1970 bis 2015 grafisch dar. Die schwarze Linie beschreibt den mittleren Variationskoeffizienten (Mean CoV). Der rote Bereich beschreibt die Schwankungsbreite zwischen minimalen und maximalen Werten des Variationskoeffizienten (CoV).[6]

---

[3] Komplexität baut sich in diesem Zusammenhang, in Anlehnung an Kruse (2004, S. 42), über die Verschachtelung und das Ineinandergreifen verschiedener Prozesse und Rückmeldeschleifen auf.

[4] Zur begrifflichen Abgrenzung und Klassifikation von Störereignissen siehe Kapitel 2.3.3.

[5] Zur Messung der Volatilität bilden Christopher & Holweg (2017; 2011) einen sogenannten Supply Chain Volatilitäts-Index („SCVI"), welcher verschiedene Faktoren berücksichtigt: wesentliche Wechselkursschwankungen, den Basiszinssatz der Bank of England, Rohmaterialkosten (z.B. Öl, Gold und Kupfer), einen Aktienmarkt- Volatilitätsindex (VIX) sowie einen quotenbasierten Transportkosten-Index (Baltic Dry Index, BDI).

[6] Für weitere Einzelheiten zur Kalkulation wird an dieser Stelle auf Christopher & Holweg (2011) sowie Christopher & Holweg (2017, S. 3ff.) verwiesen.

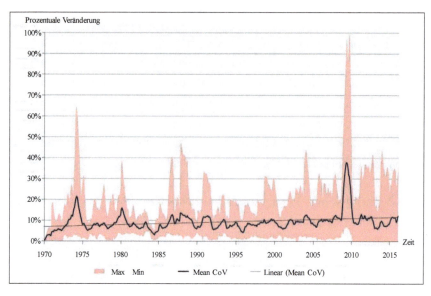

Abbildung 1: Supply Chain Volatilitätsindex (1970-2015)

(Christopher & Holweg, 2017, S. 8)

Auffällig sind sowohl historische Volatilitätsspitzen[7], als auch die zunehmende Schwankungsbreite des Volatilitätskoeffizienten. In seinem Bericht zum Thema „Building Resilience in Supply Chains" spricht das Weltwirtschaftsforum 2013 gar von einer „Ära der erhöhten Volatilität" (Weltwirtschaftsforum, 2013, S. 9). Beispielhaft hierfür steht die zunehmend schwierigere Planbarkeit von zukünftigen Kundenbedarfen. Planungshorizonte von mehreren Monaten beziehungsweise Jahren sind heute weniger verlässlich, wohingegen die Fähigkeit auf Marktschwankungen reagieren zu können immer bedeutsamer wird (Christopher & Holweg, 2017).

---

[7] Christopher & Holweg (2011, S. 68) identifizieren folgende Extremwert-Ursachen: 1975: Arabisches Öl-Embargo; 1979: Iranische Revolution; 1986: Saudi-Arabien setzt Rolle als Öl-Ausgleichsproduzent aus; 1987: Schwarzer Montag (Börsenkrach „Black Monday"); 1990: 2. Golfkrieg (Kuwait-Invasion durch den Irak); 1997/1998: Asienkrise; 2008/2009: Globale Finanzkrise.

In Anbetracht der verschiedenen Supply Chain Risikotreiber und Herausforderungen im Kontext der Globalisierung und Digitalisierung, sind zwei wesentliche Entwicklungstendenzen zu erkennen. Zum einen die zunehmende Komplexität von unternehmensübergreifenden Supply Chain Strukturen (Kamalahmadi & Mellat-Parast, 2016b). Zum anderen, wie das Ericsson-Beispiel zeigt, die verstärkte Auswirkungen von Supply Chain Störungen auf die unternehmerische Wettbewerbsfähigkeit, die bis zur Insolvenz führen können (Weltwirtschaftsforum, 2013) (Skipper & Hanna, 2009) (Ritchie & Brindley, 2007a, S. 1402).[8]

1.1.2 Supply Chain Resilienz als innovatives Managementkonzept

In diesem Zusammenhang erfährt das Konzept der Resilienz zunehmendes Interesse im Bereich des Supply Chain- und Logistikmanagements (Mandal, 2014, S. 427) (Carvalho et al., 2012). Durch die Entwicklung und den Ausbau von Supply Chain Resilienz können unternehmerische Supply Chain Risiken reduziert werden. Hierbei ist es unter anderem Ziel, die Fähigkeit zu entwickeln, nach einem Störfall schnell wieder zur Ausgangssituation oder sogar zu einem höheren Betriebszustand zurückzukehren (Scholten et al., 2014, S. 211) (Wagner & Bode, 2006) (Peck, 2005) (Svensson, 2000).

Sowohl für die Wissenschaft als auch für die Unternehmenspraxis stellt das Konzept der Supply Chain Resilienz daher eine höchst aktuelle Thematik dar (Hohenstein et al., 2015) (Sáenz & Revilla, 2014) (Wieland, 2013).

1.1.3 Praktische Themenrelevanz

Die Globalisierung der Märkte, das zunehmende Outsourcing und Offshoring, die Abhängigkeit von externem Know-How sowie die Bedeutung hochmoderner IuK-Technologien zur Koordination ausgedehnter Supply Chain Netzwerke sind nur einige Gründe, weshalb das Thema für die Unternehmenspraxis relevant erscheint (Kilubi, 2016, S. 662) (Lockamy & McCormack, 2010) (Nasarimhan & Talluri, 2009) (Pujawan & Geraldin, 2009) (Ritchie & Brindley, 2007a) (Ritchie & Brindley, 2007b).

---

[8] Zur Quantifizierung der Auswirkungen von Supply Chain Störereignissen vgl. Kapitel 2.3.3.

Zahlreiche Unternehmen betreiben heute Supply Chain Strukturen und Prozesse, die zu Zeiten geringer Volatilität entwickelt wurden. Die in diesen Strukturen implizierte Annahme, dass die Zukunft ein vorhersehbares Szenario vergangenheitsbasierter Ereignisse ist, scheint heute überholt (Christopher & Holweg, 2017) (Schlegel & Trent, 2012). Statistische Vorhersagemodelle sind in diesem Zusammenhang genauso wenig zuverlässig, wie die weitverbreiteten, erfahrungsbasierten Risikomanagement-Ansätze in der Unternehmenspraxis (Sheffi, 2005b) (Sheffi, 2005c, S. 1). Im Kontext steigender Volatilität empfinden es Führungskräfte daher als zunehmend schwieriger, mit vorhandenen Methoden und Management-Werkzeugen angemessen mit den heutigen Herausforderungen und Unsicherheiten umzugehen (Butner, 2010, S. 22).

Am Beispiel der erfolgreichen Einführung eines Resilienzmodells für Lieferketten bei BSH Hausgeräte, veranschaulicht die Bundesvereinigung Logistik (BVL) e.V. (2016), dass sich immer mehr Unternehmen weltweit mit dem Konzept der Supply Chain Resilienz befassen. Die Unternehmensberatung Accenture schätzte den Prozentsatz bereits 2013 auf ca. 80% (Weltwirtschaftsforum, 2013). Hierbei stellt die Bewältigung von Supply Chain Risiken eine zentrale Herausforderung für die unternehmerische Wettbewerbsfähigkeit dar (Kilubi, 2016). Ziel ist es, Maßnahmen zu ergreifen, welche die Anfälligkeit (Verletzlichkeit/ vulnerability) gegenüber Störereignissen reduzieren (Purvis et al., 2016) (Christopher & Peck, 2004).

Tatsächlich scheitert ein proaktives Störungsmanagement auf Unternehmensseite jedoch häufig am fehlenden, grundlegenden Verständnis der eigenen Supply Chains (Kim et al., 2015, S. 44). Neben fast unumgänglichen Informationsunsicherheiten in Supply Chains (Muckstadt et al., 2001, S. 451) scheitert die Entwicklung eines umfassenden Verständnisses in der Praxis häufig bereits an der Komplexität der vorliegenden Problematik (Dickman, 2009, S. 3).

Es stellt sich die Frage, was die zugrunde liegenden Erfolgsfaktoren zur Gestaltung resilienter Supply Chains sind, und wie diese zusammenhängen, damit Unternehmen und ihre Supply Chains in Zukunft in der Lage sind, angemessen auf unvorhersehbare Störungen zu reagieren (Christopher & Holweg, 2011).

1.2 Problemstellung und Forschungslücken

Hinsichtlich der Beantwortung dieser Frage herrscht in der Literatur Uneinigkeit (Annarelli & Nonino, 2016). Weder sind zukünftige Erfolgsfaktoren zur Gestaltung resilienter Supply Chains, noch ihre Wirkzusammenhänge wissenschaftlich erforscht (Ponomarov & Holcomb, 2009). Auf die existierende Forschungslücke wird im Folgenden näher eingegangen.

1.2 Problemstellung und Forschungslücken

Als Teilgebiet des evolutionär gewachsenen, interdisziplinären Supply Chain Management-Forschungsfeldes (Halldórsson et al., 2015, S. 576) (Klaus, 2009) ist das Konzept der Supply Chain Resilienz verhältnismäßig wenig erforscht (Scholten et al., 2014, S.211) (Ponomarov & Holcomb, 2009, S. 124) (Jüttner, 2005). In dem noch relativ neuen Forschungsgebiet finden sich unterschiedliche Paradigmen, Perspektiven, methodische Forschungsansätze und Theorien wieder (Kamalahmadi & Mellat-Parast, 2016b, S. 119) (Mandal, 2014).

Die existierenden Begriffsdefinitionen in der Supply Chain Resilienz-Literatur sowie die uneinheitliche Terminologie zur Beschreibung wesentlicher Eigenschaften resilienter Supply Chains, können als Ausdruck einer diversifizierten theoretischen Bezugsgrundlage interpretiert werden.[9] Dabei sind bis heute angewandte Theorien im Supply Chain Resilienz-Forschungsfeld lediglich von Tukamuhabwa et al. (2015) in einen Untersuchungsrahmen von 91 Veröffentlichungen bis August 2014 erfasst worden. Unklar bleibt jedoch, welche Theorien aus anderen wissenschaftlichen Disziplinen in welchem Umfang am aktuellen Theoriebildungsprozess beteiligt sind. Insbesondere die Untersuchung jüngster Publikationen aus den Jahren 2015 und 2016 stellt hierbei eine wissenschaftliche Forschungslücke dar und verspricht neue wissenschaftliche Erkenntnisse.

Ein weiteres Problem der aktuellen Supply Chain Resilienz-Forschung ist die überwiegend retrospektive Forschungstätigkeit.[10] In einer frühen Veröffentlichung zur Supply Chain Resilienz greifen beispielsweise Christopher & Peck

---

[9] Vgl. Kapitel 2.3.1 zur Entwicklung des Begriffsverständnisses von Supply Chain Resilienz.
[10] Vgl. hierzu die Ergebnisse der inhaltskritischen Literaturanalyse in Kapitel 3.2.3.

(2004) auf Studienergebnisse des Zentrums für Logistik und Supply Chain Management im Auftrag der britischen Regierung im Jahr 2001 zurück, um hieraus Rückschlüsse über Methoden und Werkzeuge zur Steigerung von Supply Chain Resilienz zu ziehen. Aus Extremsituationen können zwar wesentliche Erkenntnisse über Charakteristika des beobachteten Phänomens abgeleitet und zusätzliches Wissen für „generelle" Supply Chain Operations gewonnen werden (Christopher & Tatham, 2011) (Bamberger & Pratt, 2010). In einer sich immer schneller wandelnden Welt mit zunehmend unkalkulierbaren Risiken für das unternehmerische Supply Chain Management, sind Forschungsrückschlüsse auf Basis zurückliegender Ereignisse jedoch nur bedingt für die unternehmerische Praxis relevant (Schlegel & Trent, 2012). Vielmehr kommt, im Kontext globaler Volatilität und Unsicherheiten, der proaktiven und strategischen Gestaltung von Supply Chain Management Prozessen eine immer größere Bedeutung zu (von der Gracht & Darkow, 2013, S. 405) (Singh, 2004).

Tatsächlich wird das Potenzial der Zukunftsforschung im Bereich des Supply Chain- und Logistikmanagements heute nur unzureichend realisiert (von der Gracht & Darkow, 2013) (von der Gracht & Darkow, 2010). Eine Verknüpfung der existierenden Forschungsergebnisse mit wissenschaftlichen Untersuchungsmethoden der Zukunftsforschung stellt den konsequenten notwendigen nächsten Forschungsschritt dar. Vielversprechend erscheint in diesem Zusammenhang die gezielte Nutzung von Expertenwissen (von der Gracht & Darkow, 2013, S. 406) (Nowack et al., 2011).

1.3 Zielsetzung und Forschungsfragen

Ziel der vorliegenden Arbeit ist die Ermittlung zukünftiger Erfolgsfaktoren zur Gestaltung resilienter Supply Chains sowie die Ermittlung derer wesentlichen Wirkzusammenhänge.

Eine zugrunde liegende Aufbereitung der wissenschaftlichen Forschungslandschaft zur Supply Chain Resilienz folgt weiterhin der Zielsetzung, herauszufinden welche Theorien am aktuellen Theoriebildungsprozess beteiligt sind. Ergänzend

1.3 Zielsetzung und Forschungsfragen

soll die Darstellung existierender Forschungsperspektiven und -schwerpunkte im Supply Chain Resilienz-Forschungsgebiet einen wesentlichen Beitrag zum aktuellen Theoriebildungsprozess leisten und als Wegweiser für zukünftige Forschungsvorhaben dienen.

Die Ergebnisse der Identifikation zukünftiger Erfolgsfaktoren zur Gestaltung resilienter Supply Chains sowie derer Wirkzusammenhänge werden in Form eines konzeptionellen Bezugsrahmens präsentiert. Ergänzend dient die gezielte Nutzung von Expertenwissen dazu, die konzeptionellen Forschungsergebnisse durch praxisbezogene Aspekte zu ergänzen. Hierdurch soll zum einen dem Forschungsbedarf Rechnung getragen werden, existierende Forschungsergebnisse empirisch zu plausibilisieren. Zum anderen sollen die Arbeitsergebnisse einen Mehrwert für Unternehmen liefern, neue Ansätze, Methoden und Vorgehensweisen zur Gestaltung resilienter Supply Chains zu entwickeln.

Im Fokus der vorliegenden Arbeit steht daher nicht die Beschreibung des Wesens von Supply Chain Resilienz, sondern deren Wirkungsweise. Supply Chain Resilienz beschreibt weder die Struktur noch das Wesen einer Supply Chain, sondern die Wirkungsweise von zugrunde liegenden Erfolgsfaktoren. Eine Supply Chain bekommt damit die Identität einer organisationalen Einheit, die entweder agiert oder reagiert und dadurch eine Leistung (Output) erzeugt. Ein derartiges Begriffsverständnis einer Supply Chain wird in Kapitel 2.1.1 ausführlich erläutert.

Auf Basis dieser Zielsetzungen lassen sich folgende Forschungsfragen formulieren:

1. Welche Theorien, Forschungsperspektiven und -schwerpunkte liegen dem aktuellen Forschungsprozess zur Supply Chain Resilienz zugrunde?
2. Was sind zukünftige Erfolgsfaktoren zur Gestaltung resilienter Supply Chains?
3. Wie hängen die zukünftigen Erfolgsfaktoren zur Gestaltung resilienter Supply Chains zusammen?

1.4 Methodik und Struktur der Arbeit

1.4.1 Abgrenzung des Betrachtungsumfangs

Der Forschungsbereich Supply Chain Resilienz kann als Teilbereich der Supply Chain Risikomanagement-Forschung angesehen werden (Scholten et al., 2014) und befindet sich damit in der Schnittstelle zwischen dem evolutionär gewachsenen Forschungsfeld Supply Chain Management (Halldórsson et al., 2015, S. 576) und der Risikomanagement-Forschung. Diese Arbeit folgt einer evolutionären Perspektive wonach das Supply Chain Management in enger Verzahnung zu anderen Disziplinen, wie beispielsweise dem Operations Management, Einkauf und Beschaffung, dem Qualitätsmanagement u.a. (Halldórsson et al., 2015, S. 574), entstanden ist (Ballou, 2007, S. 337f.). Ferner lässt sich ein unionistischer Denkansatz[11] auf das Supply Chain Management in der vorliegenden Arbeit erkennen. Abbildung 2 bildet die thematische Einordnung von Supply Chain Resilienz sowie den wissenschaftlichen Forschungsrahmen dieser Arbeit ab.

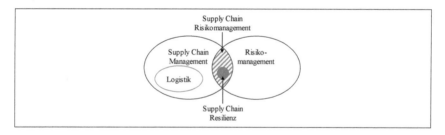

Abbildung 2: Forschungsperspektive und thematische Einordnung

---

[11] Vgl. Kapitel 2.1.3.1; Im Gegensatz zur einer „traditionellen" (*Traditionalist*), „Neu-Bezeichnungs-" (*Re-labeling*) oder „Schnittstellen-Sichtweise" (*Intersectionist*) auf das Supply Chain Management definiert der unionistische Denkansatz Logistik als einen Teil von Supply Chain Management. Siehe Sweeney (2005) für die ausführliche Darstellung der verschiedenen Denkschulen im Supply Chain Management.

1.4.2 Wissenschaftstheoretischer Ansatz und Methodik

Ziel einer jeden wissenschaftlichen Arbeit ist es, einen Beitrag zum wissenschaftlichen Erkenntnisprozess zu leisten (Eriksson, 2015) (Arlbjørn & Halldórsson, 2002, S. 23). Statt eine Theorie in einem inhaltlich abgeschlossenen Rahmen neu zu entwickeln oder eine bestehende zu validieren, plädieren Halldórsson et al. (2015, S. 575) dafür, Forschungsarbeit als einen kontinuierlichen Prozess des ständigen Hinterfragens im Dialog mit anderen wissenschaftlichen Disziplinen zu verstehen. Statt sich ausschließlich auf den Wissensübertrag aus anderen Wissenschaftsdisziplinen zu fokussieren, ist es Aufgabe eines jeden Wissenschaftlers, sich ebenso Gedanken über den grundsätzlichen, individuellen Forschungszugang zu machen (Arlbjørn & Halldórsson, 2002, S. 36). Jeder Theoriebildungsprozess kann von den individuellen Erfahrungen, Ansichten und Überzeugungen der forschenden Person beeinflusst sein und zu unterschiedlichen Ergebnissen führen (Arlbjørn & Halldórsson, 2002, S. 35). Im Folgenden wird daher der grundlegende erkenntnistheoretische Ansatz, der „Modus Operandi"[12] dieser Arbeit umrissen.

Grundlegende Logik und Methodik

Die vorliegende Arbeit orientiert sich an einer dreistufigen Erkenntnislogik in Anlehnung an die Ausführungen von Peirce (1902). Abbildung 3 stellt den erkenntnistheoretischen Ansatz dieser Arbeit dar.

Im ersten Schritt des wissenschaftlichen Erkenntnisprozesses dieser Arbeit stehen zur Verfügung stehende Beobachtungen und existierendes theoretisches Wissen. Basierend auf den in Kapitel 2 dargelegten inhaltlichen Grundlagen, beschreibt Kapitel 3 den aktuellen Forschungsstand sowie die im Rahmen dieser Arbeit neu gewonnen Erkenntnisse zur Supply Chain Resilienz (deduktiver Schritt).[13]

---

[12] Der Begriff Modus Operandi stammt aus dem Lateinischen und bezieht sich auf die Art und Weise des Handelns, bzw. Vorgehens (Duden, 2016).

[13] Vgl. Kapitel 3.2 zu Ergebnissen der inhaltskritischen Literaturanalyse.

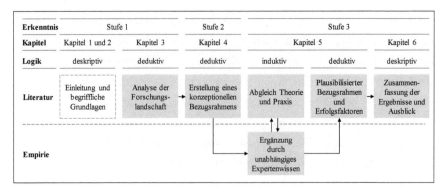

Abbildung 3: Wissenschaftstheoretischer Ansatz

Anschließend erfolgt im Rahmen der zweiten Stufe (Kapitel 4) die Identifikation von aus der Theorie stammenden Eigenschaften und Erfolgsfaktoren zur Gestaltung resilienter Supply Chains. Das Ergebnis wird in Form eines konzeptionellen Bezugsrahmens festgehalten (deduktiver Schritt).

In der dritten Stufe (Kapitel 5) dient Praxiswissen der qualitativen Ergänzung der Annahmen und Vorhersagen (induktiver Schritt). Dies wird durch den Abgleich des konzeptionellen Bezugsrahmens mit dem unabhängigen Wissen der Experten im Rahmen von zwei Fokusgruppen-Interviews realisiert.[14] Die Ergebnisse werden in Form eines empirisch plausibilisierten Bezugsrahmens in Kapitel 5.3.3 abschließend zusammengefasst und diskutiert.

Dieses erkenntnistheoretische Vorgehen trägt dazu bei, Beobachtungen und Erfahrungswerte aus der Praxis mit bisherigen theoretischen Forschungsergebnissen zur Supply Chain Resilienz abzugleichen. Auf diese Weise soll zum einen ein wesentlicher Beitrag zum aktuellen Theoriebildungsprozess geleistet und die existierende Wissensbasis erweitert werden. Zum anderen stellen die in Kapitel

---

[14] Dieser Vorgang kann auch als „quasi-abduktiver Schritt" angesehen werden, wobei die Abduktion ein erkenntnistheoretischer Weg ist, der sich sowohl aus deduktiver, als auch induktiver Argumentationsführung zusammensetzt (Kovács & Spens, 2005). Er zeichnet sich durch ein Hin und Her zwischen theoretischen Erkenntnissen und praktischen Beobachtungen, bzw. Erfahrungswerten aus (Eriksson, 2015, S. 349).

5.3.1 präsentierten Ergebnisse einen neu entwickelten Ansatz dar und eröffnen Möglichkeiten, wissenschaftliche Erkenntnisse in die Unternehmenspraxis zu überführen.[15]

1.4.3 Aufbau der Arbeit

Die vorliegende Arbeit ist in sechs Kapitel gegliedert. Sie beginnt mit einer thematischen Einführung globaler Wertschöpfungsnetzwerke sowie der Darstellung wesentlicher Herausforderungen und Risikotreiber für komplexe Supply Chain Strukturen. Praxisbeispiele verdeutlichen die Themenrelevanz. Konkrete Beschreibungen der Problemstellung, des Forschungsstands und wissenschaftlicher Forschungsdefizite leiten die Formulierung der Zielsetzung und Forschungsfragen ein. Die Darstellung der methodischen Vorgehensweise und der Struktur der Arbeit schließen das Kapitel 1 ab.

Dem einleitenden Kapitel folgt die Darstellung begrifflicher Grundlagen in Kapitel 2. Insbesondere erfolgt eine systematische Einordnung der Begriffe Supply Chain Management (SCM), Supply Chain Risikomanagement (SCRM) und Supply Chain Resilienz sowie die Definition derer wesentlichen Elemente und Charakteristika. Die klare Definition und Abgrenzung des Begriffes Erfolgsfaktor sowie eine Kapitelzusammenfassung schließen das Kapitel 2 ab.

Im dritten Kapitel erfolgt die Beantwortung der ersten Forschungsfrage durch eine umfassende Literaturrecherche in Anlehnung an das Prozessmodell von Denyer und Tranfield (2009). Ziel dieser Vorgehensweise ist die Identifikation verschiedener inhaltlicher und methodischer Forschungsperspektiven sowie zugrunde liegender Theoriebausteine zur Supply Chain Resilienz. Dieses Vorgehen versucht Transparenz über aktuelle Forschungsinhalte bzw. -defizite zu schaffen und soll somit zum Theoriebildungsprozess beitragen (Seuring & Müller, 2008, S. 1700).

---

[15] Auf diese Weise lässt sich der Forschungsbeitrag dieser Arbeit in die Quadranten II und IV der von Arlbjørn & Halldórsson (2002, S. 29) vorgeschlagenen Matrix zur Klassifikation von Forschungsansätzen im Bereich der Supply Chain Management- und Logistik-Forschung einordnen.

Im vierten Kapitel werden die Ergebnisse der Literaturrecherche genutzt, um einen deduktiv abgeleiteten, konzeptionellen Bezugsrahmen zu erarbeiten. In diesem Zusammenhang werden Eigenschaften resilienter Supply Chains aus theoretischer Sicht spezifiziert sowie existierende Bezugsrahmen kritisch bewertet.

In Abgrenzung zu gedanklichen oder theoretischen Bezugsrahmen dient ein konzeptioneller Bezugsrahmen vorrangig der „Systematisierung, Ordnung und geistigen Durchdringung der den jeweiligen Untersuchungsbereich charakterisierenden Ursachen, Gestaltungen und Wirkungen" (Wolf, 2008, S. 37). Durch die grafische Abbildung der in einen Zusammenhang gebrachten Einzelkonstrukte, erleichtert der konzeptionelle Bezugsrahmen die Kommunikation der konkreten Forschungsbemühungen und Ergebnisse (Kleiner, 2011) (Wolf, 2008) (Marr & Stitzel, 1979). Aus diesem Grund erscheint ein konzeptioneller Bezugsrahmen als ideales Instrument zur Darstellung der im Rahmen dieser Arbeit untersuchten, zukünftigen Erfolgsfaktoren und derer Zusammenhänge zur Gestaltung resilienter Supply Chains.

Im Rahmen des fünften Kapitels erfolgt der qualitative Abgleich des konzeptionellen Bezugsrahmens mit Expertenwissen im Rahmen der Fokusgruppen-Interviews. Die Ergebnisse werden in Form eines empirisch plausibilisierten Bezugsrahmens zur Supply Chain Resilienz präsentiert. Es werden sowohl zukünftige Erfolgsfaktoren, als auch limitierenden Faktoren zur Gestaltung resilienter Supply Chains in der Unternehmenspraxis diskutiert. Die Evaluation der Ergebnisse sowie Handlungsempfehlungen für die Unternehmenspraxis schließen das Kapitel 5 ab.

In Kapitel 6 werden die Ergebnisse der vorliegenden Arbeit zusammengefasst sowie zukünftiger Forschungsbedarfe als Ausblick dargestellt. Die folgende Abbildung fasst die Struktur der vorliegenden Arbeit zusammen.

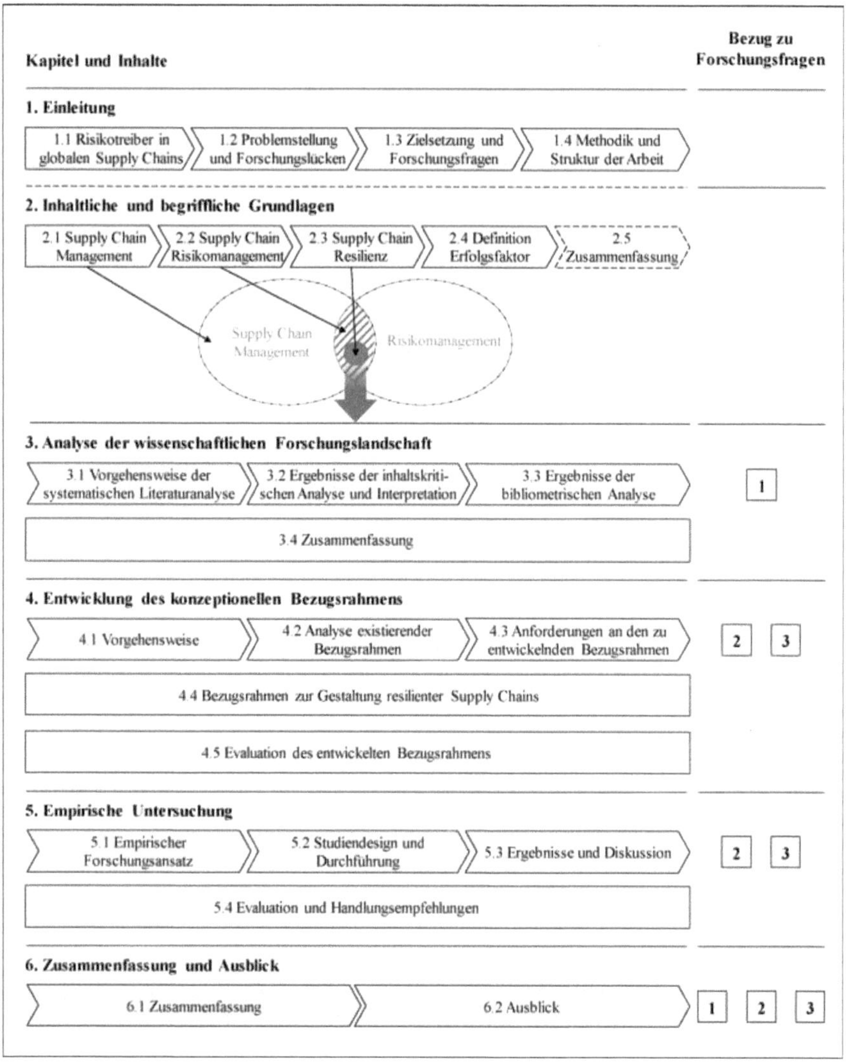

1.4 Methodik und Struktur der Arbeit

Abbildung 4: Aufbau der Arbeit

2 Inhaltliche und begriffliche Grundlagen

Ziel des zweiten Kapitels ist es, ein für die vorliegende Arbeit relevantes Grundverständnis zu erarbeiten. Die begriffliche Abgrenzung der Begriffe Supply Chain und Supply Chain Management sowie ein Überblick über das aktuelle Forschungsfeld Supply Chain Management bilden die Grundlage (Kapitel 2.1). In Kapitel 2.2 werden wesentliche Eigenschaften des Supply Chain Risikomanagements beschrieben. Im Anschluss erfolgt die Einordnung der Begriffe Supply Chain Resilienz (Kapitel 2.3) und Erfolgsfaktor (Kapitel 2.4). Eine Zusammenfassung der begrifflichen Abgrenzungen und Definitionen schließen das zweite Kapitel ab (Kapitel 2.5). Abbildung 5 stellt die Kapitelstruktur dar.

Schritt	1 Supply Chain Management	2 Supply Chain Risikomanagement	3 Supply Chain Resilienz	4 Definition Erfolgsfaktor	5 Zusammenfassung
Kapitel	Kapitel 2.1	Kapitel 2.2	Kapitel 2.3	Kapitel 2.4	Kapitel 2.5
Inhalt	• Der Begriff Supply Chain • Arbeitsdefinition Supply Chain Management • Facetten der SCM-Forschungslandschaft	• Thematische Einordnung • Dynamisches Risikoverständnis • Bezugsrahmen zum Supply Chain Risikomanagement • Arbeitsdefinitions SCRM	• Ursprung und Perspektiven • Arbeitsdefinition Supply Chain Resilienz • Supply Chain Störereignisse • Strategien und Erfolgsfaktoren	• Ursprung der Erfolgsfaktorenforschung • Kritik	• Zusammenfassung der Grundlagen und begrifflichen Abgrenzungen
Ergebnis	Definition SCM	Definition SCRM	Definition Supply Chain Resilienz	Definition Erfolgsfaktor	Übersicht der wissenschaftlichen Grundlagen

Abbildung 5: Struktur der wissenschaftlichen Grundlagenarbeit

2.1 Supply Chain Management

Auf Basis des in Kapitel 1.4.2 dargestellten wissenschaftstheoretischen Ansatzes dieser Arbeit werden im Folgenden wesentliche begriffliche und inhaltliche Ab-

© Springer Fachmedien Wiesbaden GmbH, ein Teil von Springer Nature 2018
L. Biedermann, *Supply Chain Resilienz*, https://doi.org/10.1007/978-3-658-23516-1_2

grenzungen vorgenommen. Beginnend mit dem übergeordneten Begriff Supply Chain folgt die Arbeitsdefinition von Supply Chain Management.

2.1.1 Der Begriff Supply Chain

2.1.1.1 Begriffliche Spannweiten und Betrachtungswinkel

Die akademische Auseinandersetzung mit dem Begriff Supply Chain und die Abwesenheit einer einheitlichen Begriffsdefinition sind Hindernisse für die Umsetzung von Supply Chain Management-Techniken in der Unternehmenspraxis (Grimm et al., 2015) (Peck, 2006a). Synonym für den Begriff Supply Chain sind in der Literatur die Begriffe Wertschöpfungskette, Lieferkette, Supply Network, ValueNet u.a. zu finden.[16] Grundsätzlich lassen sich hierbei verschiedene, zugrunde liegende Betrachtungshorizonte feststellen. Diese sind, in Anlehnung an Otto (2002, S. 89f.), in Abbildung 6 dargestellt.

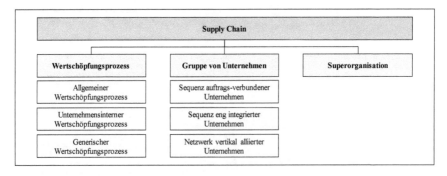

Abbildung 6: Spannbreite des Supply Chain Begriffs

(Eigene Darstellung in Anlehnung an Otto (2002, S. 89f.))

Definiert als ein Prozess der allgemeinen Wertschöpfung, umfasst eine Supply Chain alle Prozesse von der Rohmaterial-Beschaffung, Herstellung, Lagerung,

---

[16] Für ausführliche Beschreibungen über die historische Entwicklung des Begriffes Supply Chain, und das damit wandelnde Verständnis über die begriffliche Bedeutung, sei an dieser Stelle weiterführend auf Crandall et al. (2010, S. 6ff.) sowie Bales et al. (2004, S. 251) verwiesen.

2.1 Supply Chain Management

dem Verkauf bis hin zur Distribution und dem Transport zum Kunden (Otto, 2002, S. 90). In Anlehnung an die frühen Begriffsdefinitionen von Speckmann et al. (1998, S. 630), Scott & Westbrook (1991, S. 23) sowie Stevens (1989, S. 3), welche die Funktionsintegration dieser genannten Bereiche hervorheben, kritisiert Otto (2002, S. 91) den primären Bezug auf Sachleistungen und die fehlende Berücksichtigung von Dienstleistungen beim Verständnis einer Supply Chain als allgemeinen Wertschöpfungsprozess.

Demgegenüber findet beim Verständnis einer Supply Chain als unternehmensinternen Wertschöpfungsprozess eine Abgrenzung auf Unternehmensebene statt (Otto, 2002, S. 92). Im Vergleich zum allgemeinen Wertschöpfungsansatz kann hierbei die weltweite geografische Verteilung der Betriebsstandorte als Erweiterung des allgemeinen Wertschöpfungsverständnisses und als Antwort auf die von Levy (1997, S. 94) beschriebenen Globalisierungstrends angesehen werden.

Das Verständnis einer Supply Chain als generischen Wertschöpfungsprozess erweitert den allgemeinen und den unternehmensinternen Erklärungsansatz durch einen Allgemeingültigkeitsanspruch. Dieser entsteht, indem entweder branchenspezifische Wertschöpfungsmodule in eine bestimmte Reihenfolge gebracht werden und somit einen Referenzprozess bilden oder indem ein Bestand einzelner und kombinierbarer Wertschöpfungsmodule für die Modellierung von Wertschöpfungsprozessen entwickelt wird (Otto, 2002, S. 92). Beispielhaft für ein derartiges generisches Modell kann das vom Supply Chain Council[17] entwickelte SCOR-Modell[18] herangezogen werden.

Allerdings entspricht auch die Betrachtung der Supply Chain als einen generischen Wertschöpfungsprozess einem statischen Konstrukt von Prozessen und berücksichtigt keinerlei dynamische Elemente. Sie beschreibt, was eine Supply Chain ist, nicht was sie tut. Dadurch wird eine für die vorliegende Arbeit nur

---

[17] Das „APICS Supply Chain Council, Inc." ist nach eigenen Angaben eine in den USA ansässige, weltweit agierende Non-Profit-Organisation, die das Ziel verfolgt, den Gedankenaustausch und die konzeptionelle Weiterentwicklung des Supply Chain Managements voranzutreiben (APICS Supply Chain Council, 2017).

[18] SCOR-Model = Supply Chain Operations Reference-Modell.

unzureichende Tiefe hinsichtlich der Prozess-Charakteristika und -Ausprägungen erreicht.[19] Daher wird für eine umfassendere Betrachtung die Sichtweise einer Supply Chain als Netzwerk vertikal alliierter Unternehmen dienen, wie sie Otto & Kotzab (1999) vorstellen.

2.1.1.2 Arbeitsdefinition Supply Chain

Otto & Kotzab (1999, S. 216) betrachten eine Supply Chain als „ein Netzwerk vertikal alliierter, rechtlich selbstständiger Unternehmen, die per Auftragsschluss sequenziell miteinander verbunden sind, über die Herstellung von Sachleistungen in diversen Wertschöpfungsschritten der Vormaterialerzeugung, Verarbeitung, Montage, Lagerung, Kommissionierung und Transport."[20] Dieser Betrachtungshorizont entspricht der Wahrnehmung einer Supply Chain als organisationale Einheit, die entweder agiert oder reagiert und dadurch eine Leistung (Output) erzielt. Aus diesem Grund ist es im Rahmen dieser Arbeit sinnvoll das Begriffsverständnis von Otto & Kotzab (1999, S. 216) für den Begriff der Supply Chain aufzugreifen.

Durch die vorgestellte Sichtweise einer Supply Chain als „Netzwerk vertikal alliierter, rechtlich selbstständiger Unternehmen" (Otto, 2002, S. 92) (Otto & Kotzab, 1999, S. 216) wird deutlich, dass anstelle der Anzahl beteiligter Unternehmen vielmehr die Reichweite der Vernetzung im Vordergrund steht. Die folgende Abbildung trennt diese institutionellen Reichweiten voneinander. Die Begriffe „Lieferantenbeziehung", „Kundenbeziehung", „Supply Chain" sowie „Interne Supply Chain" werden branchenunabhängig, aus Herstellersicht, unterschieden.

---

[19] Vgl. hierzu Kapitel 2.1.3.3 hinsichtlich des Anspruchs an praxistaugliche Forschungsergebnisse.
[20] Zitiert nach Otto & Kotzab (1999, S. 216) in Otto (2002, S. 92).

2.1 Supply Chain Management 21

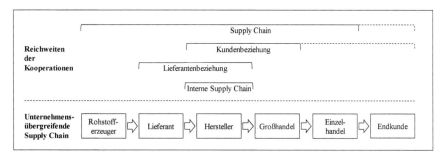

Abbildung 7: Kooperationsreichweiten und Supply Chain Interpretationen

(Eigene Darstellung in Anlehnung an Otto (2002, S. 99) sowie Chopra & Meindl (2013 S. 14f.))

2.1.2 Herleitung der Arbeitsdefinition von Supply Chain Management

2.1.2.1 Entwicklung des Supply Chain Managements

Der konzeptionelle Ursprung des Supply Chain Managements ist umstritten. In den Ausführungen von Forrester (1961) zur industriellen Dynamik in den Bereichen Distribution und Transport finden sich jedoch bereits Gedankenansätze des heutigen Supply Chain Managements wieder (Croom et al., 2000, S. 69). Gemäß den Untersuchungen von Oliver & Webber (1992), wurde der Begriff Supply Chain Management erstmals zu Beginn der 80er-Jahre verwendet. Die theoretische Festigung des SCM-Begriffes erfolgte gemäß Werner (2013, S. 3) vor allem durch die Arbeiten von Chopra & Meindl (2013), Simchi-Levi et al. (2009), Fawcett et al. (2006), Christopher (2004), Fisher (1997), Towill (1996), Hewitt (1994), Davis (1993), Ellram & Cooper (1993), Macbeth & Ferguson (1993), Bothe (1989) sowie Stevens (1989).

Bis heute ist der Begriff Supply Chain Management weder einheitlich definiert, noch eindeutig von anderen wissenschaftlichen Disziplinen abgegrenzt (Halldórsson et al., 2015) (Werner, 2013, S. 5) (Staberhofer & Rohrhofer, 2007, S. 30). Ebenso fehlt eine eindeutige Festlegung der zugehörigen Unternehmensbereiche und -aktivitäten (Lambert, 2008) (Lambert et al., 1998, S. 3) (Cooper et al., 1997, S. 1). Die vielfältige begriffliche Verwendung im Kontext unterschiedlicher Anwendungsbereiche bestätigen wissenschaftliche Defizite hinsichtlich der Eingrenzung von Zielen, Aufgaben und Methoden des Supply Chain Managements (Staberhofer & Rohrhofer, 2007, S. 30) (Krupp, 2005, S. 28ff.) (Prockl, 2001, S. 37ff.). Daher wird im Folgenden eine kurze typologische Einordnung vorgenommen und eine für diese Arbeit relevante Arbeitsdefinition von Supply Chain Management erarbeitet.

2.1.2.2 Arbeitsdefinition und Abgrenzung des Supply Chain Managements

Vor dem Hintergrund der vielfältigen Begriffsdefinitionen in der Literatur, stellt Werner (2013, S. 8ff.), in Anlehnung an Göpfert (2004, S. 25ff.), Otto (2002, S. 89ff.) und Bechtel & Jayaram (1997, S. 15ff.) drei verschiedene Typolisierungsmöglichkeiten des Supply Chain Managements vor. Im Rahmen dieser Arbeit wird die Typologie nach Otto (2002, S. 89ff.) aufgegriffen und als Basis für ein grundlegendes Begriffsverständnis verwendet. Im Kontext dieser Betrachtungsweise werden in diesem Abschnitt verschiedene Definitionen und Merkmale vorgestellt und abschließend zu einer Arbeitsdefinition zusammengefasst.

In Bezugnahme auf die Definitionen von Ellram & Cooper (1990, S. 1ff.) sowie Harrington (1995, S. 30ff.) beschreibt Werner (2013, S. 6) das Supply Chain Management als weitgefassten Rahmen für „interne [so-]wie Netzwerk-gerichtete integrierte Unternehmensaktivitäten". Diese dienen vorrangig der Versorgung, der Entsorgung und dem Recycling, wobei im Supply Chain Management die begleitenden Informations- und Kapitalflüsse ebenso berücksichtigt werden (Werner, 2013, S. 6). Dieses Verständnis deckt sich mit der vom Council of Supply Chain Management Professionals[21] (CSCMP) veröffentlichten Definition. Demnach beschreibt Supply Chain Management die Planung und Steuerung aller

---

[21] Das *Council of Supply Chain Management Professionals* ist ein 1963 gegründeter Verband mit Hauptsitz in Lombard, Illinois, USA. Seine Ziele bestehen in der Förderung des Wissensaustauschs und der Verbesserung der Forschung im Bereich Supply Chain Management (CSCMP, 2017).

2.1 Supply Chain Management

Aktivitäten im Bereich Einkauf, Beschaffung und Logistik. Dies beinhaltet insbesondere die Koordination und Zusammenarbeit mit jeglichen Partnern entlang der Supply Chain, vom Lieferanten, über Dienstleister und Händler bis hin zum Kunden (Gattorna, 2015, S. 9). Entscheidend ist in diesem Zusammenhang der integrierende Charakter, der dem Supply Chain Management zugeschrieben wird (Ballou, 2007). Im Einklang hierzu lassen sich die von Braun (2012, S. 10ff.) identifizierten, gemeinschaftlichen Merkmale des Supply Chain Managements aufführen. Hierzu gehören:

1. Die unternehmensübergreifende Integration und somit Optimierung von Informations- und Materialflüssen
2. Ein langfristiger, kooperativer Charakter der Unternehmensaktivitäten
3. Die Intention, einen insgesamt höheren Zielerreichungsgrad bei den beteiligten Unternehmen herbeizuführen
4. Die fluss- und prozessorientierte Ausrichtung der Unternehmensaktivitäten

Auf Basis der vorgestellten Merkmale und des in Kapitel 2.1.1 entwickelten Grundverständnisses einer Supply Chain, wird im Rahmen dieser Arbeit der Begriff Supply Chain Management wie folgt definiert: [22]

---

[22] Um hinsichtlich der häufig geführten Diskussion über den Zusammenhang zwischen Supply Chain Management und der Logistik (vgl. Braun (2012, S. 11)) weitere Klarheit zu schaffen, stellt Anhang A die inhaltlichen Gemeinsamkeiten und Unterschiede zwischen dem SCM und benachbarten Konzepten, in Anlehnung an Werner (2013, S. 24), dar.

> *Supply Chain Management umfasst das Design, die Planung und Steuerung sowie die kontinuierliche Verbesserung unternehmensübergreifender Material-, Informations- und Kapitalflüsse. Seine Ziele liegen zum einen in der effizienten und gleichzeitig flexiblen Gestaltung der unternehmensinternen Prozesse, der Organisationsstruktur und Infrastrukturen. Zum anderen steht die integrative Gestaltung unternehmensübergreifender Aktivitäten, im Kontext vertikal alliierter Unternehmensnetzwerke, im Fokus der langfristig ausgelegten Ziele zur Erhöhung des Kundennutzens.*

Abbildung 8: Arbeitsdefinition Supply Chain Management

2.1.3 Facetten der SCM-Forschungslandschaft

In den letzten zwei Jahrzehnten haben die Forschungsaktivitäten in den Bereichen Supply Chain Management und Logistik deutlich zugenommen. Aus Sicht zahlreicher Autoren[23] entspricht das Supply Chain Management einem evolutionär gewachsenen Forschungsfeld („emerging discipline") statt einer klar umrissenen Wissenschaftsdisziplin (Halldórsson et al., 2015, S. 576) (Klaus, 2009). Obwohl sich zahlreiche Autoren der Entwicklung neuer sowie der Verfestigung existierender Theorien gewidmet haben[24], konstatieren Harland et al. (2006, S. 730) Defizite in der theoretischen Herangehensweise und Diskussion sowie eine mangelnde Kohärenz der präsentierten Ergebnisse. Es erscheint daher wenig verwunderlich, dass sich im Forschungsfeld Supply Chain Management zahlreiche unterschiedliche Paradigmen, Perspektiven, Forschungsansätze, Methoden und Theorien wiederfinden (Larson & Halldórsson, 2004). Beispielsweise identifizieren Defee et al. (2010) in ihrer umfassenden Literaturrecherche von 683 Veröffentlichungen in nur fünf verschiedenen Journals bereits 181 verschiedene Theorien im Bereich der Supply Chain Management-Forschung (Halldórsson et al., 2015, S. 575).

---

[23] Vgl. hierzu Halldórsson et al. (2015), Chicksand et al. (2012), Klaus (2009), Harland et al. (2006), Storey et al. (2006), u.a.

2.1 Supply Chain Management

Um die verschiedenen Facetten des aktuellen Supply Chain Management-Forschungsfeldes besser erfassen zu können, gibt Abbildung 9 eine Übersicht über das wissenschaftliche Forschungsfeld Supply Chain Management, auf den von Arlbjørn & Halldórsson (2002, S. 31) vorgeschlagenen drei Abstraktionsebenen, der *Meta-Ebene*, der *Forschungs-Ebene* sowie der *Anwendungs-Ebene* („meta, discipline & practice level"). Außerdem berücksichtigt Abbildung 5 die von Halldórsson et al. (2015) dargestellten Zusammenhänge komplementärer Theorien im Bereich Supply Chain Management.

2.1.3.1 Meta-Ebene

Forschungs-Paradigmen

Gegenstand der Meta-Ebene sind grundlegende wissenschaftstheoretische Fragestellungen zu Forschungs-Paradigmen[25], welche den Ausgangspunkt einer jeden Forschungsarbeit bilden. Paradigmen beziehen sich sowohl auf ontologische Aspekte, als auch auf Reflektionen im Bereich der Epistemologie.[26] In diesem Kontext fungieren Paradigmen als theoretische Grundannahmen beziehungsweise als Bezugspunkte für die individuelle Vorgehensweise eines jeden Wissenschaft-

---

[24] Vgl. hierzu beispielsweise Grimm et al. (2015), Arlbjørn & Halldórsson (2002, S. 22), Garver & Mentzer (1999), Mentzer & Flint (1997), Mentzer & Kahn (1995) und Dunn et al. (1994).

[25] Die Definition des Begriffes Paradigma ist nicht eindeutig (Arlbjørn & Halldórsson, 2002, S. 37). Allein Masterman (1965) identifiziert über 21 verschiedene Begriffsdefinitionen; Eine häufig zitierte Definition stammt von Fischer (1997a) und wird auch für diese Arbeit übernommen: „Ein Wissenschaftsparadigma ist ein einigermaßen zusammenhängendes, von vielen Wissenschaftlern geteiltes Bündel aus theoretischen Leitsätzen, Fragestellungen und Methoden, das längere historische Perioden in der Entwicklung einer Wissenschaft überdauert."

[26] Die ontologische Debatte bezieht sich hierbei auf die „Natur des Wissens", bzw. auf das „Wesen der Realität" (Guba, 1990). Im Wesentlichen geht es darum, zu klären, ob der Wissenschaftler eine eher subjektive oder objektive Perspektive einnimmt. Dies beinhaltet die Fragestellung, ob gewonnene Erkenntnisse lediglich auf der sachlichen Interpretation von beobachteten Befunden (im Sinne des Positivismus) beruhen, oder durch subjektive Bewertungen ergänzt wurden. Die Epistemologie beschäftigt sich mit der erkenntnistheoretischen Fragestellung, ob Wissen objektiv generiert oder subjektiv durch das Individuum erfahren werden muss (Burell & Morgan, 1994).

26 2 Inhaltliche und begriffliche Grundlagen

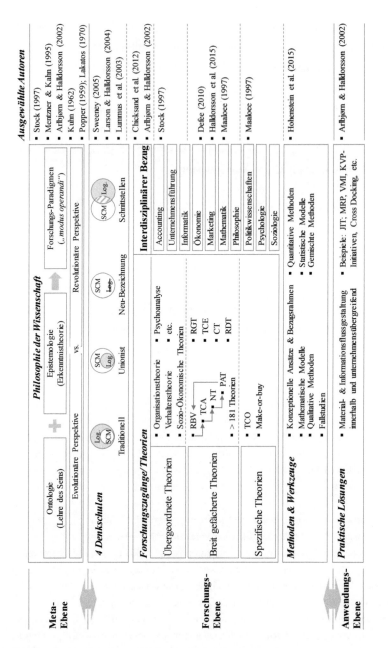

Abbildung 9: Das Forschungsfeld Supply Chain Management

lers (Arlbjørn & Halldórsson, 2002, S. 23) (Burell & Morgan, 1994). Die explizite Benennung der individuellen Forschungsparadigmen, unter Berücksichtigung wissenschaftstheoretischer Gesichtspunkte, bildet somit die entscheidende Grundlage für die Darstellung der individuellen Forschungs-Vorgehensweise, den sogenannten Modus Operandi (Eriksson, 2015) (Arlbjørn & Halldórsson, 2002, S. 36).

Sowohl im Allgemeinen als auch im Forschungsfeld Supply Chain Management, darf sich Wissenschaft nicht nur auf einzelne Forschungsparadigmen konzentrieren, wie sie zum Beispiel Mentzer & Kahn (1995) in ihrem Bezugsrahmen präsentieren. Stattdessen sind weitere Paradigmen, wie beispielsweise der sogenannte „system approach" (Gammelgaard, 1997) und der ethnologische Ansatz („ethnomethodological approach") (Ramsey, 1999) für die Wissenschaftsdisziplin Supply Chain Management von Bedeutung, um reichhaltige Forschungsergebnisse auf Basis verschiedener Paradigmen erlangen zu können (Mears-Young & Jackson, 1997). Im Bereich Supply Chain Management ist überwiegend der positivistische Ansatz zu finden (Arlbjørn & Halldórsson, 2002, S. 22). In diesem Kontext werden vorwiegend die Paradigmen Lean, Agil, Resilienz und Nachhaltigkeit in der Supply Chain Management Literatur untersucht (Carvalho et al., 2011).[27]

Evolutionäre vs. revolutionäre SCM-Forschungsperspektive
Neben verschiedenen Forschungsparadigmen lassen sich im Forschungsfeld Supply Chain Management auf der Meta-Ebene zusätzlich zwei Forschungsperspektiven unterscheiden. Zum einen die evolutionäre Perspektive, zum anderen die revolutionäre Perspektive (Arlbjørn & Halldórsson, 2002, S. 22). Die evolutionäre Perspektive beschreibt die Entstehung des Supply Chain Managements aus der Logistik heraus in enger Verzahnung zu anderen Disziplinen, wie beispielsweise dem Operations Management, Einkauf und Beschaffung, und dem Qualitätsmanagement (Halldórsson et al., 2015, S. 574) (Ballou, 2007, S. 337f.).

---

[27] Für weitere Einzelheiten sowie Gemeinsamkeiten und Unterschiede zwischen den genannten Forschungsparadigmen siehe Carvalho et al. (2011, S. 153ff.).

Die revolutionäre Perspektive hingegen sieht das Supply Chain Management als eine neue Idee und als Ursprung einer neuen wissenschaftlichen Disziplin (Arlbjørn & Halldórsson, 2002) (Kuhn, 1962). Im Rahmen der vorliegenden Arbeit wird explizit eine evolutionäre Perspektive eingenommen.

2.1.3.2 Forschungs-Ebene

Gegenstand der Forschungsebene ist der Versuch, beobachtete Sachverhalte aus der Praxis mit verschiedenen Forschungsmethoden und -theorien zu erklären. In Anlehnung an Larson & Halldórsson (2004) sowie Sweeney (2005, S. 7) sind hierbei zunächst vier unterschiedliche Denkrichtungen (School of thoughts) zu unterscheiden:[28]

- Traditionelle Denkrichtung (Traditionalist)
- Vereinende Denkrichtung (Unionist)
- Neu-Benennung (Re-Labeling)
- Parallel-Denkrichtung (Intersectionist)

Die traditionelle Denkrichtung (Traditionalist) betrachtet Supply Chain Management als einen Teil von Logistik, wohingegen die vereinende Denkrichtung (Unionist) Logistik als einen Teil von Supply Chain Management betrachtet. Die Neu-Benennung-Denkrichtung (Re-Labeling) sieht im Supply Chain Management lediglich eine Umbenennung der Logistik und die Parallel-Denkrichtung (Intersectionist) beschreibt eine Schnittmenge zwischen den gleichermaßen koexistierenden Forschungsfeldern Supply Chain Management und Logistik.

In Anlehnung an die Ausführungen von Sweeney (2005), Croom et al. (2000, S. 69) sowie New (1997) wird im Rahmen dieser Arbeit eine vereinende Denkrichtung (Unionist) eingenommen. Damit beruft sich die vorliegende Arbeit gleichzeitig auf die Ausführungen von Croom et al. (2000, S. 69) und Forrester (1961), welche die frühe Entwicklung des Supply Chain Managements entlang

---

[28] Vgl. Abbildung 9.

der Materialfluss- und Transportoptimierung im Kontext der industriellen Dynamisierung der 1960er und 70er Jahre beschreiben.

Theorien und Theorieentwicklung im Supply Chain Management
Unabhängig von der jeweiligen Denkrichtung lassen sich auf der Forschungsebene drei verschiedene Abstraktionslevel des Theoriebegriffes unterscheiden: Übergeordnete Theorien (grand theories), breit gefächerte Theorien (middle range theories) sowie spezifische Theorien (small-scale theories). Übergeordnete Theorien (grand theories) beinhalten übergeordnete Denkrichtungen, Konzepte, Methoden und Ansätze[29]. Bezogen auf das Forschungsfeld Supply Chain Management gehören hierzu zum Beispiel die Organisationstheorie, die Verhaltenstheorie, Psychoanalytik und andere (Arlbjørn & Halldórsson, 2002, S. 35). Breit gefächerte Theorien (middle range theories), wie zum Beispiel der ressourcenbasierte Ansatz (resource based view; RBV), die Transaktionskostentheorie (transaction cost theory; TCA), die Netzwerktheorie (network theory; NT) oder die Prinzipal-Agenten-Theorie (principal agent theory; PAT) zeichnen sich durch aus, dass sie verschiedene Bausteine komplementärer Theorien aus anderen wissenschaftlichen Disziplinen aufgreifen, um komplizierte Sachverhalte besser erklären zu können. Spezifische Theorien (small-scale theories) hingegen weisen nur eine geringe Schnittmenge zu benachbarten Wissenschaftsdisziplinen auf und sind eher als Werkzeuge zu verstehen. Existierende Bezugsrahmen, Theorien und Methoden aus dem Forschungsfeld Supply Chain Management lassen sich entlang dieser Abstraktionsebenen einsortieren und analysieren.

Aus wissenschaftstheoretischer Sicht profitiert der Prozess der Theorieentwicklung im Bereich Supply Chain Management von der Untersuchung von Theoriebausteinen anderer Forschungsdisziplinen („theorizing as a means by which theory is produced"; (Halldórsson et al., 2015, S. 575) (Swedberg, 2012). Ebenso sind anwendungsgetriebene Problemstellungen zu gesellschaftlichen und ökono-

---

[29] Ursprünglich stammt der Begriff *grand theory* aus der Sozialforschung und wurde insbesondere durch den amerikanischen Soziologen C. Wright Mills geprägt. Für weiterführende Inhalte wird auf Mills (1959) verwiesen.

mischen Aspekten im industriellen Wettbewerb zu berücksichtigen (Swedberg, 2012). Auf diese Weise können solide Forschungsergebnisse als Leitfaden für die praktische Problemlösung geschaffen werden (Eriksson, 2015) (Halldórsson et al., 2015, S. 575).

Halldórsson et al. (2007) fassen in diesem Zusammenhang drei Grundannahmen zusammen, wie im SCM-Theoriebildungsprozess Bausteine anderer wissenschaftlicher Disziplinen verwendet werden können. In Anlehnung an das Wissenschaftsmodell von Boyer (1990) und der von Mentzer (2008) geführten Diskussion um wissenschaftliche Strenge und praxisorientierter Forschung schlagen Halldórsson et al. (2015, S. 576) hierfür drei Prinzipien vor:

- Wissen entsteht an den Schnittstellen
- Wissensübertrag passiert in beide Richtungen: Theorie ←→ Praxis
- Vom angewandten Forschungsfeld zu anwendbarem Wissen

Diese Prinzipien schreiben der Unternehmenspraxis einen starken Einfluss auf den Theoriebildungsprozess zu. Dieses Grundverständnis kann durch eine zunehmend hohe Anzahl an praxisorientierten Forschungsmethoden, wie zum Beispiel Umfragen, Modell-Tests und Experteninterviews in SCM-Forschungsarbeiten bestätigt werden (Halldórsson et al., 2015, S. 580) (Sachan & Datta, 2005). In diesem Zusammenhang gewinnt die Kontext-Sensitivität an Bedeutung und ist ein entscheidender Erfolgsfaktor in der SCM-Forschung. Der folgende Abschnitt geht hierauf näher ein.

2.1.3.3 Anwendungs-Ebene

Auf der Anwendungsebene geht es um die Fragestellung, welche kontextabhängigen logistischen und SCM-technischen Sachverhalte für die Forschung relevant sind. Häufig finden Messgrößen wie Kosten, Zeit, Fläche, u.a. Anwendung, um Sachverhalte auf inter- oder intra-organisationaler Ebene zu beschreiben. Die Anwendungsebene stellt die Schnittstelle zwischen deduktiver und induktiver Forschungsarbeit dar. Erkenntnisse lassen sich sowohl von der Theorie in die

2.1 Supply Chain Management

Praxis, insbesondere aber auch in umgekehrter Richtung gewinnen. Die Forschungsarbeit wird hierdurch zu einem iterativen Erkenntnisprozess (Halldórsson et al., 2015, S. 576f.).

Um generiertes Wissen tatsächlich anwendbar zu machen, ist entscheidend, dass Forschungsergebnisse auch vorgeben *wie* etwas umgesetzt werden soll. In der Unternehmenspraxis lassen sich Prozessverbesserungen nur realisieren, wenn auch die Rahmenbedingungen angepasst werden, wie zum Beispiel die Art der Zusammenarbeit, technische Hilfsmittel, usw. Entscheidend ist daher nicht zu klären, was ein Supply Chain-Prozess *ist*, sondern was der jeweils betrachtete Prozess *tut*, und wie er sein Umfeld, zum Beispiel das Unternehmen, die Umwelt oder die Gesellschaft, beeinflusst. Dies ist der Grund, warum im Rahmen der vorliegenden Arbeit nicht die Beschreibung des Wesens einer resilienten Supply Chain im Vordergrund steht, sondern deren Wirkungsweise.

Zusammenfassung

Das Forschungsfeld Supply Chain Management zeichnet sich durch seinen interdisziplinären Charakter aus und beheimatet zahlreiche unterschiedliche Paradigmen, Perspektiven, Forschungsansätze, Theorien und Methoden (Klaus, 2009) (Larson & Halldórsson, 2004). Die Unterscheidung in drei Abstraktionsebenen, die Meta-, Forschungs- und Anwenderebene, eröffnet die Möglichkeit zur differenzierten Einordnung von Forschungsaktivitäten und -ergebnissen (Arlbjørn & Halldórsson, 2002). Auf der Forschungsebene lassen sich Theorien und Ansätze in übergeordnete Theorien, breit gefächerte Theorien und spezifische Theorien unterteilen. Auf allen drei Forschungsebenen profitiert der Theoriebildungsprozess im Bereich Supply Chain Management von der Berücksichtigung von Theoriebausteinen anderer Forschungsdisziplinen (borrowing of theories) (Halldórsson et al., 2007). Durch diese Schnittstellen zu anderen Forschungsdisziplinen sowie durch die kontextabhängigen Forschungsergebnisse auf der Anwendungsebene, der Unternehmenspraxis, lassen sich neue Erkenntnisse im Bereich Supply Chain Management gewinnen (Halldórsson et al., 2015).

2.2 Supply Chain Risikomanagement

2.2.1 Thematische Einordnung

Das Supply Chain Risikomanagement ist ein wissenschaftlich intensiv untersuchter Forschungsbereich (Matsuo, 2015)[30]. Hierbei kann das Jahr 2003 als Wendepunkt im Bereich der Supply Chain Risikoforschung angesehen werden. Die massive Zunahme von Veröffentlichungen seit 2003 geht auf Forschungsaktivitäten zurück, die in den Jahren 2002 und 2003, kurz nach den verheerenden Anschlägen vom 11. September 2001, in den USA begonnen worden waren (Kamalahmadi & Mellat-Parast, 2016b, S. 117) (Ghadge et al., 2012) (Tang & Musa, 2011). Heute begründen immer häufiger auftretende Störereignisse in globalen Supply Chains ein zunehmendes Forschungsinteresse im Bereich des Supply Chain Risikomanagements (Heckmann et al., 2015, S. 119).

Das Supply Chain Risikomanagement (SCRM) ist in der Schnittstelle zwischen dem Risikomanagement und Supply Chain Management anzuordnen (Paulsson, 2004). Es folgt als Teil der Planung und Steuerung von Supply Chain Prozessen einem kollaborativen und strukturierten Ansatz, um Risiken zu minimieren, welche die Zielerreichung des Unternehmens gefährden (Tang, 2006a, S. 453) (Kajüter, 2003).

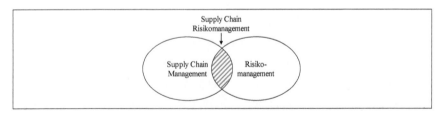

Abbildung 10: Thematische Einordnung Supply Chain Risikomanagement

---

[30] Sowohl für umfassende Darstellungen des Forschungsbereichs sowie für umfangreiche Literaturübersichten vgl. Sodhi & Tang (2012), Tang & Musa (2011), Tang (2006a), Sheffi (2005b) und Brindley (2004).

2.2.2 Vom statischen zum dynamischen Risikoverständnis

Die Ursprünge zahlreicher Abhandlungen zum allgemeinen Risikobegriff liegen in der Entscheidungstheorie. Dort wird ein Risiko als mögliches positives oder negatives Ergebnis einer rationalen, quantifizierbaren und in der Regel finanziellen Entscheidung verstanden (Peck, 2006a, S. 130).[31] Der ISO/IEC (2009) Guide 73 definiert „Risiko" als die „Kombination der Eintrittswahrscheinlichkeit und des Schadensausmaßes eines Ereignisses" (Elleuch et al., 2016, S. 1448).

Obwohl die Untersuchung von Risiken zunehmendes Interesse im Forschungsbereich Supply Chain Management erfährt, widmen sich nur wenige Wissenschaftler einer klaren begrifflichen Abgrenzung ihres Supply Chain Risikoverständnisses. Eine heute weit verbreitete Definition eines Supply Chain Risikos basiert auf den Arbeiten von Jüttner et al. (2003) sowie Peck (2006a). Demnach bezeichnet ein Supply Chain Risiko „alles, das den Fluss von Informationen, Materialien und Endprodukten von den Rohmaterial-Lieferanten zu den Endverbrauchern behindert oder erschwert" (Heckmann et al., 2015, S. 122) (Peck, 2006a, S. 132). Demnach entspricht ein Supply Chain Risiko der Eintrittswahrscheinlichkeit eines Störereignisses (Wagner & Bode, 2008), wie etwa dem Lieferengpass seitens eines oder mehrerer Lieferanten, in dessen Folge die Kundenbedürfnisse auf Seiten des nachfragenden, beziehungsweise bestellenden Unternehmens nicht erfüllt werden können oder dessen Kunden möglicherweise in eine existenzielle Notlage geraten (Elleuch et al., 2016, S. 1449) (Chang et al., 2015) (Zsidisin & Ritchie, 2008).

Auffallend hierbei ist, dass die Gründe für etwaige Störereignisse bei dieser Risiko-Klassifikation häufig keine Rolle spielen. Ebenso variieren Betrachtungshorizonte in der Forschungsliteratur von unternehmensintern über Lieferantenbeziehungen, bis hin zur netzwerkübergreifenden Betrachtungen (Heckmann et al., 2015, S. 121).

Die vorgestellten und weitgehend anerkannten Supply Chain Risiko-Definitionen beruhen auf der Annahme, ein Supply Chain Risiko sei ein ereignis-

---

[31] Für weiterführende Inhalte zum Risikobegriff in der Entscheidungstheorie wird auf Borge (2001), March & Shapira (1987) und Shapira (1987) verwiesen.

orientiertes Phänomen, differenzierbar in seine Eintrittswahrscheinlichkeit und sein Schadensausmaß (Heckmann et al., 2015, S. 121). Dieses statische Risiko-Begriffsverständnis ist jedoch im Zeitalter der Volatilität und zunehmend komplexeren Supply Chain Strukturen unzureichend. Ihm fehlt eine dynamische Größe, um eine für die vorliegende Arbeit erforderliche, fachliche Tiefe hinsichtlich der Prozess-Charakteristika und -Ausprägungen für das Supply Chain Risikomanagement zu erlangen.[32] Eine derartige dynamisierende Erweiterung des Risikobegriffes liefern Elleuch et al. (2016, S. 1449) unter Bezugnahme auf Gourc (2006) und Petit (2009). Demnach können durch die Kombination eines Systemzustandes (dynamische Komponente) und der damit verbundenen Sensibilität des Systems (in diesem Fall die Supply Chain) gegenüber kritischen Störereignissen, als Bezugsgrundlage zur Kombination mit einer Eintrittswahrscheinlichkeit, Risiken dynamisch betrachtet werden. Ein derartig verstandenes dynamisches Risiko kann sowohl als mathematisches Konstrukt[33], konzeptionelles Konstrukt[34] oder als eine Kombination aus beiden Ansätzen[35] betrachtet werden (Kilubi, 2016, S. 674). Im konkreten Fall der vorliegenden Arbeit wird ein dynamisches Risikoverständnis propagiert.

2.2.2.1 Klassifikation von dynamischen Supply Chain Risiken

Das dynamische Risikoverständnis impliziert, dass sich, in Abhängigkeit von Störungsursachen und Systemzuständen der jeweils betroffenen Supply Chain, unterschiedliche Risiko-Klassen unterscheiden lassen. Hierzu zählen gemäß Schlegel & Trent (2012, S. 16f.):

- Disruptive Risiken (hazard risks)
- Operative Risiken (operational risks)

---

[32] Wie bereits in den Ausführungen zum Supply Chain-Begriff erläutert (vgl. Kapitel 2.1.1), geht es in dieser Arbeit nicht darum zu zeigen, was etwas *ist*, sondern was etwas *tut* (vgl. hierzu auch Kapitel 2.1.3.3 hinsichtlich des Anspruchs an praxistaugliche Forschungsergebnisse).
[33] Vgl. hierzu Tomlin (2006) und Cachon (2004).
[34] Vgl. hierzu Zsidisin & Smith (2005) und Svensson (2004).

2.2 Supply Chain Risikomanagement

- Finanzielle Risiken (financial risks)
- Strategische Risiken (strategic risks)

Disruptive Risiken sind in der Regel externer Natur und umfassen beispielsweise Naturkatastrophen, globale Epidemien, Terroranschläge und politische Unruhen. Sie können vorsätzlich oder zufällig auftreten und sind aus Unternehmenssicht weitestgehend unvorhersehbar und nicht kontrollierbar.

Zu den operativen Risiken zählen Produktionsausfälle oder Lagerbrände an eigenen Standorten, Arbeitsstreiks der Belegschaft oder temporäre IT-Systemausfälle (Tang, 2006a, S. 453) (Tang, 2006b). Damit sind operative Risiken bedingt kalkulier- und kontrollierbar.

Finanzielle Risiken beschreiben sowohl unternehmensinterne, als auch -externe Risiken, beispielsweise Insolvenzrisiken von Lieferanten oder Zahlungsausfallrisiken auf Kundenseite. Zu den strategischen Risiken zählen beispielsweise Unternehmenszusammenschlüsse (mergers and acquisitions), Compliance-Risiken oder mangelnde Wettbewerbsfähigkeit (Schlegel & Trent, 2012, S. 16f.). Sowohl finanzielle als auch strategische Risiken sind bedingt kalkulier- und kontrollierbar.

Je nach Risiko-Klasse lassen sich unterschiedliche Charakteristika identifizieren. Abbildung 11 veranschaulicht den Zusammenhang zwischen der Risiko-Klassifikation auf Basis eines dynamischen Risiko-Begriffsverständnisses und Risiko-Management-Strategien.

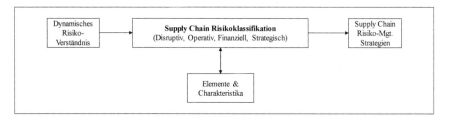

Abbildung 11: Dynamischer Risikobegriff und SCRM-Strategien

---

[35] Vgl. hierzu Nasarimhan & Talluri (2009) und Wu & Knott (2006).

Die Unterscheidung in verschiedene Risiko-Klassen ist insbesondere im Hinblick auf das unternehmerische Risikomanagement und die damit verbundenen Entscheidungsprozesse von Bedeutung. Supply Chain Risiken sind jedoch schwer zu erfassen, darzustellen und kaum kontrollier- sowie (mathematisch) modellierbar (Heckmann et al., 2015, S. 122). Bevor sich also die Frage nach einem effizienten Supply Chain Risikomanagement stellt, gilt es vielmehr zu verstehen, was die wesentlichen Eigenschaften und Charakteristika von Supply Chain Risiken, betrachtet als dynamische Phänomene, sind.

2.2.2.2 Elemente und Charakteristika von dynamischen Supply Chain Risiken

Die Klassifizierung von Supply Chain-Risiken und die Erkenntnis über zugehörige Elemente und Charakteristika ist aus Unternehmenssicht entscheidend: Strategien, Maßnahmen, methodische Ansätze und Werkzeuge zur Risikominimierung sind direkt abhängig von der Risiko-Klasse und -Ursache, von deren Eintrittswahrscheinlichkeit und dem erwarteten Schadensausmaß (Schlegel & Trent, 2012, S. 16). Allerdings ist hierbei zu beachten, dass die Bewertungsergebnisse bezüglich eines Supply Chain Risikos direkt mit den vorgegebenen Unternehmenszielen zusammenhängen. Vice versa wird die Erreichung der Unternehmensziele vom Grad der Aussetzung einer Supply Chain gegenüber ihrer Risiken beeinflusst (Heckmann et al., 2015, S. 122). Wird beispielsweise ein besonders großes Risiko erkannt, das die Erreichung der Unternehmensziele gefährdet, wird gegebenenfalls eine Anpassung der Zielvorgaben erforderlich, was wiederum Auswirkungen auf die Wettbewerbsfähigkeit haben kann.[36] Ist die Erreichung der Unternehmensziele gefährdet, kann die Bewertung eines Risikos wiederum anders ausfallen, um die Erreichbarkeit der Unternehmensziele weiterhin zu suggerieren. Eine derartige gegenseitige Beeinflussung kann, unter Berücksichtigung systemtheoretischer Erkenntnisse als „Kreiskausalität" beschrieben werden (Kruse, 2004, S. 130ff.). Ein dynamisches Risikoverständnis erzeugt demnach ein

---

[36] Vgl. hierzu die Ausführungen zu Auswirkungen von Störereignissen in Kapitel 2.3.3.

2.2 Supply Chain Risikomanagement

eigendynamisches, auf Zielerreichungs-Kennzahlen bezogenes Risikobewertungs-System.

Unter Berücksichtigung der vorgestellten Sichtweise einer Supply Chain als „Netzwerk vertikal alliierter, rechtlich selbstständiger Unternehmen" (Otto & Kotzab, 1999, S. 216)[37], ist es problematisch, dass ein unternehmenseigenes Risiko-Bewertungssystem nur unternehmensspezifische Aspekte zur Bewertung von Risiko-Klassen und -Ursachen heranzieht, bzw. lediglich deren Eintrittswahrscheinlichkeit und erwartetes Schadensausmaß berücksichtigt. Offensichtlich ist ein mehrdimensionaler Ansatz erforderlich, um die wesentlichen Charakteristika von Supply Chain Risiken über Unternehmensgrenzen hinweg beschreiben zu können. Mehrdimensional daher, da sowohl Prozesse, Anlagevermögen, Infrastrukturen, eine Organisation als solche, ein Netzwerk von Organisationen bzw. ganze Wirtschaftssysteme und Gesellschaften betroffen sein können (Peck, 2006a, S. 132) (Zsidisin, 2003).[38] Abbildung 12 veranschaulicht derartige Elemente und Charakteristika im Kontext unternehmensübergreifender, dynamischer Supply Chain Risiken.

---

[37] Vgl. Kapitel 2.1.1.1.
[38] Für weiterführende Inhalte zur Darstellung von Supply Chain Risiken in einem interaktiven Netzwerk vertikal alliierter Unternehmen sei an dieser Stelle auf Peck (2006a, S. 132ff.) sowie auf die zugrunde liegenden Ausführungen von Forrester (1958) verwiesen.

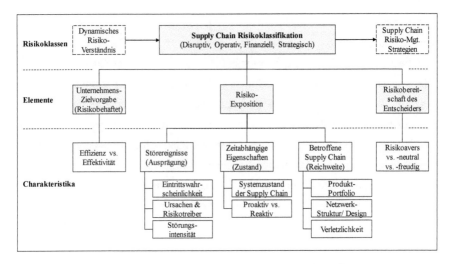

Abbildung 12: Elemente und Charakteristika dynamischer Supply Chain Risiken

(Eigene Darstellung in Anlehnung an Heckmann et al. (2015, S. 121))

Ein Supply Chain Risiko wird von drei wesentlichen Elementen beeinflusst. Hierzu gehören die Unternehmens-Zielvorgaben (z.B. strategische Ziele; Geschäftsjahres-Ziele), der Grad der Risiko-Exposition sowie die Risikobereitschaft des Entscheidungsgremiums oder der jeweils zuständigen Einzelperson (Heckmann et al., 2015, S. 122).

Die vorgegebenen Unternehmensziele beeinflussen die Risikoklassifikation maßgeblich, da sie bestimmen, wie das Unternehmen ein Risiko grundsätzlich bewertet. In diesem Zusammenhang spielt die organisatorische Zuständigkeit für das Risikomanagement im Unternehmen eine wichtige Rolle, da unterschiedliche Kennzahlen und Bewertungsmaßstäbe herangezogen werden. Beispielsweise kann ein Risiko finanzwirtschaftlich als Varianz um den erwarteten Ertragswert gemessen und bewertet werden (Heckmann et al., 2015, S. 122). Aus operativer Sicht jedoch entspricht ein Risiko beispielsweise der Gefahr von Prozessausfällen, menschlichem Versagen oder Systemfehlern (Basel Committee on Banking Supervision, 2004, S. 134) und kann auch in nicht-monetären Kennzahlen gemessen werden (Heckmann et al., 2015, S. 122). Der Zielerreichungsgrad der

2.2 Supply Chain Risikomanagement

formulierten Unternehmensziele wird somit zu einem elementaren Bestandteil der Risikoklassifikation.

Der Grad der Risikoexposition wird insbesondere bestimmt durch das jeweilige Störereignis, den Zeitpunkt und Zustand einer Supply Chain sowie durch die Reichweite innerhalb des Unternehmensnetzwerkes.[39] In diesem Zusammenhang lassen sich verschiedene Charakteristika und Ausprägungen der einzelnen Supply Chain Risikoelemente unterscheiden. Neben der Eintrittswahrscheinlichkeit und den Störungsursachen beziehungsweise -treibern spielt die Intensität des Ereignisses eine wichtige Rolle zur Beschreibung der Ausprägung eines potenziellen Störereignisses. Ebenso sind zeitabhängige Eigenschaften, beispielsweise der Systemzustand einer Supply Chain, zu berücksichtigen. In der räumlichen Dimension ist zu unterscheiden, welche Supply Chains eines Unternehmens betroffen sind, welche anfällig (verletzlich/ vulnerable) und welche robust, beziehungsweise resilient gegenüber den potenziellen Störereignissen sind. In diesem Zusammenhang spielen insbesondere das Produkt-Portfolio sowie die Supply Chain, bzw. Netzwerkstruktur eine entscheidende Rolle.[40]

Für die Bestimmung der Risikoexposition, und somit der Risikoklassifikation, ist ferner die Risikobereitschaft des Entscheiders, bzw. des Entscheidungsgremiums von Bedeutung. Dies lässt sich unter Berücksichtigung verhaltensökonomischer Aspekte und Erkenntnissen aus der Entscheidungstheorie nachvollziehen, da der Zielerreichungsgrad der vorgegebenen Unternehmensziele die Entscheidungsfindung direkt beeinflusst (Heckmann et al., 2015, S. 122). In diesem Zusammenhang spielen Incentivierungs- und finanzielle Anreizsysteme eine bedeutende Rolle.[41]

---

[39] Vgl. Kapitel 2.3.3 zur Klassifikation von Störereignissen.

[40] Vgl. Kapitel 2.3.3. Für weiterführende Inhalte wird auf Heckmann et al. (2015, S. 122f.) verwiesen.

[41] Beispielhaft sei hier der Fall des ehemaligen französischen Investment-Bankers Jérôme Kerviel genannt, dessen illegale Spekulationen seinen Arbeitgeber, die französische Großbank Société Générale, zu einem Notverkauf von Aktien im Umfang von 70 Milliarden Euro zwangen, wodurch die Kurse weltweit um fast 10% einbrachen und die Bank einen Verlust von etwa sechs Milliarden Euro zu verbuchen hatte (Taleb, 2014).

Zusammenfassend bietet die Supply Chain Risikoklassifikation auf Basis eines dynamischen Risikoverständnisses die Möglichkeit, Strategien, Maßnahmen, methodische Ansätze und Werkzeuge zur Risikominimierung im Kontext von Unternehmenszielvorgaben, der Supply Chain Risikoexposition sowie der Risikobereitschaft des Entscheidungsgremiums zu differenzieren. Unter Berücksichtigung der aufgeführten Aspekte wird ein Supply Chain Risiko im Rahmen der vorliegenden Arbeit, wie in Abbildung 13 dargestellt, definiert.

> *Ein Supply Chain Risiko beschreibt alles, was mit einer bestimmten Eintrittswahrscheinlichkeit den Fluss von Informationen, Materialien und Endprodukten von den Rohmaterial-Lieferanten zu den Endverbrauchern, unter Berücksichtigung des Systemzustandes und der damit verbundenen Sensibilität der betrachteten Supply Chain gegenüber kritischen Störereignissen, behindert oder erschwert.*

Abbildung 13: Arbeitsdefinition Supply Chain Risiko

Unter Berücksichtigung der dynamischen Risikoklassifikation, die auf den verschiedenen Ausprägungen der zugrunde liegenden Risikoelemente und -charakteristika beruht, wird im Folgenden ein Bezugsrahmen zum Supply Chain Risikomanagement vorgestellt.

2.2.3 Bezugsrahmen zum Supply Chain Risikomanagement

In der Literatur zum Supply Chain Risikomanagement existieren zahlreiche Bezugsrahmen. Hierzu gehören konzeptionelle Bezugsrahmen[42], Lieferanten-Management-Bezugsrahmen[43], Modelle zu Supply Chain Netzwerk-Risiken[44],

---

[42] Vgl. zum Beispiel Svensson (2000), Svensson (2002) und Autry & Bobbitt (2008).
[43] Vgl. zum Beispiel Kallhoff & Kotzab (2015) und Matook et al.(2009).
[44] Vgl. Trkman & Mccormack (2009).

2.2 Supply Chain Risikomanagement

Risiko- und Performance-bezogene Bezugsrahmen[45] sowie Bezugsrahmen aus dem Desastermanagement[46] (Ghadge et al., 2012, S. 325f.). Unter Berücksichtigung des in Kapitel 1.4.1 dargestellten wissenschaftstheoretischen Ansatzes dieser Arbeit, wird an dieser Stelle der generische, konzeptionelle Bezugsrahmen von Ritchie & Brindley (2007a, S. 1401) herangezogen. Durch seinen Fallstudien-Bezug berücksichtigt er alle wesentlichen Elemente und Charakteristika des in dieser Arbeit vorgestellten Supply Chain Risiko-Begriffes[47] und ermöglicht, in Anlehnung an Theoriebausteine anderer Wissenschaftsdisziplinen, eine praxisorientierte Beschreibung des Supply Chain Risikomanagements.

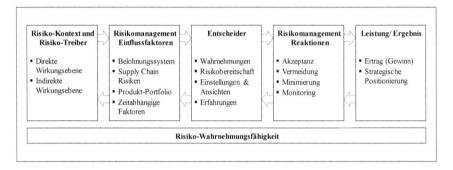

Abbildung 14: Supply Chain Risikomanagement Bezugsrahmen
(Eigene Darstellung in Anlehnung an Ritchie & Brindley (2007a, S. 1401))

Der SCRM-Bezugsrahmen von Ritchie & Brindley (2007a, S. 1401) umfasst fünf Elemente. Hierzu gehören Risikotreiber, Einflussfaktoren, Entscheider, Reaktionen und Ergebnisse, auf die im Folgenden eingegangen wird. Insgesamt steht die Risiko-Wahrnehmungsfähigkeit einer Organisation im Zentrum des SCRM-Bezugsrahmens. Die Pfeile beschreiben keinesfalls einen linearen Prozessablauf

---

[45] Vgl. Ritchie & Brindley (2007b).
[46] Vgl. zum Beispiel Richey (2009) mit der „disaster recovery pyramid", Kleindorfer & Saad (2005) zum „disruption risk management" sowie Dani & Deep (2010) zum „reactionary risk mitigation model".
[47] Vgl. Abbildung 13.

im Supply Chain Risikomanagement. Vielmehr beschreiben sie einen iterativen, teilweise auch parallel oder dynamisch ablaufenden SCRM-Prozess. Beispielsweise können Leistungsergebnisse sowohl Maßnahmen zur Risikominimierung, zur Überarbeitung des Produktportfolios oder zur Änderung des Belohnungssystems führen (Ritchie & Brindley, 2007a, S. 1401).

Element 1: Risiko-Kontext und Risiko-Treiber

Das Verständnis einer Supply Chain als „[…] Netzwerk vertikal alliierter, rechtlich selbstständiger Unternehmen […]" (Otto & Kotzab, 1999, S. 216)[48] impliziert die Existenz verschiedener Wirkungsebenen. Aus Sicht eines Unternehmens umfasst die direkte Wirkungsebene die wesentlich am Wertschöpfungsprozess beteiligten Unternehmen wie beispielsweise Tier-1-Lieferanten und direkte Vertriebspartner. In der zweiten Wirkungsebene werden Sub-Lieferanten und nicht unmittelbar am Wertschöpfungsprozess beteiligte Unternehmen zusammengefasst. Risiken in der ersten Wirkungsebene haben einen größeren Einfluss auf das Supply Chain Risikomanagement eines Unternehmens als Risiken in der zweiten Wirkungsebene.

Neben den bereits vorgestellten Supply Chain Risikoklassen sind die zugrunde liegenden *Risikotreiber* zu betrachten. In diesem Kontext können in Anlehnung an Ritchie & Brindley (2007a, S. 1402f.) verschiedene Risikotreiber differenziert werden. Hierzu zählen:

- Externe Umweltfaktoren (z.B. politische Unruhen, Naturkatastrophen)
- Industriespezifische Risikotreiber (z.B. Monopole, politische Regularien)
- Supply Chain strukturspezifische Risikotreiber (z.B. Anzahl an Lieferanten)
- Supply Chain partnerspezifische Risikotreiber (z.B. Lieferantenqualität)
- Netzwerk- und schnittstellenspezifische Risikotreiber (z.B. Informationsmanagement)

---

[48] Vgl. Kapitel 2.1.1.2.

Die Aufzählung suggeriert, dass ein erfolgreiches Supply Chain Risikomanagement an der vollständigen Identifikation der unternehmenseigenen Risikotreiber ansetzt und dementsprechend proaktive und reaktive Risikostrategien und -maßnahmen entwickelt und umgesetzt werden können. Die Gefahr dieser theoretischen Betrachtung liegt darin, Informationsunsicherheiten in der Praxis zu vernachlässigen. Entsprechend dem Bewusstsein, dass eine Supply Chain auch zufälligen und damit unvorhersehbaren Störereignissen ausgesetzt ist (Christopher & Holweg, 2017), lässt sich praktisch niemals ein vollständiges Risikobild zeichnen. Im Kontext des Supply Chain Risikomanagements ist es also Managementaufgabe, zusätzliche Einflussfaktoren zu den Risikotreibern zu identifizieren und Informationsunsicherheiten als Normalität zu verstehen (Ritchie & Brindley, 2007a, S. 1403) (Chopra & Sodhi, 2004).

Element 2: Risikomanagement Einflussfaktoren
Grundsätzlich unterscheiden Ritchie & Brindley (2007a, S. 1403) vier verschiedene Einflussfaktoren für das Management von Supply Chain Risiken. Hierzu zählen

- das Belohnungssystem,
- Supply Chain Risiko-Ursachen,
- das Produkt-Portfolio sowie
- zeitabhängige Faktoren.

Bei genauer Betrachtung fällt auf, dass sich diese Einflussfaktoren im Wesentlichen mit den von Heckmann et al. (2015, S. 121) beschriebenen Charakteristika hinsichtlich der Risikoexposition einer unternehmerischen Supply Chain, wie sie in Abbildung 12 dargestellt sind, übereinstimmen.

Element 3: Entscheider
Die Risikobereitschaft des Entscheiders, bzw. des Entscheidungsgremiums ist für das Supply Chain Risikomanagement von wesentlicher Bedeutung (Heckmann et al., 2015, S. 122). In diesem Zusammenhang spielen Wahrnehmungen, Vorstellungen, Erfahrungswerte sowie finanzielle Anreizsysteme eine wichtige Rolle (Ritchie & Brindley, 2007a, S. 1403). Aus der Verhaltensökonomie und der Entscheidungstheorie ist bekannt, dass insbesondere im Umgang mit komplexen Sachverhalten die menschliche Intuition eine wesentliche Rolle bei der Entscheidungsfindung spielt. Intuitionen basieren auf Erfahrungswerten des Individuums im Kontext des soziokulturellen Umfeldes, in dem es sich zum Zeitpunkt des Lerneffektes befand (Kruse, 2004). Fraglich ist, inwieweit sich die menschliche Intuition für noch nie dagewesene Entscheidungsprobleme im Kontext komplexer Supply Chain Netzwerkstrukturen nutzen lässt. Diese Unsicherheit ist charakteristisch für ein jedes Supply Chain Risiko und ist daher im Supply Chain Risikomanagement-Prozess zu berücksichtigen.

Elemente 4 und 5: Reaktionen und Leistung/ Ergebnis
Supply Chain Risikomanagement-Aktionen umfassen sowohl proaktive, als auch reaktive Maßnahmen zum Umgang mit Supply Chain Risiken. Hierbei gehen die Risiko-Wahrnehmungsfähigkeit und die Klassifikation des Risikos der Entscheidung zur angemessenen Reaktion voraus. Auf dieser Basis sind verschiedene Umsetzungsschritte denkbar (Chopra & Sodhi, 2004). Unternehmensübergreifende, kooperative Ansätze zum proaktiven und reaktiven Risikomanagement sollten hierbei auf einem gemeinsamen Risikoverständnis entlang der beteiligten Akteure beruhen (Chopra & Sodhi, 2004) (Ritchie & Brindley, 2007a, S. 1404).

2.2.4 Arbeitsdefinition Supply Chain Risikomanagement
Kamalahmadi & Mellat-Parast (2016b, S. 116) (unter Bezugnahme auf Jüttner et al. (2003, S. 201)) definieren Supply Chain Risikomanagement als die Identifikation möglicher Risikoquellen und Implementierung angemessener Risikostrategien durch einen koordinierten Ansatz entlang der beteiligten Supply

2.3 Supply Chain Resilienz

Chain Akteure, zur Reduktion der Supply Chain Verletzbarkeit.[49] Tang (2006a, S. 453) ergänzt, dass die Herstellung von Profitabilität und die Aufrechterhaltung der Betriebsabläufe hierbei als gemeinsames Ziel der beteiligten Akteure angesehen werden kann. Der präsentierte Bezugsrahmen von Ritchie & Brindley (2007a, S. 1401) entspricht diesem Chain Risikoverständnis (vgl. Abbildung 14) und trägt zum besseren Verständnis und zur Abgrenzung des Supply Chain Risikomanagements bei.

In Anlehnung an die obigen Ausführungen wird Supply Chain Risikomanagement im Rahmen dieser Arbeit wie in Abbildung 15 dargestellt, definiert.

Supply Chain Risikomanagement umfasst die Identifikation möglicher Risikoquellen, die Bewertung auftretender Störereignisse und die Implementierung angemessener Risikostrategien durch einen koordinierten Ansatz entlang der beteiligten Supply Chain Akteure, zur Reduktion der Supply Chain Verletzbarkeit. Zum ganzheitlichen Supply Chain Risikomanagement zählen sowohl präventive, als auch reaktive Strategien und Maßnahmen zur Sicherung der Profitabilität und Aufrechterhaltung der Betriebsabläufe.

Abbildung 15: Arbeitsdefinition Supply Chain Risikomanagement

---

[49] „Supply Chain risk management (SCRM) is „the identification of potential sources of risk and implementation of appropriate strategies through a coordinated approach among supply chain risk members, to reduce supply chain vulnerability."" (Kamalahmadi & Mellat-Parast, 2016b, S. 116).

2.3 Supply Chain Resilienz

2.3.1 Ursprung und Perspektiven

Das Wort Resilienz stammt aus dem Lateinischen, wo „*resilire*" soviel bedeutet wie „zurückspringen", beziehungsweise „abprallen" (Duden, 2017). Seinen wissenschaftlichen Ursprung findet das Konzept der Resilienz in den Naturwissenschaften (Annarelli & Nonino, 2016, S. 2f.). In seiner Arbeit grenzt Holling (1973) die Resilienz eines Ökosystems von dem Konzept der Stabilität ab und definiert Resilienz als die Fähigkeit, Veränderungen zu absorbieren, weiter zu existieren und nach vorübergehender Störung ins Gleichgewicht zurückzukehren. Weitere frühe Forschungsarbeiten zur Resilienz finden sich darüber hinaus in der Theorie der Sozial-Psychologie und in der Entwicklungsforschung (Kamalahmadi & Mellat-Parast, 2016b, S. 119) (Pettit et al., 2013, S. 47) (Ponomarov & Holcomb, 2009, S. 124).[50]

Ponomarov & Holcomb (2009, S. 125ff.) identifizieren im Rahmen ihrer Literatur-Studie sieben verschiedene Betrachtungswinkel für Resilienz: Die psychologische, ökologische, ökonomische, sozialwissenschaftliche, organisationstheoretische sowie die zwei interdisziplinären Perspektiven des Supply Chain Risikomanagements und der Managementtheorie.[51]

In der Ökonomie werden zwei Arten von Resilienz unterschieden: Die inhärente und die adaptive. Inhärente Resilienz folgt einem ressourcenbasierten Ansatz (*Resource-based View*) und beschreibt in diesem Zusammenhang die Fähigkeit, unter „normalen" Bedingungen (eingeschwungener Zustand) durch Ressourcenverschiebung auf unvorhersehbare Marktveränderungen reagieren zu können. Adaptive Resilienz beschreibt die spontane Fähigkeit, während einer Krise auf etwaige Störfaktoren reagieren zu können, beispielsweise durch die gezielte und schnelle Informationsweitergabe zwischen Geschäftspartnern. Hierbei lässt sich

---

[50] Für weitere Ausführung siehe Frazer (1995) oder Garmezy (1993).
[51] Für detaillierte Ausführungen zum Resilienzbegriff in anderen wissenschaftlichen Disziplinen wird auf Ponomarov & Holcomb (2009, S. 125ff.) verwiesen.

Resilienz sowohl auf makro-ökonomischer, meso-ökonomischer sowie mikroökonomischer Ebene beobachten (Ross, 2004). Diese Ebenen-Unterteilung entspricht ebenso der sozialen Perspektive zum Resilienz-Begriff und lässt sich auf das Gebiet des Supply Chain Risikomanagements übertragen (Ponomarov & Holcomb, 2009).

Über die verschiedenen Forschungsdisziplinen hinweg lässt sich ein gemeinsames, übergeordnetes Resilienz-Begriffsverständnis feststellen: Resilienz beschreibt demnach die Fähigkeit eines Systems, unvorhersehbare Störungen zu kompensieren und in den vorherigen oder einen höheren Systemzustand zurückzukehren (Annarelli & Nonino, 2016, S. 2) (Mandal, 2014, S. 434) (Ponomarov & Holcomb, 2009, S. 125ff.) (Holling, 1973). Die Dauer der Rückkehr zum ursprünglichen oder höheren Systemzustand beschreibt hierbei die Stabilität des Systems, was impliziert, dass die Existenzannahme von Resilienz gleichzeitig eine Annahme nach Stabilität in einem System beinhaltet (Clapham, 1971).

2.3.2 Arbeitsdefinition Supply Chain Resilienz

Bis heute ist Resilienz in den Forschungsfeldern Supply Chain Management bzw. Supply Chain Risikomanagement verhältnismäßig wenig erforscht (Scholten et al., 2014, S.211) (Ponomarov & Holcomb, 2009, S. 124) (Hale & Moberg, 2005) (Jüttner, 2005), bildet jedoch eine kritische Komponente des Supply Chain Risikomanagements (Ponis & Koronis, 2012, S. 924).

Kamalahmadi & Mellat-Parast (2016b, S. 118) präsentieren im Rahmen ihrer Literaturrecherche eine Übersicht der jährlichen Veröffentlichungen zum Thema Supply Chain Resilienz und identifizieren ein zunehmendes Interesse der Wissenschaft und eine damit einhergehende Sensibilisierung für das Thema. Dabei entfallen 44% der Veröffentlichungen auf den Bereich des Operations Management. Bemerkenswert ist, dass 38% der Veröffentlichungen in der Kategorie „Sonstiges" und damit außerhalb der von den Autoren differenzierten Bereichen „Operations Management", „Operations Research and Management Science" sowie „General Management", gelistet werden (Kamalahmadi & Mellat-Parast,

2016b, S. 119). Dies unterstreicht den forschungsdisziplinübergreifenden Charakter des Forschungsgegenstandes.

Als noch relativ neues Forschungsfeld mangelt es dem Konzept der Supply Chain Resilienz an einer einheitlichen Terminologie und Begriffsdefinition (Purvis et al., 2016) (Hohenstein et al., 2015, S. 91) (Blackhurst et al., 2011) (Ponomarov & Holcomb, 2009) (Christopher & Peck, 2004). Allein Hohenstein et al. (2015)[52] identifizieren 46 verschiedene Definitionen von Supply Chain Resilienz in der Literatur.[53] Einzelne Definitionen weisen jedoch logische Defizite auf, beispielsweise die Definition von Falasca et al. (2008, S. 596), welche propagiert, dass eine Reduktion der Eintrittswahrscheinlichkeit von Störereignissen ein wesentliches Element von Supply Chain Resilienz sei.[54] Hierbei wird von den Autoren jedoch übersehen, dass zufällige zukünftige Ereignisse per Definition unvorhersehbar sind und sich dementsprechend auch keinerlei Eintrittswahrscheinlichkeit berechnen lässt. Jegliche Reaktion, und sei sie noch so schnell ausgeführt, reagiert somit mit einem zeitlichen Rückstand. Aus diesem Grund kann eine Reaktion eine ausschließlich nicht-antizipative Strategie verfolgen (Taleb, 2014, S. 106ff.).

Ponis & Koronis (2012, S. 921) sprechen statt von einem vorausschauenden Element von einer proaktiven Planungsfähigkeit, als Teil einer antizipativen, bzw. vorbereitenden Tätigkeit, sich auf potenzielle, unerwartete Ereignisse einzustellen. Dies stellt einen wesentlichen Unterschied zur unmöglichen Reduktion einer

---

[52] Basierend auf 67 als relevant eingestuften Veröffentlichungen in 36 verschiedenen wissenschaftlichen Zeitschriften; für weitere Informationen zur Untersuchungsmethode siehe Hohenstein et al. (2015, S. 93ff.).

[53] Umfassende Übersichten verschiedener Resilienz-Begriffsdefinitionen finden sich darüber hinaus in Kamalahmadi & Mellat-Parast (2016b, S. 121), Mandal (2014, S. 434), Ponis & Koronis (2012) sowie in Ponomarov & Holcomb (2009, S. 125ff.).

[54] Zitat: „[…] we therefore can define supply chain resilience to be the ability of a supply chain system to reduce the probabilities of a disruption, to reduce the consequences of those disruptions once they occur, and to reduce the time to recover normal performance." (Falasca et al., 2008, S. 596).

2.3 Supply Chain Resilienz

Eintrittswahrscheinlichkeit dar: Antizipation als Vorbereitung, nicht als Vorhersage. Diese Sichtweise kann durch die Ausführungen von Peck (2006a, S. 132) untermauert werden, wonach das Konzept der Resilienz mit Risiken und dem Konzept der Verletzlichkeit (vulnerability) insofern zusammenhängt, als dass grundsätzlich nicht alle Risiken vermieden, kontrolliert oder beseitigt werden können. Stattdessen beschreibt Resilienz die Fähigkeit, nach einer Störung in den Ursprungszustand zurückzukehren, sozusagen mit den Auswirkungen eines unvorhersehbaren Störereignisses umgehen zu können (Peck, 2006a, S. 132).

Im Einklang mit dieser Sichtweise stehen die Begriffsdefinitionen von Hohenstein et al. (2015) sowie Ponomarov & Holcomb (2009). Nach Ponomarov & Holcomb (2009, S. 131) beschreibt Supply Chain Resilienz „die adaptive Fähigkeit einer Supply Chain sich auf unvorhergesehene Ereignisse vorzubereiten, auf Störungen zu reagieren, und sich durch die kontinuierliche Ausführung der Geschäftsprozesse, auf das angestrebte Leistungsniveau, durch strukturelle und funktionale Kontrolle, zurückzukehren.". Hohenstein et al. (2015, S. 108) ergänzen, dass hierbei das Ziel einer resilienten Supply Chain darin besteht, entweder den Kundenservice, den Marktanteil oder die finanzielle Leistungsfähigkeit eines Unternehmens, beziehungsweise einer Supply Chain, zu verbessern.

Unter Berücksichtigung der vorausgehenden Ausführungen wird Supply Chain Resilienz im Rahmen dieser Arbeit daher, wie in Abbildung 16 dargestellt, definiert.

Supply Chain Resilienz ist die adaptive Fähigkeit einer Supply Chain, sich auf unvorhersehbare Ereignisse vorzubereiten, auf Störungen zu reagieren, und durch die kontinuierliche Ausführung der Geschäftsprozesse auf das angestrebte Leistungsniveau zurückzukehren, mit dem Ziel, die Leistungsfähigkeit und Wettbewerbsfähigkeit einer Supply Chain zu steigern.

Abbildung 16: Arbeitsdefinition Supply Chain Resilienz

Im Folgenden wird auf den in dieser Definition enthaltenen Störungsbegriff näher eingegangen.

2.3.3 Klassifikation von Supply Chain Störereignissen

In Anlehnung an Barroso et al. (2011a, S. 163), kann ein Störereignis als ein vorhersehbares oder unvorhersehbares Ereignis, das direkten Einfluss auf den operativen Normalbetrieb und die Stabilität eines Unternehmens oder seiner Supply Chain ausübt, angesehen werden. Jedes Störereignis entspricht damit einem eingetretenen Risiko.

Auswirkungen von Störereignissen lassen sich auf verschiedenen Betrachtungsebenen beschreiben. Zu unterscheiden sind die Produkt- bzw. Prozessebene (Level 1), die Infrastruktur-Ebene (Level 2), die Organisations-, bzw. Netzwerk-Ebene (Level 3) sowie die gesellschaftliche, ökonomische und ökologische Ebene (Level 4) (Peck, 2006a, S. 132f.) (Zsidisin, 2003). Abbildung 17 stellt diese vier Ebenen dar.

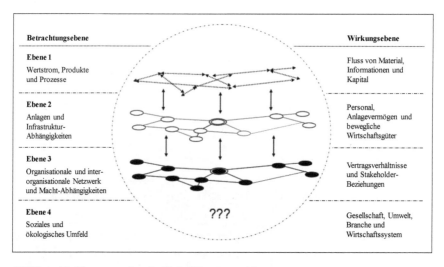

Abbildung 17: Ebenen von Supply Chain Störungsauswirkungen

(Eigene Darstellung in Anlehnung an Peck (2005, S. 218))

2.3 Supply Chain Resilienz

Mit Blick auf das in Kapitel 2.2.2 vorgestellte dynamische Risikoverständnis dieser Arbeit, ist es an dieser Stelle entscheidend, keine statische Klassifikation von Störereignissen vorzunehmen.[55] Vielmehr gilt es Störereignisse, genau wie Risiken, in Abhängigkeit ihrer dynamischen Komponenten zu differenzieren.[56] Hierzu zählen die

- Ausprägung des Störereignisses,
- die Reichweite sowie
- zeitabhängige Eigenschaften des Störereignisses (Heckmann et al., 2015).

Im Folgenden wird hierauf eingegangen.

Verschiedene Ausprägungen von Störereignissen

Neben der Eintrittswahrscheinlichkeit und den Störungsursachen spielt die Intensität des Ereignisses eine wichtige Rolle zur Beschreibung der Ausprägung eines Störereignisses (L'Hermitte et al., 2014). In diesem Zusammenhang unterscheiden Viswanadham & Gaonkar (2008) drei Intensitätsstufen: Abweichung, Störung oder Katastrophe. Eine Abweichung liegt vor, wenn ein oder mehrere Leistungskennzahlen von ihren Durchschnitts-, beziehungsweise Zielwerten abweichen, ohne aber die zugrunde liegende Supply Chain Struktur zu beeinflussen. Eine Störung hingegen beeinflusst diese Struktur bereits deutlich und trifft die Supply Chain unvorbereitet. Eine Katastrophe liegt vor, wenn das gesamte Supply Chain Netzwerk zum Erliegen kommt und unwiederbringlich durch eine unvorhersehbare, systemweite Störung Schaden genommen hat (Viswanadham & Gaonkar, 2008).

---

[55] Beispielhaft für ein statisches Störungsverständnis ist die Unterscheidungen von Van Wassenhove (2006, S. 476), welche zwischen externen Ursachen, wie zum Beispiel Erdbeben, Tornados, Überschwemmungen, Armut, Hungersnot u.a., und von Menschen verursachten Störungen, wie beispielsweise Terroranschläge, politische Unruhen, u.a. differenzieren. Ferner unterscheiden Van Wassenhove (2006, S. 476) zwischen schleichenden und plötzlich auftretenden Störungsursachen.

[56] Vgl. Kapitel 2.2.2 zur Beschreibung wesentlicher Charakteristika der Risiko-Exposition einer Supply Chain.

Unternehmen, die sich auf reguläre Störereignisse in ihren Material- und Informationsflüssen einstellen, sozusagen ein hohes Risikobewusstsein aufweisen, zeigen im Umgang mit Supply Chain Störereignissen eine höhere Souveränität (Scholten et al., 2014, S. 216) (Blecken, 2010). Dies ist ein erster Indikator dafür, dass ein erhöhtes Risikobewusstsein in einer Organisation ein möglicher Erfolgsfaktor für den Ausbau einer resilienten Supply Chain sein kann.

Reichweite der Störung
Neben der Ausprägung des Störereignisses ist in der räumlichen Dimension zu unterscheiden, welche Supply Chains eines Unternehmens vom jeweiligen Störereignis betroffen sind. In diesem Zusammenhang sind insbesondere das Produkt-Portfolio sowie die Supply Chain, beziehungsweise die Netzwerkstruktur von Bedeutung.[57]

Während einzelne produktspezifische Supply Chains eines Unternehmens möglicherweise robust oder agil[58] gegenüber den potenziellen Störereignissen sind, reagieren andere Supply Chains möglicherweise eher fragil (Elleuch et al., 2016, S. 1449).

Hinsichtlich der Netzwerkstruktur ist zu beobachten, dass je komplexer die Netzwerkstruktur ist, desto höher ist die Verletzlichkeit gegenüber Störereignissen (Peck, 2005) (Sheffi & Rice, 2005, S. 42). Allerdings ist dabei die Örtlichkeit des Störereignisses von Bedeutung. Ein Störereignis bei einem Tier-3-Lieferanten hat beispielsweise andere Auswirkungen auf das Supply Chain Netzwerk als ein Störereignis bei einem Transportdienstleister. Drei verschiedene Störereignis-Zugangspunkte sind zu unterscheiden:

- Knotenpunkt-Störereignisse
- Transport-Störereignisse
- Netzwerk-Störereignisse (Kim et al., 2015, S. 50).

---

[57] Für weiterführende Inhalte sei an dieser Stelle auf Heckmann et al. (2015, S. 122f.) verwiesen.
[58] Vgl. Kapitel 4.4.2 und 4.4.3 für die inhaltliche Abgrenzung der Begriffe Robustheit und Agilität.

2.3 Supply Chain Resilienz

Abbildung 18 stellt die Unterschiede dar.

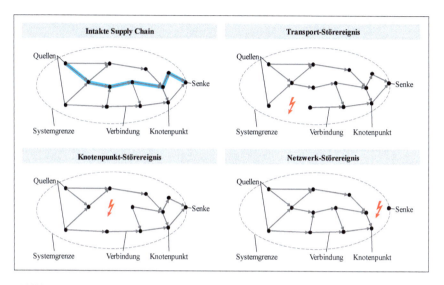

Abbildung 18: Beispiele verschiedener Störereignis-Zugangspunkte
(Eigene Abbildung in Anlehnung an Kim et al. (2015, S. 50))

Neben dieser räumlichen Abgrenzung ist darüber hinaus der Systemzustand einer Supply Chain, als zeitabhängige Komponente, zu berücksichtigen.

Zeitabhängige Komponente von Störereignissen
Die Auswirkungen eines Störereignisses sind abhängig vom jeweiligen Systemzustand der betroffenen Supply Chain. Befindet sich eine Supply Chain in einem stabilen Zustand, kann sie ein Störereignis potenziell besser kompensieren, als wenn sie sich aktuell in einer Störungsbeseitigung befindet. Weitestgehender Konsens besteht in der aktuellen Literatur über die Existenz von vier Phasen zur Bewältigung von Störereignissen (Hohenstein et al., 2015, S. 97ff.). Diese sind:

1. Bereitschaft (readiness)
2. Reaktion (response)

3. Erholung (recovery)
4. Wachstum (growth)

Im „normalen" Betriebsmodus (*Bereitschafts-Phase*) kann sich eine Supply Chain auf potenzielle Störungen vorbereiten. Dies ist abhängig davon, ob es eine Vorlaufzeit bis zum Eintreffen des Störereignisses gibt, beispielsweise eine Tornado-Warnung 30 Minuten vorher oder ob das Ereignis unvermittelt eintrifft, wie beispielsweise ein Terroranschlag (Sheffi & Rice, 2005).

Sobald das Störereignis eingetroffen ist, beginnt die *Reaktionsphase*. Hier gilt es zunächst alles zu tun, um die Situation unter Kontrolle zu bringen und weitere Kollateralschäden zu verhindern. In Abhängigkeit der Intensität des Störereignisses sowie der Reichweite (s.o.) ist das Ausmaß eines Störereignisses zuweilen erst später erkennbar (Sheffi & Rice, 2005).

In der *Erholungsphase* ist es Ziel, Produktionsausfälle oder entstandene Lieferengpässe aufzuholen. Dies kann durch kurzfristige Kapazitätserhöhungen auf Lieferanten- und Herstellerseite sowie durch arbeitsorganisatorische Maßnahmen, wie etwa zusätzliche Schichten, gelingen (Sheffi & Rice, 2005).

Die *Wachstumsphase* zielt darauf ab, das Leistungsniveau der Supply Chain nicht nur zurück auf das Ausgangsniveau, sondern auf einen höheren, verbesserten Betriebszustand zu heben (Hohenstein et al., 2015, S. 96) (Ponis & Koronis, 2012, S. 925f.) (Pettit et al., 2010, S. 1). Abbildung 19 veranschaulicht die vier Phasen einer resilienten Supply Chain im Kontext eines eintretenden Störereignisses.

2.3 Supply Chain Resilienz

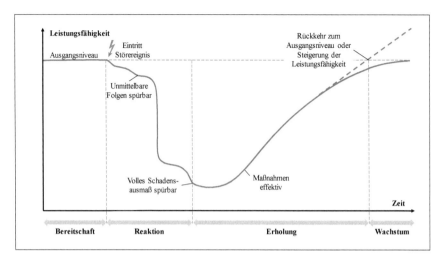

Abbildung 19: Phasen einer resilienten Supply Chain

(Eigene Darstellung in Anlehnung an Sheffi & Rice (2005, S. 42))

Wie die vorherigen Ausführungen darlegen, basiert das Verständnis eines Störereignisses dieser Arbeit auf einem dynamischen Risikoverständnis. In Abhängigkeit des Störereignisses, dessen räumlicher Reichweite und zeitlichem Auftreten sind die Folgen auf den operativen Normalbetrieb einer Supply Chain im Vorfeld nicht kalkulierbar. Abbildung 20 präsentiert eine für die vorliegende Arbeit gültige Definition eines Supply Chain Störereignisses.

> *Ein Störereignis ist ein vorhersehbares oder unvorhersehbares Ereignis, welches in Abhängigkeit seiner Ursache(n), Intensität, Reichweite sowie in zeitlicher Abhängigkeit des Systemzustandes sowie der Verletzlichkeit der betroffenen Supply Chain, unterschiedlich starke Auswirkungen auf die Leistungsfähigkeit, und somit auf die zukünftige Wettbewerbsfähigkeit der beteiligten Akteure, haben kann.*

Abbildung 20: Definition Supply Chain Störereignis

Quantifizierung von Störereignis-Auswirkungen nach Wirkungsdauer

Auswirkungen von Supply Chain Störereignissen unterscheiden sich grundsätzlich nach ihrer Wirkungsdauer und lassen sich auf verschiedenen Ebenen messen. Nach Eintritt eines Supply Chain Störereignisses drohen kurzfristig zusätzliche Kosten und Umsatzeinbußen (Ponomarov & Holcomb, 2009, S. 124). Ferner sind Auswirkungen auf den Ertrag, die Aktien- und Kapitalrendite sowie auf physische Lagerbestände der betroffenen Unternehmen zu beobachten (Schlegel & Trent, 2012). Bezogen auf die Aktienrendite zeigen die Studien von Singhal & Hendricks (2002) sowie Hendricks & Singhal (2008) einen unmittelbaren durchschnittlichen Kursverlust von 7,5%, bzw. 10,3% nach Bekanntgabe eines Supply Chain Störereignisses (Pettit et al., 2010, S. 2).[59]

Die Quantifizierung von mittelfristigen Störereignis-Auswirkungen, entlang 885 untersuchter Supply Chain-Störungen von öffentlich gehandelten Unternehmen zeigt, dass innerhalb des vom Störereignis betroffenen Quartals der Unternehmensertrag durchschnittlich um 107% (Median: -42%) abfällt, die Kapitalrendite durchschnittlich 93% (Median: -36%) geringer ist, die Umsatzrendite durchschnittlich um 114% (Median: -32%) geringer ausfällt und ein durchschnittlich um 7% (Median: -3%) geringeres Umsatzwachstum beobachtet werden kann (Hendricks & Singhal, 2005a).[60] Insgesamt 54% der untersuchten Firmen weisen ein negatives Umsatzwachstum auf. Gleichzeitig steigen die operativen Kosten durchschnittlich um 10,6% (Median: 4%) während das Bestandsniveau um durchschnittlich 13,8% (Median: 9,6%) zunimmt.[61] Abbildung 21 veranschaulicht diese Studienergebnisse entlang der genannten Kennzahlen.[62]

---

[59] Zum Zeitpunkt der Drucklegung dieser Arbeit stellen die hier präsentierten Veröffentlichungen die aktuellsten Quellen zur Untersuchung des Einflusses von Supply Chain Störungen auf wesentliche Unternehmenskennzahlen und Aktienkurse dar.

[60] Als Vergleichsmaßstab nutzen Hendricks & Singhal (2005a) hierbei die Werte des der Störung vorausgehenden Quartals, gegenüber den Quartalsergebnissen des Störung enthaltenden Quartals.

[61] Die beobachteten Ergebnisse sind unabhängig von der jeweiligen Störungsursache, -auslösern und industriespezifischen Aspekten (Hendricks & Singhal, 2005a).

[62] Für weitere Einzelheiten zum Studiendesign wird auf Hendricks & Singhal (2005a) verwiesen.

2.3 Supply Chain Resilienz

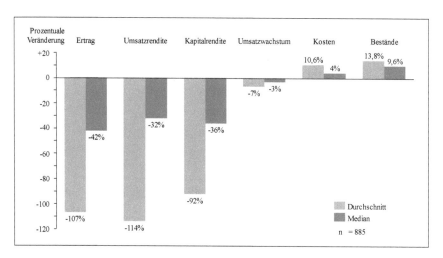

Abbildung 21: Auswirkungen von Supply Chain Störungen auf betriebliche Kennzahlen

(Eigene Abbildung in Anlehnung an Hendricks & Singhal (2005a))

Langfristig kann die Rückkehr zur vorherigen Leistungsfähigkeit auf Unternehmensebene je nach Störereignis bis zu zwei Jahre dauern (Hendricks & Singhal, 2005a, S. 2). Im Falle von nationalen oder internationalen Störereignissen sind die Auswirkungen dabei auch auf staatlicher Ebene messbar. Beispielsweise waren von den Überschwemmungen in Thailand Anfang des Jahres 2012 mehr als eintausend Firmen betroffen. Die Wachstumsprognose des thailändischen Bruttoinlandsproduktes wurde folglich um 1,6% (von 2,6% auf 1,0%) reduziert. Die in Anspruch genommen Versicherungssummen beliefen sich auf über 20 Milliarden US-Dollar (Weltwirtschaftsforum, 2013) (Lefevre & Laurence, 2012).

Auf Basis des in Kapitel 2.2.2 vorgestellten dynamischen Risikoverständnisses, der in Kapitel 2.3.2 präsentierten Definition des Supply Chain Resilienz-Begriffes und dem hier formulierten Verständnis eines Störereignisses, stellt das folgende Kapitel 2.3.4 den Stand der Forschung zur Entwicklung von Strategien zur Gestaltung resilienter Supply Chains vor.

2.3.4 Strategien und Erfolgsfaktoren zur Gestaltung resilienter Supply Chains

Einige Autoren heben die strategische Bedeutung des Ausbaus resilienter Supply Chain Strukturen und Prozesse hervor.[63] Nur wenige Autoren diskutieren hingegen die Frage, *wie* die Resilienz von Supply Chains ausgebaut werden kann. Es herrscht Uneinigkeit bezüglich der Frage, was die Erfolgsfaktoren und Werkzeuge sind, um die Supply Chain Resilienz insgesamt zu erhöhen (Blackhurst et al., 2011).

Wieland & Wallenburg (2013), Bakshi & Kleindorfer (2009) sowie Knemeyer et al. (2009) schlagen die grundsätzliche Unterscheidung zwischen proaktiven und reaktiven Strategien zur Gestaltung resilienter Supply Chains vor. Diesem Vorschlag folgend, präsentieren Hohenstein et al. (2015, p.102ff.) grundlegende proaktive und reaktive Erfolgsfaktoren zur Steigerung von Supply Chain Resilienz:

Proaktiv: Kollaboration/ Zusammenarbeit, Personalmanagement und Training, Bestandsmanagement, Notfallpläne und Kommunikationsprotokolle, Sichtbarkeit und Echtzeit-Informationsaustausch

Reaktiv: Agilität, Kollaboration/ Zusammenarbeit, Flexible Produktionssysteme, Personalmanagement und Training, Redundante Systeme, Lieferantenmanagement

Als Ergebnis ihrer Literaturrecherche präsentieren Tukamuhabwa et al. (2015, S. 5601) 18 proaktive und elf reaktive Erfolgsfaktoren zur Gestaltung resilienter Supply Chain Strukturen und diskutieren einzelne Wirkzusammenhänge. Die Autoren weisen auf den Forschungsbedarf hin, die Gültigkeit der identifizierten Erfolgsfaktoren sowie derer Wirkzusammenhänge zu analysieren.

---

[63] Vgl. zum Beispiel Sheffi & Rice (2005) und Zsidisin et al. (2004).

2.4 Definition Erfolgsfaktor

Existierende Forschungsansätze zur Ermittlung von Erfolgsfaktoren

Neben einer systematischen Literaturrecherche adaptieren Hohenstein et al. (2015) das sogenannte „Sand cone model"[64], um den Einfluss der verschiedenen Phasen von Supply Chain Resilienz in Bezug auf die operative Leistungsfähigkeit zu zeigen. Dem gegenüber steht der Forschungsansatz von Ponomarov (2012), welcher ein Strukturgleichungsmodell nutzt, um ein besseres Verständnis über Antezedenzien von Supply Chain Resilienz zu ermöglichen und einen konzeptionellen Bezugsrahmen zu erarbeiten. Blackhurst et al. (2011) wiederum wählen einen empirischen Forschungsansatz, um Erfolgsfaktoren und limitierende Faktoren zur Gestaltung resilienter Supply Chains zu erforschen. Auf die einzelnen Inhalte existierender Bezugsrahmen sowie Kritikpunkte wird in Kapitel 4.2 näher eingegangen.

An dieser Stelle wird festgehalten, dass die Fragestellung, durch welche Erfolgsfaktoren der Ausbau resilienter Supply Chains in der Unternehmenspraxis gelingen kann, beziehungsweise welche zukünftig relevanten Erfolgsfaktoren zu berücksichtigen sind, unzureichend erforscht ist. Der Schließung dieser Forschungslücke widmet sich die vorliegende Arbeit. Im Sinne einer vollständigen Abgrenzung der begrifflichen Grundlagen, wird im folgenden Kapitel der Begriff Erfolgsfaktor inhaltlich definiert und abgegrenzt.

---

[64] Entwickelt durch Ferdows & de Meyer (1990).

2.4 Definition Erfolgsfaktor

2.4.1 Ursprung der Erfolgsfaktorenforschung

Die Suche nach ausschlaggebenden Faktoren für den Erfolg des unternehmerischen Handelns ist elementarer Bestandteil der betriebswirtschaftlichen Forschung. Seinen Ursprung findet die Erfolgsfaktorenforschung in der Entscheidungsforschung[65], der Organisations- und Managementforschung[66] sowie in der Marktforschung[67] (Fritz, 1993). Vorwiegend empirisch orientiert, bildet sie einen eigenständigen Erklärungsansatz (Schmalen et al., 2006).

Allgemein werden unter dem Begriff Erfolgsfaktor solche Faktoren verstanden, die „über Erfolg oder Misserfolg der betrieblichen Aktivitäten maßgeblich entscheiden" (Fritz, 1993, S. 1). Hierbei können Erfolgsfaktoren sowohl durch das Unternehmen selbst, als auch durch das sie umgebende Umfeld bestimmt sein (Hildebrandt, 1992) (Hildebrandt, 1988) (Hildebrandt, 1986).

2.4.2 Kritik an der Erfolgsfaktorenforschung

Wissenschaftliche Kritik an der Erfolgsfaktorenforschung begründet sich in der schlechten Messbarkeit von kausalen Ursache-Wirkungs-Beziehungen von Erfolgsfaktoren und deren Auswirkungen auf betriebswirtschaftliche Kennzahlen (Puschmann & Alt, 2005) (Gebauer & Shaw, 2004) (Kauffmann & Mohtadi, 2004). Boynton und Zmund (1984) propagieren daher, Erfolgsfaktoren nicht als Parameter zur empirischen Überprüfung betrieblicher Gesetzmäßigkeiten misszuverstehen. Statt als retrospektives Instrument zur Erfolgsüberprüfung können Erfolgsfaktoren vielmehr als in die Zukunft gerichtete Wegweiser für Entscheidungsträger im Kontext unsicherer und volatiler Wettbewerbsbedingungen verstanden werden (Puschmann & Alt, 2005) (Tan & Pan, 2002). Diesem Begriffs-

---

[65] Vgl. Gzuk (1975) und Hauschildt (1983).
[66] Vgl. beispielsweise die frühen Ausführungen von Domsch (1988), Witte (1987), Fessmann (1980) und Grabatin (1981).
[67] Vgl. Köhler (1993) und Böcker & Dichtl (1975).

2.4 Definition Erfolgsfaktor

verständnis schließt sich die vorliegende Arbeit an, da es im Einklang mit der zentralen Zielsetzung und dem wissenschaftlichen Forschungsansatz steht. Abbildung 22 stellt die Arbeitsdefinition des Begriffes Erfolgsfaktor dar.

> *Ein Erfolgsfaktor ist ein Faktor, der den Erfolg oder Misserfolg der betrieblichen Aktivitäten maßgeblich beeinflusst und sowohl durch das Unternehmen selbst, als auch durch das Umfeld bestimmt sein kann. Ein Erfolgsfaktor ist zu verstehen als ein in die Zukunft gerichteter Wegweiser für Entscheidungsträger im Kontext unsicherer und volatiler Umweltbedingungen.*

Abbildung 22: Arbeitsdefinition Erfolgsfaktor

Darüber hinaus sind im Rahmen dieser Arbeit solche Erfolgsfaktoren von Interesse, die prinzipiell vom Management eines Unternehmens beeinflusst werden können. Derartige Erfolgsfaktoren werden in der Literatur auch als „kritische" beziehungsweise „strategische" Erfolgsfaktoren („key success factors") bezeichnet (Fritz, 1993, S. 2).[68] Charakteristisch für den Umgang mit strategischen Erfolgsfaktoren ist der Denkansatz, dass „trotz der Multidimensionalität und Multikausalität der Erfolg bzw. Misserfolg eines Untersuchungsobjektes auf einige wenige zentrale Faktoren zurückgeführt werden kann" (Schmalen et al., 2006, S. 1). Auf diese Weise lässt sich die Identifikation von kritischen Erfolgsfaktoren als wesentliche Voraussetzung für die Umsetzung von strategischen Unternehmenszielen und Visionen begreifen (Leidecker & Bruno, 1984, S. 30f.). Im Zuge dieser Arbeit werden daher Erfolgsfaktoren identifiziert, die im Kontext unsicherer und volatiler Umweltbedingungen den Anspruch erheben, als in die Zukunft gerichtete Wegweiser für Entscheidungsträger zu dienen.

---

[68] Vgl. hierzu vor allem die frühen Protagonisten Hentze et al. (1993, S. 166), Grunert & Ellegaard (1993, S. 264) und Leidecker & Bruno (1984, S. 24).

2.5 Zusammenfassung

Auf Basis des in Kapitel 1.4.1 vorgestellten wissenschaftstheoretischen Ansatzes dieser Arbeit wird eine evolutionäre Perspektive auf das Supply Chain Management eingenommen. Ferner folgt die Arbeit einem unionistischen Denkansatz, in Anlehnung an Larson & Halldórsson (2004), Sweeney (2005) sowie Croom et al. (2000), wonach Logistik als ein Teil von Supply Chain Management verstanden wird.

In Anlehnung an Otto & Kotzab (1999, S. 216) und Otto (2002, S. 92) wird eine Supply Chain im Rahmen dieser Arbeit verstanden als „ein Netzwerk vertikal alliierter, rechtlich selbstständiger Unternehmen, die per Auftragsschluss sequenziell miteinander verbunden sind, über die Herstellung von Sachleistungen in diversen Wertschöpfungsschritten der Vormaterialerzeugung, Verarbeitung, Montage, Lagerung, Kommissionierung und Transport."[69] Folglich umfasst das Supply Chain Management das Design, die Planung und Steuerung sowie die kontinuierliche Verbesserung unternehmensübergreifender Material-, Informations- und Kapitalflüsse. Die Ziele des Supply Chain Managements liegen zum einen in der effizienten und gleichzeitig flexiblen Gestaltung der unternehmensinternen Prozesse, der Organisationsstruktur und Infrastrukturen. Zum anderen steht die integrative Gestaltung unternehmensübergreifender Aktivitäten, im Kontext vertikal alliierter Unternehmensnetzwerke, im Fokus der langfristig ausgelegten Ziele zur Erhöhung des Kundennutzens.[70]

Alles, was mit einer bestimmten Eintrittswahrscheinlichkeit den Fluss von Informationen, Materialien und Endprodukten von den Rohmaterial-Lieferanten zu den Endverbrauchern, unter Berücksichtigung des Systemzustandes (dynamische Komponente) und der damit verbundenen Sensibilität der betrachteten Supply

---

[69] „Dabei stellen sie erstens den Lieferservice für den Kunden sicher, um das Umsatzziel zu erreichen, zweitens rationalisieren sie entlang der gesamten Kette, um das Kosten- bzw. Kapitalbindungsziel zu erreichen und drittens streben sie eine akzeptable Verteilung von Kosten und Nutzen in der Kette an, um das Stabilitätsziel zu erreichen." (zitiert nach Otto & Kotzab (1999, S. 216) in Otto (2002, S. 92)).

[70] Vgl. Kapitel 2.1.2.2.

2.5 Zusammenfassung

Chain gegenüber kritischen Störereignissen, behindert oder erschwert, wird im Rahmen dieser Arbeit als Supply Chain Risiko verstanden.[71] In diesem Risiko-Kontext ist es Aufgabe im Supply Chain Risikomanagement, mögliche Risikoquellen zu identifizieren, die Bewertung auftretender Störereignisse und Implementierung angemessener Risikostrategien durch einen koordinierten Ansatz entlang der beteiligten Supply Chain Akteure durchzuführen und damit die Verletzlichkeit der Supply Chain zu reduzieren. Zum ganzheitlichen Supply Chain Risikomanagement zählen sowohl präventive, als auch reaktive Strategien und Maßnahmen zur Sicherung der Profitabilität und Aufrechterhaltung der Betriebsabläufe.[72] Auf diese Weise kann die Resilienz einer Supply Chain gezielt erhöht werden.

Im Rahmen dieser Arbeit wird Supply Chain Resilienz definiert als die adaptive Fähigkeit einer Supply Chain sich auf unvorhersehbare Ereignisse vorzubereiten, auf Störereignisse zu reagieren, und durch die kontinuierliche Ausführung der Geschäftsprozesse auf das angestrebte Leistungsniveau zurückzukehren, mit dem Ziel, die Leistungsfähigkeit und Wettbewerbsfähigkeit einer Supply Chain zu steigern.[73]

Die diesem Prozess zugrunde liegenden Erfolgsfaktoren werden hierbei als in die Zukunft gerichteter Wegweiser für Entscheidungsträger verstanden, die den Erfolg oder Misserfolg der betrieblichen Aktivitäten maßgeblich beeinflussen und sowohl durch das Unternehmen selbst, als auch durch das Umfeld bestimmt sein können.

Unter Berücksichtigung dieser begrifflichen und inhaltlichen Grundlagen wird der aktuelle wissenschaftliche Forschungsstand zur Supply Chain Resilienz im folgenden Kapitel hinsichtlich der Forschungsfragen umfassend analysiert und beschrieben.

---

[71] Vgl. Kapitel 2.2.2.2.
[72] Vgl. Kapitel 2.2.4.
[73] Vgl. Kapitel 2.3.2.

3 Analyse der wissenschaftlichen Forschungslandschaft

Bereits Ende der 1980er Jahre schreiben Low & MacMillan (1988): „As a body of literature develops, it is useful to stop occasionally, take inventory for the work that has been done, and identify new directions and challenges for the future". Eine derartige Inventarisierung scheint, insbesondere in Anbetracht des Wachstums des Forschungsbereiches Supply Chain Resilienz in den letzten Jahren notwendig.[74] Kapitel 3 widmet sich daher der umfassenden Untersuchung und strukturierten Aufbereitung der bestehenden wissenschaftlichen Forschungslandschaft zur Supply Chain Resilienz.

Inhalte und Aufbau des dritten Kapitels stellen sich wie folgt dar. Die Vorgehensweise der systematischen Literaturanalyse ist in Kapitel 3.1 dargestellt. Die Literaturanalyse umfasst neben einer qualitativen inhaltskritischen Analyse der identifizierten Publikationen (Kapitel 3.2) ebenfalls eine bibliometrische Analyse (Kapitel 3.3). Die Ergebnisse der zwei Analysen werden in Kapitel 3.4 abschließend zusammengefasst und bewertet. Abbildung 23 stellt die Kapitelstruktur dar.

---

[74] Vgl. hierzu die Ausführungen von Annarelli & Nonino (2016), Kamalahmadi & Mellat-Parast (2016b) sowie Hohenstein et al. (2015).

© Springer Fachmedien Wiesbaden GmbH, ein Teil von Springer Nature 2018
L. Biedermann, *Supply Chain Resilienz*, https://doi.org/10.1007/978-3-658-23516-1_3

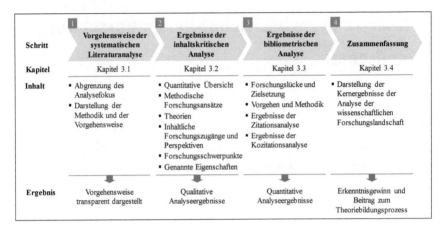

Abbildung 23: Struktur des dritten Kapitels

3.1 Vorgehensweise der systematischen Literaturanalyse

Im Bereich der Managementforschung stellt die systematische Literaturanalyse eine etablierte Vorgehensweise zur erkenntnistheoretischen Reduktion von Schnittstellenverlusten zwischen theoretischer Forschung und praktischer Anwendung dar (Rousseau, 2006, S. 258). Sie dient der Identifikation, Auswahl, Analyse sowie der Formulierung von Kernaussagen hinsichtlich des Forschungsobjektes (Denyer & Tranfield, 2009) (Tranfield et al., 2003) und trägt somit zum wissenschaftlichen Erkenntnisprozess bei (Seuring & Müller, 2008, S. 1700) (Mayring, 2003) (Light & Pillemer, 1984).

3.1.1 Inhaltlicher Fokus

Die zentralen Fragestellungen für das inhaltliche Studium der 180 identifizierten Beiträge leiten sich direkt aus der Zielsetzung, beziehungsweise den ersten beiden Forschungsfragen dieser Arbeit, ab. Diese Zuordnung ist in Abbildung 24 dargestellt.

3.1 Vorgehensweise der systematischen Literaturanalyse

Forschungsfragen der Arbeit	Leitfragen der inhaltskritischen Analyse
1 Welche Theorien, Forschungsperspektiven und -Schwerpunkte liegen dem aktuellen Forschungsprozess zur Supply Chain Resilienz zugrunde?	• Welche Methoden werden im Bereich der Supply Chain Resilienz-Forschung angewandt? • Welche inhaltlichen Forschungsperspektiven lassen sich unterscheiden? • Welche Theorien werden angewandt bzw. verknüpft? • Wo liegen aktuelle Forschungsschwerpunkte?
2 Was sind zukünftige Erfolgsfaktoren zum Ausbau einer resilienten Supply Chain?	• Welche wesentlichen Eigenschaften einer resilienten Supply Chain werden genannt? • Welche Erfolgsfaktoren zum Ausbau resilienter Supply Chains werden genannt?

Abbildung 24: Operationalisierung der Forschungsfragen

Der Vergleich verschiedener Begriffsdefinitionen von Supply Chain Resilienz ist explizit nicht Gegenstand der Analyse.[75] Ohne die Beantwortung der in Abbildung 24 genannten Fragen erscheint eine Diskussion über spezifische Begriffsdefinitionen obsolet. Es wird auf das in Kapitel 2.3.2 formulierte Begriffsverständnis von Supply Chain Resilienz im Rahmen dieser Arbeit verwiesen.

3.1.2 Methodik

Das im Rahmen dieser Arbeit angewandte Vorgehen zur Literaturanalyse orientiert sich am fünfstufigen Vorgehensmodell von Denyer und Tranfield (2009), ist reproduzierbar und unterscheidet sich von existierenden Literaturübersichten, wie beispielsweise denen von Annarelli & Nonino (2016), Kamalahmadi & Mellat-Parast (2016b)[76] oder Hohenstein et al. (2015), durch einen stärker interdisziplinär ausgerichteten und umfassenderen

---

[75] In diesem Zusammenhang wird auf Annarelli & Nonino (2016), Kamalahmadi & Mellat-Parast (2016b), Hohenstein et al. (2015) sowie Ponomarov & Holcomb (2009) verwiesen.

[76] Kamalahmadi & Mellat-Parast (2016b) beispielsweise fokussieren ihre zweistufige Literaturrecherche in den Kategorien „Operations Management (OM)", „Operations Research and Management (OR/MS)" sowie „General Management (GM)", gemäß den Kriterien der Association of Bussines Schools (ABS) und dem von ABS veröffentlichten Academic Journal Guide, auf qualitativ hochwertig eingestufte Veröffentlichungen zwischen Januar 2001 und August 2015.

Untersuchungsrahmen. Insbesondere die Kombination einer qualitativen inhaltskritischen Literaturanalyse mit einer quantitativen bibliometrischen Analyse erweitert bisherige Forschungsansätze. Die methodische Vorgehensweise der in dieser Arbeit präsentierten systematischen Literaturanalyse ist in Abbildung 25 dargestellt und wird im Folgenden ausführlich beschrieben.

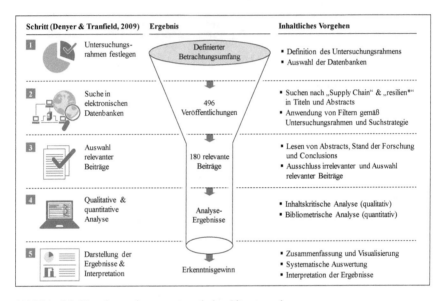

Abbildung 25: Vorgehensweise zur systematischen Literaturanalyse

Schritt 1: Untersuchungsrahmen festlegen

Im ersten Schritt, gemäß dem Vorgehensmodell von Denyer und Tranfield (2009), erfolgte die sorgfältige Festlegung des Untersuchungsrahmens. Dieser wurde auf den Zeitraum von Januar 2003 bis Dezember 2016 festgelegt, da das Jahr 2003 als Wendepunkt im Bereich der Supply Chain Risikoforschung angesehen werden kann (Kamalahmadi & Mellat-Parast, 2016b, S. 117) (Ghadge et al., 2012) (Tang & Musa, 2011).[77] Inhaltlich zählen Journal-Publikationen, Zeit-

---

[77] Vgl. Kapitel 2.1.3.

3.1 Vorgehensweise der systematischen Literaturanalyse

schriftenartikel, Konferenzpublikationen, Bücher und Buchkapitel zum Untersuchungsrahmen, die in ihrem Abstract einen direkten Bezug zum Thema Supply Chain Resilienz aufweisen. Die konkrete Suchstrategie wird im Folgenden detailliert beschrieben.

Schritt 2: Suche in elektronischen Datenbanken
Die Vollständigkeit der Literaturauswahl ist entscheidend für eine hohe Aussagekraft und Validität der Ergebnisse der systematischen Literaturanalyse (Kraus et al., 2011, S. 42). Zur Identifikation relevanter Primär-Literatur wurde zunächst die Begriffskombination „Supply Chain" und „resilien*" als Suchbegriffe in verschiedenen Datenbanken eingegeben, was zu insgesamt 22.072 Treffern führte. Zur Eingrenzung der Beiträge erfolgte die erneute Eingabe der Begriffe „Supply Chain" und „resilien*" ausschließlich in Publikationstiteln und -Abstracts der Datenbankeneinträge. Auf diese Weise wurden 496 Beiträge identifiziert.

Zu den genutzten fach- und branchenspezifischen Datenbanken zählen emeraldinsight.com, ieeexplore.ieee.org, link.springer.com, sciencedirect.com sowie tandfonline.com. Die Auswahl dieser Datenbanken erfolgte aufgrund ihrer jeweiligen breiten Datenbasis und ermöglichte so eine flächendeckende Suche entlang deutsch- und englischsprachiger wissenschaftlicher Zeitschriftenartikel, Bücher und Konferenzbeiträge zum Thema Supply Chain Resilienz. Einzelheiten zum Untersuchungsrahmen der Literaturrecherche sind in Tabelle 1 dargestellt.

Schritt 3: Auswahl relevanter Beiträge
Die Bewertung der inhaltlichen Themenrelevanz der 496 identifizierten Beiträge war Gegenstand des dritten Schritts. Hierfür wurden die in Tabelle 1 dargestellten Suchbegriffe in den Publikations-Titeln, -Abstracts und -Schlagwörtern (keywords) gesucht. Die Definition der Suchbegriffe orientierte sich hierbei am Vorgehen von (Tukamuhabwa et al., 2015), wonach das Wiedereinspeisen der in den 496 Abstracts genannten Schlagwörter eine gute Möglichkeit darstellt, Definitionen, Strategien, Eigenschaften und weitere Aspekte mit direktem Bezug auf

Supply Chain Resilienz zu identifizieren. Auf diese Weise wurden alle Abstracts der 496 Publikationen hinsichtlich ihres direkten Bezugs zur Supply Chain Resilienz inhaltlich geprüft. Ebenso ermöglichte dieses detaillierte Vorgehen die Identifikation und Beseitigung von redundanten Suchergebnissen. Aus den insgesamt 496 primären Suchergebnissen wurden auf diese Weise 180 relevante Veröffentlichungen herausgefiltert.

Tabelle 1: Untersuchungsrahmen der Literaturrecherche

Vorgehen	Schlagwortsuche anhand verschiedener Suchbegriffe in Titeln und Abstracts der Datenbankeinträge
Sprachen	Englisch, Deutsch
Datenbanken (International)	http://www.sciencedirect.com http://link.springer.com http://www.emeraldinsight.com http://ieeexplore.ieee.org http://tandfonline.com
Suchbegriffe (Auswahl; Deutsch)	„Supply Chain" und „resilien*" in Titeln und Abstracts; sowie nachfolgend für die Prüfung auf Relevanz: Agilität, Antezedenzien, Bezugsrahmen, Erfolgsfaktoren, Flexibilität, Literaturrecherche, Logistik, Risiko, Risikomanagement, Resilienz, Robustheit, Störereignis, Supply Chain Management, Supply Chain Resilienz, Verletzlichkeit
Suchbegriffe (Auswahl; Englisch)	„Supply Chain" und „resilien*" in Titeln und Abstracts; sowie nachfolgend für die Prüfung auf Relevanz: Agility, Antecedents, Disaster, Disruption, Dynamic Alignment, Framework, Flexibility, Literature Review, Logistics, Resilience, Responsiveness, Risk, Risk Management, Robustness, Success Factors, Supply Chain Management, Supply Chain Resilience, Vulnerability
Publikationszeitraum	Januar 2003 - Dezember 2016

Um sicherzustellen, dass die verwendete Suchstrategie vollständige Ergebnisse liefert, wurde die Literaturrecherche zweimal, im Oktober 2016 sowie im März 2017, durchgeführt. Auf diese Weise konnten der Untersuchungszeitraum bis

3.1 Vorgehensweise der systematischen Literaturanalyse 71

einschließlich Ende Dezember 2016 realisiert werden. Eine Auflistung der insgesamt 180 Quellen findet sich in Anhang B.

Schritt 4: Qualitative und quantitative Analysen
Zur Beantwortung der Forschungsfragen wurden im vierten Schritt zwei verschiedene Analysemethoden angewandt:

- Inhaltskritische Analyse (qualitativ)
- Bibliometrische Analyse (quantitativ)

Im Rahmen der inhaltskritischen Analyse wurden alle 180 Publikationen inhaltlich vollständig studiert und entsprechend des Analysefokus ausgewertet.[78] In Anlehnung an den Auswertungsrahmen von Annarelli & Nonino (2016), umfasst die Auswertung verschiedene Darstellungen je nach Autor, Jahr, Journal, inhaltlichen und methodischen Forschungszugängen, verknüpften Theorien sowie genannten wesentlichen Eigenschaften resilienter Supply Chains. Ebenso wurde eine bibliometrische Analyse durchgeführt, um die qualitativen Forschungsergebnisse der inhaltskritischen Analyse quantitativ zu ergänzen. Die Vorgehensweisen und Ergebnisse sind in Kapitel 3.3 dargestellt.

Schritt 5: Ergebnisse und Interpretation
Die Aufbereitung und Visualisierung der Ergebnisse der verschiedenen Analysen, erfolgt als abschließender Schritt. Die entsprechenden Auswertungen und Interpretation sind Gegenstand der Kapitel 3.2 und 3.3.

---

[78] Vgl. Kapitel 3.1.1 zur Darstellung des Analysefokus.

3.2 Ergebnisse der inhaltkritischen Analyse und Interpretation

3.2.1 Quantitative Übersicht

Die Ergebnisse der Literaturrecherche zeigen, dass 138 (77%) der 180 Veröffentlichungen auf den Zeitraum von 2011 bis 2016 entfallen. Der Anstieg an Veröffentlichungen ab 2011 lässt vermuten, dass insbesondere die weltweite Finanzkrise 2008/2009 Auslöser für das zunehmende Forschungsinteresse im Bereich Supply Chain Resilienz ist. Beispielhaft hierfür stehen die Forschungsergebnisse von (Jüttner & Maklan, 2011), welche die Zusammenhänge von Supply Chain Resilienz, dem Konzept der Verletzlichkeit (vulnerability) und Supply Chain Risikomanagement am Beispiel der globalen Finanzkrise erforschen.

Die hier präsentierten Ergebnisse stehen im Einklang mit den Forschungsergebnissen von Annarelli & Nonino (2016)[79], Kamalahmadi & Mellat-Parast (2016b)[80] sowie Hohenstein et al. (2015)[81], welche ebenfalls einen starken Anstieg der Veröffentlichungen ab 2011 beobachten. Ebenso unterstreichen sie die Beobachtungen von Hohenstein et al. (2015), Sáenz & Revilla (2014), Wieland (2013), Blackhurst et al. (2011) und Zsidisin & Wagner (2010), die aufzeigen, dass das Konzept der Supply Chain Resilienz zunehmende Bedeutung im Bereich der Supply Chain Management-Forschung einnimmt, insbesondere als eine kritische Komponente des Supply Chain Risikomanagements (Ponis & Koronis, 2012, S. 924).

---

[79] Annarelli & Nonino (2016) untersuchen insgesamt 151 Veröffentlichungen zur Supply Chain Resilienz im Zeitraum von 1990 bis 2014.

[80] Kamalahmadi & Mellat-Parast (2016b) untersuchen insgesamt 100 Veröffentlichungen zur Supply Chain Resilienz im Zeitraum von 2000 bis 2015.

[81] 75% (50 von 67) der von Hohenstein, et al. (2015) identifizierten, zwischen 2003 und 2013 veröffentlichten, Publikationen entfallen auf den Zeitraum von 2009 bis 2013.

3.2 Ergebnisse der inhaltkritischen Analyse und Interpretation   73

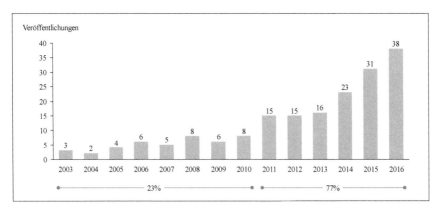

Abbildung 26: Jährliche Verteilung der Supply Chain Resilienz-Veröffentlichungen

Allerdings kann an dieser Stelle nicht davon ausgegangen werden, dass der jährliche Anstieg an Veröffentlichungen alleine auf eine zunehmende Themenrelevanz zurückzuführen ist. Angesichts der noch geringen Größe des Forschungsgebietes ist ein jährlicher Anstieg an Publikationen auch als Teil des Wachstumsprozesses des Forschungsgebietes zu interpretieren.

3.2.2 Methodische Forschungsansätze der Supply Chain Resilienz-Forschung

In Anlehnung an Pilbeam et al. (2012), lassen sich zwei Forschungsströme, theoretisch und empirisch, im Bereich der Supply Chain Resilienz-Forschung identifizieren. Zu theoretischen Forschungsmethoden zählen konzeptionelle, mathematische und statistische Methoden, während empirische Studien auf qualitativen Erhebungsmethoden, Fallstudien und gemischten Verfahren beruhen. Der überwiegende Teil der Veröffentlichungen zur Supply Chain Resilienz (121 Publikationen; 67%) lässt sich hierbei einer theoretischen Forschung zuordnen. Insgesamt 52 Veröffentlichungen (29%) folgen einem empirischen Forschungsansatz und sieben (4%) Publikationen lassen keine explizite methodische Vorgehensweise erkennen.[82]

Theoretisch		Keine Methodik	Empirisch	
121 (67%)		7 (4%)	52 (29%)	
• Kausalanalytische Forschung	(50)		• Qualitative Erhebungsmethoden	(22)
• Mathematische Methoden	(39)		• Fallstudien	(22)
• Konzeptionelle Bezugsrahmen	(28)		• Gemischte Methoden	(8)
• Statistische Methoden	(4)			n = 180

Abbildung 27: Methodische Forschungszugänge der Supply Chain Resilienz-Literatur

Anhang C stellt die Anzahl der verschiedenen methodischen Forschungszugänge im Zeitverlauf von 2003 und 2016 grafisch dar. Die hier präsentierten Forschungsergebnisse stehen im Einklang mit den Ergebnissen von Hohenstein, et al. (2015, S. 95), die im Rahmen ihrer Literaturanalyse ebenso 67% der untersuchten Veröffentlichungen einem theoretischen Forschungsansatz zuordnen. Abschließend ist, in Anlehnung an (Scholten et al., 2014, S. 211), zu bestätigen, dass existierende methodische Forschungsströme zum Thema Supply Chain Resilienz überwiegend einer deduktiven Herangehensweise folgen und eine induktive Verknüpfung theoretischer Grundlagen und praktischer Anwendung vermissen lassen. Es existieren nur wenige empirische Forschungsarbeiten (Tukamuhabwa et al., 2015).[83]

---

[82] Hierbei handelt es sich um die Beiträge von Macfadyen et al. (2015), Nilakant et al. (2015), Purpura (2013), Weltwirtschaftsforum (2013), Sheffi (2005a), Sheffi (2005c) und Fiksel (2003), die entweder als Zeitschriftenartikel, Berichte, Buchkapitel oder Journal-Veröffentlichung erschienen sind.

[83] Hierzu zählen beispielsweise die Arbeiten von Brusset & Teller (2017), Mandal et al. (2016), Spiegler et al. (2016), Stevenson & Busby (2015), Scholten & Schilder (2015), Golgeci & Ponomarov (2013) sowie Jüttner & Maklan (2011).

3.2.3 Theorien in der Supply Chain Resilienz-Forschung

In den 180 inhaltlich analysierten Publikationen zur Supply Chain Resilienz findet sich keine zusammenfassende Übersicht über die bisher im Forschungsfeld angewandten Theorien. Eine strukturierte Übersicht der theoretischen Bezugsgrundlage stellt im Zuge des noch jungen Theoriebildungsprozesses zur Supply Chain Resilienz somit einen sinnvollen Beitrag zur Beschreibung der wissenschaftlichen Forschungslandschaft dar.

Insgesamt können entlang der 180 Publikationen 168 Anwendungsfälle von insgesamt 56 verschiedenen Theorien gezählt werden. Hierbei verweisen jedoch nur 93 (52%) der insgesamt 180 Veröffentlichungen auf eine oder mehrere der 56 identifizierten Theorien.[84] Insgesamt 87 Veröffentlichungen (48%) beziehen sich demnach auf keine direkte theoretische Grundlage.[85] Während sich die Gesamtzahl der Forschungsbeiträge zur Supply Chain Resilienz ab 2011 signifikant erhöht[86], steigt auch die Vielfalt der referenzierten Theorien. Als Vorreiter der Verknüpfung von Supply Chain Resilienz-Forschungsinhalten zu anderen Theorien können die Beiträge von Fiksel (2003) (Systemtheorie), Peck (2005; 2006b) (Netzwerk-Theorie, komplexe Systemtheorie, Entscheidungstheorie, Spieltheorie, makroökonmische Theorie, Systemtheorie) sowie Bakshi & Kleindorfer (2009) (Spieltheorie, Verhaltenstheorie) angesehen werden.

In Anlehnung an die in Kapitel 2.1.3.2 vorgestellte Strukturierung einer Forschungsebene, lassen sich die im Supply Chain Resilienz-Forschungsfeld beobachteten Theorien in die Kategorien der übergeordneten Theorien (grand theories), breit gefächerten Theorien (middle range theories) sowie spezifischen Theorien (small-scale theories) unterschieden. Als übergeordnete Codierungskriterien wurden die Beiträge von Halldórsson et al. (2015), Halldórsson et al. (2007) sowie Arlbjørn & Halldórsson (2002, S. 35) sowie Maaloee (1997) genutzt. Die Zuordnung der jeweiligen Theorien zu einer der drei Kategorien erfolgte auf

---

[84] Vgl. Abbildung 28.
[85] Bzw. sind das Ergebnis von Literaturrecherchen oder Zitationsanalysen.
[86] Vgl. Kapitel 3.2.1 zur quantitativen Übersicht der veröffentlichten Beiträge zur Supply Chain Resilienz.

Basis der Autorenangaben im jeweiligen untersuchten Dokument, sofern diese gemacht wurden. Zusätzlich wurden weiterführende Fachliteraturquellen genutzt, um eine klare Zuordnung zu ermöglichen. Anhang D bildet die direkte Zuordnung der entsprechenden Codierungs-Quelle zu jeder einzelnen Theorie ab.

In Abbildung 28 sind alle 56 Theorien im Supply Chain Resilienz-Forschungsfeld, unter Berücksichtigung ihrer Häufigkeit der Nennung und in alphabetischer Reihenfolge den entsprechenden Kategorien zugordnet. Je dunkler die Färbung, desto mehr Anwendungsfälle der jeweiligen Theorie wurden identifiziert.

Theoriebildungsprozess vom „Groben ins Feine"
Insgesamt können dem Bereich der übergeordneten Theorien 14 verschiedene Theorien zugeordnet werden. In das Spektrum der breit gefächerten Theorien fallen 20 verschiedene Theorien, in der Kategorie der spezifischen Theorien finden sich insgesamt 22 verschiedene Theorien wieder. Gleichzeitig ist festzustellen, dass im vorliegenden Untersuchungszeitraum die meisten Nennungen, insgesamt 69, im Bereich der übergeordneten Theorien (grand theories) zu finden sind. Im Bereich der breit gefächerten Theorien (middle range theories) finden sich 61 Nennungen und im Bereich der spezifischen Theorien (small-scale theories) lediglich 38 Anwendungsfälle.

Die hier präsentierten Beobachtungen können ein Indiz dafür sein, dass der Supply Chain Resilienz-Theoriebildungsprozess vom „Groben ins Feine" (Top-Down) abläuft und somit zunächst von übergeordneten theoretischen Erkenntnissen zu spezifischen Forschungsinhalten überleitet. Spezifische Modelle (middle range theories) und Werkzeuge (small-scale theories) sind anscheinend noch weniger stark entwickelt und vorhanden. Ein Blick auf den zeitlichen Veröffentlichungsverlauf unterstützt diese These: Während zwischen 2003 bis 2008 bereits zwölf Veröffentlichungen im Bereich der übergeordneten Theorien existieren, liegt die Zahl im Bereich der breit gefächerten Theorien bei drei und im Bereich der spezifischen Theorien bei zwei Veröffentlichungen. Erst ab dem Jahr 2011 kann sowohl eine absolute Zunahme, als auch eine Steigerung der Vielfalt der

3.2 Ergebnisse der inhaltkritischen Analyse und Interpretation

Kategorie	Theorien	2003-2009	2010	2011	2012	2013	2014	2015	2016	Σ	Summe
Übergeordnete Theorien (14)	Systemtheorie	4		3		3	3	4	4	21	69
	Netzwerktheorie	2	1			2	5	5	1	16	
	Entscheidungstheorie	3			1	1	1	3	1	10	
	Lean Management				1		1		2	4	
	Komplexe Systemtheorie	1					2			3	
	Sozialtheorie							3		3	
	Wirtschaftstheorie	2								2	
	Managementtheorie/ Managementlehre						1	1		2	
	Organisationale Verhaltenstheorie	1			1					2	
	Organisationstheorie						1	1		2	
	Koordinationslehre (coordination theory)							1	1	2	
	Katastrophentheorie						1			1	
	Marxistische Theorie					1				1	
	Weber'sche Theorie (weberian theory) *					1				1	
Breit gefächerte Theorien (20)	Komplexitätstheorie			1			4	3	3	11	61
	Graphentheorie				2		4	2		8	
	Spieltheorie	3				1	1		2	7	
	Grounded Theory	1	1			1	1	1		5	
	Unfalltheorie (normal accident theory)			1	1	1	1			4	
	Design Theorie (design theory)					1		2		3	
	Dynamic Capability Theory						1	2		3	
	Humankapitaltheorie						1	2		3	
	Baye'sche Netzwerktheorie							2		2	
	Chaos-Theorie				1	1				2	
	Kontingenztheorie							1	1	2	
	Prinzipal-Agenten-Theorie	1				1				2	
	Relational View				1		1			2	
	Zelltheorie					1			1	2	
	Collaborative Control Theory							1		1	
	Notfallmanagement-Theorie*				1					1	
	Resource-Based View							1		1	
	Signaling Theory							1		1	
	Theorie der sozialen Netzwerke						1			1	
	System Dynamics							1		1	
Spezifische Theorien (22)	Kontrolltheorie					1		1	2	1	5	38
	Grey Theorie						3	2		5	
	Fuzzy Theorie	1		1				2		4	
	Bestandstheorie (inventory theory)	1		1			1			3	
	High Reliability Theory				1	1				2	
	Lean-Six-Sigma	1					1			2	
	Werttheorie (marginal gain/revenue theory)							2		2	
	Autonome Agency Theorie			1						1	
	Backup Placement*			1						1	
	Bargaining-Theorie								1	1	
	Biologische Zellelastizitätstheorie			1						1	
	Extremwert-Theorie							1	1	1	
	Fitness Landscape-Theorie			1						1	
	Organisationale Ambidextrie						1			1	
	Possibility-Theorie							1		1	
	Probability-Theorie							1		1	
	Theorie der rationalen Entscheidung					1				1	
	Resilienz-Theorie*							1		1	
	Ripple Effekt*								1	1	
	Risiko-Kommunikations-Theorie						1			1	
	Risiko-Warnehmungstheorie (risk perception theory)					1				1	
	Social Constructionist Theorie					1				1	
	Summe (Anwendungshäufigkeiten)	22	4	8	11	21	30	39	33	168	
	Anzahl verschiedener Theorien	13	4	6	10	18	16	22	20	56	

Abbildung 28: Theorien im Forschungsfeld Supply Chain Resilienz

spezifischen Theorien beobachtet werden. Gleiches gilt für das Spektrum der breit gefächerten Theorien (dunkle Schattierungen).

Theorien im Theoriebildungsprozess

Mit insgesamt 21 Nennungen (13%) von den insgesamt 168 Nennungen, wird die Systemtheorie, entlang der 180 analysierten Veröffentlichungen zwischen 2003 und 2016 im Supply Chain Resilienz-Forschungsfeld, am häufigsten genannt.[87] Hinzu kommen drei Anwendungsfälle der inhaltsnahen komplexen Systemtheorie (2%). Am zweithäufigsten wird die Netzwerktheorie mit insgesamt 16 Nennungen (10%) registriert. Elf Anwendungsfälle (7%) konnten jeweils für die Komplexitätstheorie und zehn (6%) für die Entscheidungstheorie beobachtet werden. Acht Anwendungsfälle (5%) kann die Graphentheorie auf sich verbuchen. Die Spieltheorie wurde in insgesamt sieben Veröffentlichungen (4%) genutzt. Die Grey Theory findet weitere fünf Anwendungsfälle (3%), während die inhaltsnahen Theorien Fuzzy Set Theory vier (2%) und die Control Theory fünf Mal (3%) angewandt werden. Theorien aus dem Bereich Lean Management sind insgesamt vier Mal (2%) zu finden, wobei weitere zwei Veröffentlichungen (1%) das Konzept Lean-Six-Sigma präsentieren. Die Normal Accident Theory wird insgesamt vier Mal (2%) angeführt. Weitere 44 Theorien finden zwischen einem und drei Anwendungsfällen entlang der 180 untersuchten Publikationen zur Supply Chain Resilienz (insgesamt 68 Nennungen). Abbildung 29 stellt das Verhältnis der Theorie-Nennungen grafisch dar. Eine Zuordnung der in Abbildung 28 aufgelisteten Theorien zu den einzelnen Veröffentlichungen ist in Anhang B dargestellt.

---

[87] Der Beitrag von Brusset & Teller (2017) war bereits im Oktober 2016 als „akzeptiertes Manuskript" online verfügbar und wurde im Rahmen der Auswertung zur Jahres-Kategorie 2016 gezählt.

3.2 Ergebnisse der inhaltkritischen Analyse und Interpretation 79

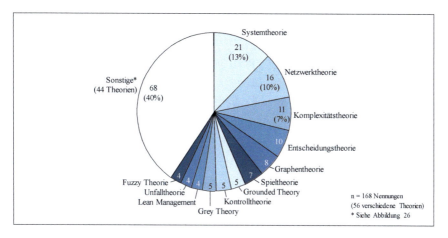

Abbildung 29: Häufigkeitsverteilung der in der Literatur genannten Theorien

Zusammenfassend lässt sich feststellen, dass vor allem in den Jahren 2011 bis 2016 die Vielfalt der in das Supply Chain Resilienz-Forschungsfeld eingebrachten Theorien deutlich zugenommen hat. Das von Halldórsson et al. (2015), bzw. Halldórsson et al. (2007) propagierte Phänomen des „borrowing of theories" lässt sich im Forschungsfeld Supply Chain Resilienz eindeutig feststellen. Die hier präsentierten Erkenntnisse unterstrichen deutlich den forschungsübergreifenden und interdisziplinären Charakter des Forschungsfeldes Supply Chain Resilienz.

3.2.4 Inhaltliche Forschungszugänge und Perspektiven

Halldórsson et al. (2007) zeigen, dass der Theoriebildungsprozess im Bereich Supply Chain Management grundsätzlich von der Berücksichtigung von Theoriebausteinen anderer Forschungsdisziplinen profitiert.[88] Die vorangegangenen Analyseergebnisse belegen, dass auch im Forschungsbereich Supply Chain Resilienz ein ähnliches Forschungsmuster erkennbar ist: Offensichtlich werden sowohl absolut mehr Theorien als auch zunehmend spezifische und unterschiedli-

---

[88] Vgl. Kapitel 2.1.3.

che Theorien verwendet. Somit stellt sich die Frage, welche inhaltlichen Perspektiven entlang existierender Forschungsarbeiten differenziert werden können.

Eine klare Abgrenzung der spezifischen Forschungsperspektiven im Forschungsgebiet Supply Chain Resilienz hat in der Literatur bisher nicht stattgefunden. Aus wissenschaftlicher Sicht ist diese Abgrenzung hilfreich, um einen ganzheitlichen Überblick über unterschiedliche Perspektiven im Theoriebildungsprozess zur Supply Chain Resilienz zu erhalten.

Gesamtübersicht spezifischer Supply Chain Resilienz-Forschungsperspektiven

Ponomarov & Holcomb (2009, S. 125ff.) identifizieren sieben verschiedene Betrachtungswinkel für den allgemeinen Resilienz-Begriff.[89] Die inhaltskritische Würdigung der 180 Veröffentlichungen zum Thema Supply Chain Resilienz zeigt jedoch, dass diese vorgeschlagenen Perspektiven nur unzureichend genau für die Klassifikation von spezifischen Forschungsperspektiven auf das Thema Supply Chain Resilienz sind. So sind etwa Forschungsansätze auf Basis der System-, Organisations- oder Netzwerktheorie gesondert zu betrachten, da sich zugrunde liegende Forschungsparadigmen sowie die jeweils angewandten Theorien und Forschungszugänge grundlegend voneinander unterscheiden. Ebenso erscheint eine singuläre Betrachtung aus einer Supply Chain Risikomanagement-Perspektive (SCRM-Perspektive) als unzureichend, da das Thema Supply Chain Resilienz grundsätzlich als „interdisziplinäres" beziehungsweise als „Forschungsdisziplin übergreifendes" Forschungsfeld betrachtet werden kann (Kamalahmadi & Mellat-Parast, 2016b).[90]

---

[89] Vgl. Kapitel 2.3.1.
[90] Die in Kapitel 3.2.4 präsentierte Vielfalt der verschiedenen Theorien im Supply Chain Resilienz-Forschungsbereich untermauert diese Einschätzung.

Zuordnungskriterien der analysierten Publikationen zu einer spezifischen Perspektive

Die Zuordnung der einzelnen Beiträge zu einer Forschungsperspektive erfolgte durch die Nutzung von drei verschiedenen Codierungs-Techniken. Die einfachste Möglichkeit einen Beitrag einer spezifischen Forschungsperspektive zuzuordnen, ist die Berücksichtigung der darin enthaltenen Angaben der Autoren, sofern diese gemacht wurden. Für den Fall, dass keine Angaben der Autoren zu finden waren, dienten als zweite Instanz die Beiträge von Brandon-Jones et al. (2014), Ponomarov & Holcomb (2009), Peck (2006a) und Tang (2006a) als Codierungs-Quellen. Auf diese Weise konnte bereits der Großteil der 180 analysierten Publikationen eindeutig einer spezifischen Forschungsperspektive zugewiesen werden. Die wenigen verbleibenden Beiträge wurden abschließend durch die inhaltliche Kohärenz der in dem jeweiligen Beitrag referenzierten Theorien zu den spezifischen Forschungsperspektiven überprüft.

Werden zugrunde liegende Theorien als Differenzierungsmerkmal verstanden, lassen sich insgesamt zehn verschiedene Perspektiven zur Supply Chain Resilienz unterscheiden. Diese können bis auf drei Ausnahmen direkt mit den übergeordneten Perspektiven zum allgemeinen Resilienzbegriff von Ponomarov & Holcomb (2009) verknüpft werden. Unter Berücksichtigung der Anwendungshäufigkeit entlang der 180 analysierten Publikationen sind diese in Abbildung 30 dargestellt. Drei der 180 Veröffentlichungen konnten keiner Perspektive zugeordnet werden.[91] Eine zeitliche Einordnung der spezifischen Forschungsperspektiven nach Veröffentlichungsjahr im Untersuchungszeitraum findet sich in Anhang E. Eine vollständige Übersicht der Zuordnung der einzelnen Veröffentlichungen zu den hier beschriebenen Forschungsperspektiven ist in Anhang B dargestellt.

---

[91] Hierbei handelt es sich um die Beiträge von Weltwirtschaftsforum (2013), Butner (2010) und Kong & Li (2008).

3 Analyse der wissenschaftlichen Forschungslandschaft

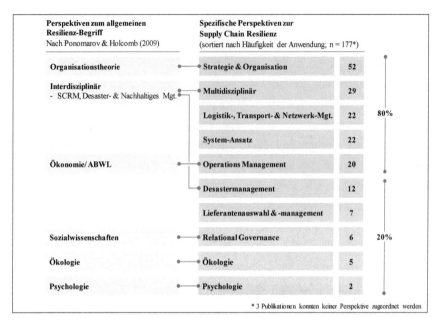

Abbildung 30: Spezifische Forschungsperspektiven zur Supply Chain Resilienz

Auffallend ist, dass sich 145 (80%) der untersuchten Veröffentlichungen auf lediglich fünf verschiedene Forschungsperspektiven verteilen. Hierzu zählen die Strategisch-Organisationale Perspektive (52), die multidisziplinäre Perspektive (29), die Logistik-, Transport und Netzwerk-Management Perspektive (22) sowie die Blickwinkel des System-Ansatzes (22) und des Operations Managements (20).

Diese Erkenntnisse stehen damit im Kontrast zu den Ergebnissen von Kamalahmadi & Mellat-Parast (2016b), welche 44% der von den Autoren untersuchten Veröffentlichungen einer Operations Management-Perspektive zuordnen.[92] Alle zehn Supply Chain Resilienz-Forschungsperspektiven, die im

---

[92] Zu erklären ist dieser Unterschied durch unterschiedliche Suchstrategien. Kamalahmadi & Mellat-Parast (2016b) verwenden die Suchbegriffe „supply chain resilience", „resilient supply chain", „enterprise resilience", „organization resilience" sowie „resiliency in

3.2 Ergebnisse der inhaltkritischen Analyse und Interpretation 83

Rahmen der Literaturrecherche dieser Arbeit identifiziert werden konnten, werden im Folgenden beschrieben und klar voneinander abgegrenzt.

Perspektive 1: Strategie & Organisation

Insgesamt können 52 von 180 Veröffentlichungen (29%) einer strategischen, beziehungsweise organisationstheoretischen Perspektive zugeordnet werden. Veröffentlichungen in dieser Kategorie verfolgen überwiegend organisationstheoretische Ansätze, wie zum Beispiel Gualandris & Kalchschmidt (2015), Pal et al. (2014) und Sparrow & Cooper (2014). Darüber hinaus stehen Untersuchungen zu verhaltenstheoretischen Aspekten (z.B. Lee et al. (2013), Williams et al. (2009)) sowie verschiedene ressourcenbasierte Ansätze (z.B. Brusset & Teller (2017), Mandal et al. (2016), Stevenson & Busby (2015)) im Vordergrund. Des Weiteren finden sich in diesem Segment insgesamt fünf Veröffentlichungen, die Ergebnisse von Literaturrecherchen aus einem strategisch-organisationalen Blickwinkel zur Supply Chain Resilienz präsentieren. Hierzu zählen die Beiträge von Annarelli & Nonino (2016), Manning & Soon (2016), Pereira et al. (2014), Klibi et al. (2010) und Williams et al. (2008).

Perspektive 2: Multidisziplinäre Perspektive

Die im Rahmen dieser Arbeit präsentierte interdisziplinäre Perspektive zur Supply Chain Resilienz unterscheidet sich grundlegend von der allgemeinen, interdisziplinären Perspektive von Ponomarov & Holcomb (2009). Der hier als interdisziplinär klassifizierte Forschungsansatz berücksichtigt Ansätze der Spieltheorie, der Entscheidungstheorie sowie einzelne Elemente der System- und Netzwerktheorien. Publikationen dieser Kategorie zeichnen sich dadurch aus, dass sie häufig verschiedene Forschungsperspektiven einnehmen, um den Forschungsge-

---

supply chain" und schränken ihre Suche gleichzeitig auf Journale ein, die im *ABS Journal Guide 2015* aufgeführt sind ein. Gleichzeitig verwenden die Autoren jedoch auch Datenbanken wie *GoogleScholar* und *Engineering Research Database*. Insgesamt ist in der Suchstrategie bereits ein starker Fokus auf Literatur aus den Bereichen Operations Management, Operations Research

genstand Supply Chain Resilienz von verschiedenen Seiten zu beleuchten.[93] Insbesondere deshalb finden sich in dieser Kategorie auch 13 verschiedene Literaturübersichten wieder, was 45% der insgesamt 29 Veröffentlichungen in dieser Kategorie entspricht. Zu den Literaturübersichten zählen die Beiträge von Elleuch et al. (2016), Kamalahmadi & Mellat-Parast (2016b), Thomé et al. (2016), Durach et al. (2015), Hohenstein et al. (2015), Ivanov et al. (2015), Mandal (2014), Colicchia & Strozzi (2012), Ponis & Koronis (2012), Bhamra et al. (2011), Pettit et al. (2010), Ponomarov & Holcomb (2009) und Longo & Ören (2008).

Perspektive 3: Logistik-, Transport- & Netzwerkmanagement
Den primären Untersuchungsgegenstand dieser Forschungsperspektive bilden die Auswirkungen von Störereignissen auf die Supply Chain im Kontext komplexer Netzwerkstrukturen. Hierbei stehen insbesondere transportlogistische Fragestellungen unter Verwendung der Graphentheorie im Vordergrund (z.B. Kim et al. (2015), Soni et al. (2014) und Zeballos et al. (2012)). Einen zweiten Schwerpunkt stellen Fragestellungen aus dem Bereich der Netzwerktheorie dar. So nutzen beispielsweise Kristianto et al. (2014) und Sadghiani et al. (2015) mathematische Methoden zur optimalen Netzwerkkonfiguration unter Berücksichtigung kostenoptimaler Bestandsmengen und Transportrouten. Insgesamt folgen 18 der 22 Publikationen in dieser Kategorie einem theoretischen Forschungsansatz. In den Jahren 2015 und 2016 publizieren Cardoso et al. (2015), Jæger & Hjelle (2015), Lam & Bai (2016) sowie Pournader et al. (2016) erste empirische und qualitative Forschungsergebnisse zur Supply Chain Resilienz aus der Perspektive des Transport- und Netzwerkmanagements.

---

und General Management erkennbar. Für weitere Einzelheiten siehe Kamalahmadi & Mellat-Parast (2016b, S. 117ff.).

[93] Vgl. zum Beispiel die Beiträge von Papadopoulos et al. (2016), Purpura (2013), Peck (2006a) und Peck (2005).

3.2 Ergebnisse der inhaltkritischen Analyse und Interpretation

Perspektive 4: System-Ansatz

Insgesamt 22 Publikationen zur Untersuchung von Supply Chain Resilienz können einem System-Ansatz zugeschrieben werden. Davon folgen 19 einer theoretischen Vorgehensweise; zehn hiervon auf Basis mathematischer Methoden, neun im konzeptionellen Bereich, etwa zur Entwicklung von theoretischen Bezugsrahmen, beispielsweise Gunasekaran et al. (2015), Scholten et al. (2014) und Barroso et al. (2008). Der größte Themenschwerpunkt liegt in einer systemtheoretischen Betrachtung von Supply Chain Resilienz. Als früher Vertreter der systemtheoretischen Betrachtungsweise diskutiert Fiksel (2003) Auswirkungen des „System Design" auf Supply Chain Resilienz. Minnich & Maier (2006) führen den System Dynamics-Ansatz in das Supply Chain Resilienz-Forschungsfeld ein, um Wirkeffekte in den Bereichen der Effizienz und Reaktionsfähigkeit bei der Implementierung von Supply Chain Strategien sichtbar zu machen. Darüber hinaus bringen Gunasekaran et al. (2015) und Yang & Yang (2010) Inhalte der Komplexitätstheorie in den Theoriebildungsprozess zur Supply Chain Resilienz mit ein.

Perspektive 5: Operations Management

Die Operations Management-Perspektive ist vorwiegend geprägt durch die Forschungsparadigmen des Lean Managements. Beispielhaft hierfür stehen die Beiträge von Birkie (2016) zur Darstellung von Synergieeffekten zwischen Just-in-Time Prinzipien, der Anwendung von TPM[94] und Supply Chain Resilienz, die Arbeiten von Barroso et al. (2011a) zur Anwendung der Wertstrommethode im Kontext der Supply Chain Resilienz-Forschung sowie die Ausführungen von Christopher & Rutherford (2004), welche Lean-Six-Sigma als Werkzeug zur Erhöhung der Supply Chain Resilienz präsentieren. Das Verhältnis zwischen theoretischen und empirischen Forschungszugängen im Bereich der Operations Management-Perspektive beträgt zwölf zu acht.

---

[94] TPM = Total Productive Maintenance.

Perspektive 6: Desastermanagement

Die Perspektive des Desastermanagements beinhaltet sieben theoretische Forschungsarbeiten, davon drei mathematische sowie fünf empirische Publikationen, davon vier Fallstudien. Der hier präsentierte Blickwinkel des Desastermanagements auf Supply Chain Resilienz berücksichtigt die von Ponomarov & Holcomb (2009) zugeschriebenen Aspekte zum Supply Chain Risikomanagement, zum Desastermanagement und dem Bereich des nachhaltigen Managements (vgl. Abbildung 30). Konkret lassen sich diesbezüglich zwei wesentliche Strömungen beobachten: Einerseits betrachten Bakshi & Kleindorfer (2009), Macdonald (2008) und Xu (2008) Entscheidungsprozesse und reaktive Managementansätze im Falle von Supply Chain Störungen. Andererseits bringen Urciuoli et al. (2014) erstmals Aspekte der rationalen Entscheidungstheorie in die Supply Chain Resilienzforschung ein.

Perspektive 7: Lieferantenauswahl und -management

Einen eigenen spezifischen Forschungszugang zur Supply Chain Resilienz stellen die sieben Forschungsarbeiten von Chen et al. (2016), Kamalahmadi & Mellat-Parast (2016a), Hosseini & Barker (2016), Sahu et al. (2016), Rajesh & Ravi (2015a), Torabi et al. (2015) und Haldar et al. (2012) dar. Vier der sechs Forschungsarbeiten folgen hierbei kausal- und formalanalytischen Ansätzen. Die spezifische Ausrichtung auf die Entwicklung proaktiver Strategien und Maßnahmen zur Lieferantenauswahl begründet die Abgrenzung dieser Beiträge als eigenständigen inhaltlichen Forschungszugang zur Supply Chain Resilienz, welcher erst seit 2015 erhöhte Resonanz in der Supply Chain Resilienz-Forschung erfährt.

Perspektive 8: Relational Governance

Die Forschungsperspektive der Relational Governance umfasst insgesamt sechs Forschungsbeiträge, davon drei empirische, zwei kausalanalytische und einen Beitrag ohne klar erkennbaren methodischen Ansatz. Inhaltlich befassen sich die Beiträge der Relational Governance Perspektive mit sozialwissenschaftlichen Aspekten der Kollaboration (Scholten & Schilder, 2015), menschlicher Zusammenarbeit (Wieland & Wallenburg, 2013) sowie Aspekten aus der „Sozial Kapital"-Forschung. Johnson et al. (2013) untersuchen beispielsweise die Bedeutung von kognitiven Fähigkeiten, strukturellen und zwischenmenschlichen Kompetenzen der Mitarbeiter und Führungskräfte für den Ausbau resilienter Supply Chains. Der inhaltliche Forschungszugang zur Supply Chain Resilienz durch sozialwissenschaftliche Theorien und Relational Governance ist erst seit 2013 mit der Veröffentlichung von Wieland & Wallenburg (2013) zu beobachten und erfährt seitdem zunehmendes Forschungsinteresse.

Perspektive 9: Ökologie
Der noch junge ökologische Forschungszugang zur Supply Chain Resilienz spielt mit nur fünf, ausschließlich theoretischen Beiträgen[95], aktuell eine untergeordnete Rolle im Bereich der Supply Chain Resilienz-Forschung. Alle fünf Veröffentlichungen der ökologischen Perspektive fallen in den Zeitraum 2011 bis 2015. Hierbei stellen die Beiträge von Shuai et al. (2011) mit der Übertragung von Inhalten der biologischen Zell-Elastizitätstheorie in den Supply Chain Kontext sowie die Ausführungen von Zhu & Ruth (2013) zur Untersuchung von Resilienz in „industriellen Ökosystemen", innovative Forschungsansätze dar. Zu erkennen sind inhaltliche Verknüpfungen zu system- und netzwerktheoretischen Aspekten.

Perspektive 10: Psychologie
Einer rein psychologischen Perspektive sind der konzeptionell geprägte Beitrag von Kuntz et al. (2016) sowie die empirischen Forschungsergebnisse von Nguyen et al. (2016) zuzuordnen. Hierbei stehen insbesondere die Untersuchung von individuellen sowie kontextabhängigen Faktoren zum Ausbau persönlicher Resilienz und die Betrachtung von Führungsverhalten und Persönlichkeitsmerkmalen als Beitrag zu Ausbau organisationaler Resilienz im Vordergrund. Wesentliche inhaltliche Verknüpfungen bestehen hierbei zur Kontingenztheorie und zu Aspekten der organisationstheoretischen Perspektive.

---

[95] Wobei der Beitrag von Macfadyen et al. (2015) keinen erkennbaren methodischen Ansatz aufweist.

Zusammenfassung

Die zehn verschiedenen inhaltlichen Perspektiven lassen sich überschneidungsfrei voneinander abgrenzen und ermöglichen eine vollständige Einordnung der aktuellen wissenschaftlichen Literatur im Forschungsbereich Supply Chain Resilienz. Damit ist eine wichtige strukturelle Grundlage für zukünftige Forschungsvorhaben geschaffen.

Gleichzeitig ist die Anwendungshäufigkeit der verschiedenen Forschungsperspektiven jedoch noch keine belastbare Grundlage zur Identifikation von aktuellen Forschungsschwerpunkten. Aus erkenntnistheoretischer Sicht erscheint die Verknüpfung der zuvor vorgestellten inhaltlich spezifischen Forschungsperspektiven mit den im Supply Chain Resilienz-Forschungsfeld identifizierten Theorien (Kapitel 3.2.3) als konsequenter nächster Schritt. Das Kapitel 3.2.5 widmet sich dieser Aufgabe.

3.2.5 Supply Chain Resilienz-Forschungsschwerpunkte

3.2.5.1 Verknüpfung der Theorien und inhaltlichen Forschungsperspektiven

Zur Identifikation von Forschungsschwerpunkten sind zunächst alle identifizierten Theorien einer spezifischen Forschungsperspektive zuzuordnen. Hierdurch sind Rückschlüsse über aktuelle Forschungsschwerpunkte aus theoretisch-inhaltlicher Sicht im Kontext der Supply Chain Resilienz-Forschung zu erwarten. Abbildung 31 bildet diese Zuordnung ab.

Die Zuordnung der jeweiligen Theorien zu einem der Forschungsschwerpunkte erfolgte auf Basis der in Anhang D abgebildeten Codierungs-Quelle zu jeder einzelnen Theorie. Zusätzlich wurden weiterführende Fachliteraturquellen genutzt, um eine klare Zuordnung zu ermöglichen. Hierzu zählen beispielsweise die

3.2 Ergebnisse der inhaltkritischen Analyse und Interpretation

10 Spezifische Perspektiven zu Supply Chain Resilienz	Theorien		
	Übergeordnete Theorien	Breit gefächerte Theorien	Spezifische Theorien
System-Ansatz	• Systemtheorie (inkl. Coordination Theory) • Komplexe Systemtheorie	• Komplexitätstheorie • System Dynamics • Chaostheorie	• Grey Relational Analysis • Kontrolltheorie (Control Theory) • Autonomous Agency Theory • Extremwert-Theorie
Logistik-, Transport- & Netzwerk-Management	• Netzwerktheorie • Ansätze der Systemtheorie	• Graphentheorie • Collaborative Control Theory • Design Theorie	• Inventory Theory (inkl. Back-up placement*) • Ansätze der Netzwerktheorie
Relational Governance	• Sozialtheorie • Entscheidungstheorie • Weber'sche Theorie*	• Social Capital Theory • Grounded Theory • Relational View	
Strategie & Organisation	• Organisationstheorie • Verhaltenstheorie (Org. Behavior) • Management Theorie	• Dynamic Capability Theory • Contingency Theory • Ressourcentheorie (RBV)	• Organisationale Ambidextrie
Operations Management	• Lean Philosophie • (Makro-)Ökonomische Theorien • Ansätze der Entscheidungstheorie	• Principal-Agent Theorie	• Lean-Six-Sigma • Marginal Gain/Revenue Theorie
Desastermanagement	• Katastrophen-Theorie (Desaster-Theorie) • Ansätze der Systemtheorie	• Emergency-Mgmt. Theory* • Normal Accident Theory	• Rational Choice Theory • Resilience Theory* • High Reliability Theory
Multidisziplinär	• Ansätze der System-, Entscheidungs- & Netzwerktheorien • Marxist Theory	• Spieltheorie	• Ripple-Effekt* • Bargaining Theory
Lieferantenauswahl & -management	• Ansätze der Systemtheorie	• Ansätze der Netzwerktheorie (z.B. Bayesian Network Theory)	• Fuzzy Logik • Probability Theory • Possibility Theory
Ökologie	• Zelltheorie • Ansätze der Systemtheorie	• Verhaltensbiologie (Signalling Theory)	• Biological Cell Elasticity Theory • Fitness Landscape Theory
Psychologie	• Ansätze der Organisationstheorie	• Social Network Theory	• Risk Communication Theory • Risk Perception Theory • Social Constructionist Theory

* bei dieser Theorie handelt es sich eher um einen übergeordneten, bzw. spezifischen Denkansatz

Abbildung 31: Das Forschungsfeld Supply Chain Resilienz im Überblick

Werke von Chicksand et al. (2012) und Tang (2006a), welche spezifische Angaben zu Verflechtungen verschiedener wissenschaftlichen Disziplinen machen. Auffallend ist, dass Autoren, die implizit eine bestimmte inhaltliche Perspektive auf das Thema Supply Chain Resilienz einnehmen, häufig gleichzeitig Theorien anderer spezifischer Perspektiven verwenden. Beispielhaft hierfür seien die Beiträge von Kim et al. (2015), L'Hermitte et al. (2014) und Ponnambalam et al. (2014) genannt, welche allesamt eine logistische bzw. Netzwerk-Perspektive einnehmen, gleichzeitig aber gezielt Inhalte der Systemtheorie verknüpfen und direkt in ihre Forschungsarbeiten mit einbringen. Auch in den Veröffentlichungen mit einer multidisziplinären Forschungsperspektive, beispielsweise Munoz & Dunbar (2015), Purpura (2013) sowie Peck (2005; 2006a), lassen sich Ansätze der System-, Entscheidungs- und Netzwerktheorie in den individuellen Forschungsarbeiten identifizieren. Ferner berücksichtigen die Beiträge von Hosseini & Barker (2016) und Rajesh & Ravi (2015a) Inhalte der Spieltheorie und Systemtheorie, um im Kontext der Lieferantenauswahl Kriterien und Entscheidungsmodelle zu entwickeln, die dem Anspruch zur Gestaltung resilienter Supply Chains gerecht werden sollen.[96]

Die obige Abbildung 31 stellt das Forschungsfeld Supply Chain Resilienz auf einen Blick dar. Die hier präsentierten Ergebnisse sind durch weitere umfassende Analysen zu bestätigen.

3.2.5.2 Quantifizierung und Visualisierung

Durch den disziplinübergreifenden Charakter des Supply Chain Resilienz-Forschungsfeldes fällt es auf den ersten Blick schwer, konkrete Forschungsschwerpunkte zu erkennen. Die Vielzahl verschiedener Theorien und deren Kombination im Rahmen von Forschungsarbeiten aus zehn unterschiedlichen inhaltlichen Perspektiven erschwert eine derartige Analyse.

Der inhaltsanalytische Ansatz der vorliegenden Arbeit ermöglicht jedoch eine quantitative Auswertung und Visualisierung etwaiger inhaltlich-theoretischer

---

[96] Für weitere Beispiele wird auf Anhang B, die Zuordnung der 180 Veröffentlichungen zu inhaltlichen Forschungsperspektiven, methodischen Ansätzen sowie referenzierte Theorien, verwiesen.

3.2 Ergebnisse der inhaltkritischen Analyse und Interpretation 91

Forschungsschwerpunkte. Die Grundlage hierfür bildet die in Abbildung 31 dargestellte Zuordnung der spezifischen inhaltlichen Forschungsperspektiven im Supply Chain Resilienz-Forschungsfeld zu den entlang der 180 analysierten Veröffentlichungen identifizierten Theorien. Die relative Gewichtung der Anwendungshäufigkeit der 56 identifizierten Theorien (vgl. Abbildung 28) ermöglicht eine visuelle Darstellung aktueller Forschungsschwerpunkte im Supply Chain Resilienz-Forschungsfeld. Abbildung 32 zeigt das Ergebnis. Je dunkler die Färbung, desto mehr Anwendungsfälle der genannten Theorien wurden gezählt. Mit insgesamt 51 Anwendungsfällen bildet der Systemansatz auf Basis der System-, Komplexitäts- und Chaostheorien (u.a.) den am stärksten repräsentierten Forschungsschwerpunkt im Supply Chain Resilienz-Forschungsbereich. Danach folgt der logistische beziehungsweise Transport- und Netzwerkmanagement getriebene Forschungszugang auf Basis der Netzwerktheorie, Graphentheorie und kollaborativen Kontrolltheorie mit 31 Theorie-Anwendungsfällen entlang der 180 untersuchten Veröffentlichungen. Den drittgrößten Forschungsschwerpunkt stellt der sozialwissenschaftlich geprägte Relational Governance-Ansatz, basierend auf der Entscheidungstheorie, Social Capital Theory, Grounded Theory und Relational View, mit insgesamt 24 Theorie-Anwendungsfällen, dar.

Die Dominanz von systemtheoretischen Forschungszugängen scheint zunächst überraschend, lässt sich jedoch dadurch erklären, dass die Systemtheorie grundsätzlich auch in der übergeordneten Forschungsdisziplin Supply Chain Management eine weit verbreitete, theoretische Forschungsgrundlage darstellt (Frankel et al., 2008) (Manuj & Mentzer, 2008b) (Skipper et al., 2008). Inhaltlich propagiert sie das Verständnis einer Organisation als offenes System, welches durch den Austausch von Materie, Informationen und Kapital mit seiner Umwelt im Austausch steht (Towill et al., 1992) (Katz & Kahn, 1987) (Bertalanffy, 1965).

Weiterhin ist zu erkennen, dass strategisch-organisationstheoretische Aspekte sowie Forschungsansätze aus dem Bereich Operations Management, beispielsweise aus dem Lean Management, aktuell eine zweitrangige Rolle im Forschungsbereich Supply Chain Resilienz spielen. Forschungsergebnisse aus den Bereichen Desastermanagement, Lieferantenauswahl und -management, Ökolo-

10 Spezifische Perspektiven zu Supply Chain Resilienz	Theorien			Summe (n = 168)
	Übergeordnete Theorien	Breit gefächerte Theorien	Spezifische Theorien	
System-Ansatz	▪ Systemtheorie (inkl Coordination Theory) ▪ Komplexe Systemtheorie	▪ Komplexitätstheorie ▪ System Dynamics ▪ Chaostheorie	▪ Grey Relational Analysis ▪ Kontrolltheorie (Control Theory) ▪ Autonomous Agency Theory ▪ Extremwert-Theorie	51
Logistik-, Transport- & Netzwerk-Management	▪ Netzwerktheorie ▪ Ansätze der Systemtheorie	▪ Graphentheorie ▪ Collaborative Control Theory ▪ Design Theorie	▪ Inventory Theory (inkl Back-up placement*) ▪ Ansätze der Netzwerktheorie	31
Relational Governance	▪ Sozialtheorie ▪ Entscheidungstheorie ▪ Weber'sche Theorie*	▪ Social Capital Theory ▪ Grounded Theory ▪ Relational View		24
Strategie & Organisation	▪ Organisationstheorie ▪ Verhaltenstheorie (Org. Behavior) ▪ Managementtheorie	▪ Dynamic Capability Theory ▪ Contingency Theory ▪ Ressourcentheorie (RBV)	▪ Organisationale Ambidextrie	13
Operations Management	▪ Lean Philosophie ▪ (Makro-)Ökonomische Theorien ▪ Ansätze der Entscheidungstheorie	▪ Principal-Agent Theorie	▪ Lean-Six-Sigma ▪ Marginal Gain/Revenue Theorie	13
Desastermanagement	▪ Katastrophen-Theorie (Desaster-Theorie) ▪ Ansätze der Systemtheorie	▪ Emergency-Mgmt. Theory* ▪ Normal Accident Theory	▪ Rational Choice Theory ▪ Resilience Theory* ▪ High Reliability Theory	10
Multidisziplinär	▪ Ansätze der System-, Entscheidungs- & Netzwerktheorien ▪ Marxist Theory	▪ Spieltheorie	▪ Ripple-Effekt* ▪ Bargaining Theory	10
Lieferantenauswahl & -management	▪ Ansätze der Systemtheorie	▪ Ansätze der Netzwerktheorie (z.B. Bayesian Network Theory)	▪ Fuzzy Logik ▪ Probability Theory ▪ Possibility Theory	8
Ökologie	▪ Zelltheorie ▪ Ansätze der Systemtheorie	▪ Verhaltensbiologie (Signalling Theory)	▪ Biological Cell Elasticity Theory ▪ Fitness Landscape Theory	4
Psychologie	▪ Ansätze der Organisationstheorie	▪ Social Network Theory	▪ Risk Communication Theory ▪ Risk Perception Theory ▪ Social Constructionist Theory	4

*bei dieser Theorie handelt es sich eher um einen übergeordneten, bzw. spezifischen Denkansatz

Abbildung 32: Forschungs-Schwerpunkte im Forschungsfeld Supply Chain Resilienz

gie und Psychologie können im Zuge des aktuellen Theoriebildungsprozesses als zahlenmäßig gering ausgeprägte, jedoch als innovative und vielversprechende Forschungsansätze betrachtet werden.[97]

3.2.6 Genannte Eigenschaften resilienter Supply Chains

Unter Berücksichtigung verschiedener Forschungsströme der Literatur identifizieren Mandal (2014) More & Subash Babu (2009), Gunasekaran et al. (2008) sowie Swaffor et al. (2006) *Agilität, Flexibilität* und *Reaktionsfähigkeit* als zentrale Eigenschaften einer resilienten Supply Chain. Unter Berufung auf Gosh & Tan (2007), Sheffi (2006) und Christopher & Peck (2004) ergänzt Mandal (2014, S. 427), dass die drei oben genannten Eigenschaften in Verbindung mit der Kooperationsfähigkeit (collaboration) wesentliche Eigenschaften einer resilienten Supply Chain beschreiben. Allerdings zeigen die Analyseergebnisse von Hohenstein et al. (2015, S. 101ff.), dass weitere wesentliche Eigenschaften einer resiliente Supply Chain zu existieren scheinen, diese jedoch aufgrund einer fehlenden Standard-Terminologie in der Literatur häufig nicht einheitlich benannt sind.

Innerhalb des Untersuchungsrahmens der vorliegenden Arbeit wurden daher alle 180 Veröffentlichungen inhaltlich auf genannte Eigenschaften einer resilienten Supply Chain analysiert. Die Herausforderung hierbei besteht darin, in Anlehnung an Jüttner & Maklan (2011), dass einige Autoren von Eigenschaften, Elementen oder Antezedenzien (antecedents) (z.B.: Ponomarov & Holcomb (2009)) und andere wiederum von konstituierenden Elementen einer resilienten Supply Chain sprechen (z.B. Peck (2005) und Christopher & Peck 2004)). Im Rahmen dieser Arbeit wird die Bezeichnung *Eigenschaften* einer resilienten Supply Chain verwendet.

Darüber hinaus unterscheiden sich die in der Literatur zugrunde liegenden Betrachtungsebenen zur Beschreibung von Eigenschaften resilienter Supply Chains. Während einige Autoren auf übergeordneter Systemebene argumentieren, z.B. Christopher & Peck (2004), definieren beispielsweise Carvalho et al. (2012)

---

[97] Vgl. Kapitel 3.2.3.

und Sheffi (2005b) Eigenschaften resilienter Supply Chains auf einer detaillierten Ressourcen-Ebene und benennen etwa zusätzliches Sicherheitspersonal und Sicherheitsbestände als Erfolgsfaktoren zur Gestaltung resilienter Supply Chain Strukturen.

In Übereinstimmung mit der Betrachtungsweise von Scholten & Schilder (2015), Ponis & Koronis (2012), Jüttner & Maklan (2011, S. 247) und (Ponomarov & Holcomb, 2009) werden wesentliche Eigenschaften einer resilienten Supply Chain im Rahmen dieser Arbeit auf einer „formativen Fähigkeits-Ebene" (*formative capability level*) betrachtet. In Tabelle 2 sind die elf am meisten in der Literatur genannten Eigenschaften resilienter Supply Chains, sortiert nach Häufigkeit ihrer Nennung, dargestellt. Eine vollständige Auflistung der insgesamt 120 verschiedenen genannten Begriffe und deren Häufigkeiten der Nennung findet sich in Anhang F.

Tabelle 2: Eigenschaften einer resilienten Supply Chain in der Literatur von 2003-2016

Eigenschaften einer resilienten Supply Chain		Anzahl der Nennungen
Flexibilität	(flexibility)	90
Redundanz	(redundancy)	52
Kollaboration	(collaboration)	39
Transparenz/ Sichtbarkeit	(visibility)	38
Agilität	(agility)	32
Kultur	(corporate / risk mgmt. culture)	19
Geschwindigkeit	(velocity)	18
Anpassungsfähigkeit	(adaptability)	17
Informationsweitergabe	(information sharing)	17
Robustheit	(robustness)	16
Reaktionsfähigkeit	(responsiveness)	14

Ein detaillierter Blick in die jeweiligen begrifflichen Interpretationen der Autoren zeigt, dass in der aktuellen Literatur zur Supply Chain Resilienz kein Konsens über die spezifischen Begriffsbedeutungen besteht. Allerdings ist zu erkennen, dass dennoch in zahlreichen Veröffentlichungen die Beiträge von Mandal (2014), More & Subash Babu (2009), Gunasekaran et al. (2008), Gosh & Tan (2007), Swafford et al. (2006), Christopher & Peck (2004) und Sheffi (2006) sowie die darin genannten vier Eigenschaften einer resilienten Supply Chain, Agilität (agility), Flexibilität (flexibility), Reaktionsfähigkeit (responsiveness) und Kollaboration (collaboration), weitgehend Anerkennung finden. Tabelle 2 zeigt, dass die Ergebnisse der vorliegenden Arbeit hierzu konform sind: Entlang der 180 untersuchten Veröffentlichungen wurde Flexibilität insgesamt 90 Mal als wesentliche Eigenschaft einer resilienten Supply Chain genannt. Kollaboration ist 39 Mal zu finden und Agilität erhält 32 Nennungen. Reaktionsfähigkeit wird 14 Mal als Eigenschaft einer resilienten Supply Chain genannt. Allerdings fällt auf, dass insbesondere die Aspekte Redundanz (52 Nennungen), Transparenz/ Sichtbarkeit (38 Nennungen), Kultur (19 Nennungen) und Informationsweitergabe (17 Nennungen) ebenso eine bedeutende Rolle zur Beschreibung einer resilienten Supply Chain zu spielen scheinen. In Kapitel 4 wird daher näher auf diese Thematik eingegangen. Die Diskussion über detaillierte begriffliche Interpretationsmöglichkeiten und Zusammenhänge der in der Literatur genannten Eigenschaften resilienter Supply Chains ist elementar zur Entwicklung eines konzeptionellen Bezugsrahmens zur Supply Chain Resilienz.

3.3 Ergebnisse der bibliometrischen Analyse

Im Rahmen der qualitativen inhaltskritischen Literaturanalyse wurden Methoden, spezifische Forschungsperspektiven, zu Grunde liegende Theorien sowie aktuelle Forschungsschwerpunkte identifiziert. Im Sinne einer vollständigen systematischen Analyse der wissenschaftlichen Forschungslandschaft wird weiterhin eine quantitative bibliometrische Analyse durchgeführt, die sich aus einer

- Zitations- und einer
- Kozitationsanalyse zusammensetzt.

Die hier präsentierte bibliometrische Analyse ist nach aktuellem Wissensstand die erste ihrer Art im Supply Chain Resilienz-Forschungsfeld. In der wissenschaftlichen Literatur existieren lediglich drei Veröffentlichungen, die Ergebnisse von (Ko-) Zitationsanalysen angrenzender Themengebiete präsentieren. Hierzu zählen die Beiträge von Annarelli & Nonino (2016), Thomé et al. (2016) sowie Colicchia & Strozzi (2012).[98] Eine Zitations-, beziehungsweise Kozitationsanalyse mit ausschließliche Fokussierung auf die Grundlagenliteratur im Bereich Supply Chain Resilienz existiert jedoch nicht. Die hier präsentierten Ergebnisse beantworten die Fragestellungen, auf welchen wesentlichen Publikationen („Grundlagenwerken") die Supply Chain Resilienz-Forschung beruht, bzw. welche inhaltlichen Cluster von Publikationen ihr zu Grunde liegen.

3.3.1 Forschungslücke und Zielsetzung

Grundsätzlich dient eine Zitationsanalyse der Untersuchung der wesentlichen Struktur eines Forschungsfeldes (Schäffer et al., 2006) (Moed, 2005). Ziel der Zitationsanalyse dieser Arbeit ist die Identifikation der am häufigsten genannten Veröffentlichungen und Journals im Forschungsbereich Supply Chain Resilienz. Da die reine Identifikation der am häufigsten zitierten Veröffentlichungen jedoch noch keine Aussagen über den Kontext der analysierten Publikationen zulässt, ist es wichtig, auch die inhaltliche Nähe häufig zitierter Publikationen und überge-

---

[98] Annarelli & Nonino (2016) untersuchen organisationale Resilienz im Kontext einer strategischen und operativen Management-Perspektive, um diesbezüglich den aktuellen Forschungsstand zu ermitteln. Thomé et al. (2016) untersuchen die Komplexität, Unsicherheit, Risiko und Resilienz in der Schnittstelle wissenschaftlicher Beiträge zum Supply Chain Management und Projektmanagement. Colicchia & Strozzi (2012) entwickeln die Methodik der "Systematischen Literatur-Netzwerk-Analyse", um die relevanten Artikel zu identifizieren, die sich mit Wissensmanagement (Entstehung, Transfer- und Entwicklung) aus einer dynamischen Perspektive im Kontext des Supply Chain Risikomanagements befassen.

ordnete Forschungscluster zu identifizieren (Kraus et al., 2011, S. 36). Dies ist der Gegenstand der Kozitationsanalyse. Ziel der Kozitationsanalyse ist es, inhaltlich-fachliche Beziehungen zwischen den Publikationen innerhalb des Untersuchungsrahmens zu identifizieren, Forschungsschwerpunkte aufzuzeigen und wegweisende Publikationen (Grundlagenwerke) zu identifizieren (Grégoire et al., 2006). Die Methode der Kozitationsanalyse beruht dabei auf der Annahme, dass die Anzahl der Kozitationen die inhaltliche Nähe der betrachteten Publikationen beschreibt (Teichert, 2010) (Gmür, 2003) und sich daraus Rückschlüsse über Paradigmen, Denkschulen und Forschungsperspektiven ziehen lassen (Small, 1980, S. 183). Konkret handelt es sich bei einer Kozitation um „eine korrelative Zitierung zweier Forscher in ein und demselben Ausgangsdokument." (Eggers et al., 2009, S. 194). Je häufiger zwei Artikel gemeinsam zitiert werden, desto wahrscheinlicher ist es, dass sie einer gemeinsamen wissenschaftlichen Forschungsperspektive angehören (Verbeek et al., 2002). Abbildung 33 stellt den Unterschied zwischen einer Zitation und einer Kozitation dar.

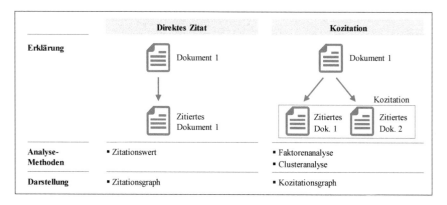

Abbildung 33: Unterschied zwischen Zitation und Kozitation

Durch die grafische Aufbereitung der Ergebnisse lassen sich inhaltliche Forschungscluster und ihre räumliche Nähe zueinander darstellen (Ponzi, 2002). Die

Vielseitigkeit der Methode, hinsichtlich der Erforschung der intellektuellen Struktur eines akademischen Forschungsbereiches sowie ihre breite Akzeptanz unter Forschern (Kilubi, 2016, S. 665) begründen ihre Eignung für die vorliegende Arbeit.

3.3.2 Vorgehen und Methodik der bibliometrischen Analyse

Ausganspunkt für die Zitations- und Kozitationsanalysen bilden die im Rahmen der Literaturrecherche identifizierten 180 Veröffentlichungen.[99] Aus diesen Beiträgen wurden jegliche zitierten Quellen in einer Excel-Datei zusammengefasst und für die quantitative Datenanalyse vorbereitet. Der erste Schritt galt der Datenaufbereitung und beinhaltete die Vereinheitlichung der Schreibweisen der Autoren, Titel, Journals sowie weitere formattechnische Anpassungen.

Im zweiten Schritt wurden die am häufigsten zitierten Veröffentlichungen und Journals entlang dieser Datenbasis identifiziert.[100] Der dritte Schritt beinhaltete die Definition der Filterkriterien, beziehungsweise die Festlegung des Grenzwertes, wie oft eine Publikation zitiert worden sein muss, damit sie für die Kozitationsanalyse berücksichtigt wird. Hierfür empfehlen Grégoire et al. (2006) die Zitierhäufigkeitsgrenze auf 2% der identifizierten Zitationen festzulegen. Im Falle dieser Arbeit entspräche dies einer Zitationsgrenze von 7 Zitationen pro Veröffentlichung, was 163 (2,28%) aller zitierten Quellen entspräche. Eine Grundgesamtheit von 163 Veröffentlichungen erscheint jedoch wenig praktikabel für eine inhaltliche Clusterung und grafische Auswertung. Statt der Minimalanforderung von 7 Zitationen zu folgen, wurde die Grenze im Rahmen dieser Arbeit durch eine Ähnlichkeitsstrukturanalyse[101] auf 14 Zitationen festgelegt, da hier die größtmögliche Anpassungsgüte der Stresswerte zur beobachteten Gesamtvarianz beobachtet wurde. Auf diese Weise bilden insgesamt 50 Beiträge die Basis für die Kozitationsanalyse.[102]

---

[99] Vgl. Kapitel 3.1.
[100] Vgl. Kapitel 3.3.3.
[101] In Form einer multidimensionalen Skalierung (MDS).
[102] Vgl. Kapitel 3.3.4.

3.3 Ergebnisse der bibliometrischen Analyse

Die Kozitationsanalyse wurde als fünfter Schritt durchgeführt und umfasst sowohl die Faktorenanalyse sowie die Clusteranalyse zur Identifikation der inhaltlichen Nähe der betrachteten Publikationen. Die Faktorenanalyse ermöglicht es herauszufinden, welche Publikationen gemeinsam eine wesentliche Rolle im betrachteten Forschungsbereich einnehmen (Havemann, 2009) (Mitesser, 2008). Die Clusteranalyse schafft Transparenz über übergeordnete Gruppen („Cluster") von häufig gemeinsam zitierten Publikationen (Grégoire et al., 2006, S. 339).

Die Diskussion der Ergebnisse bildet, als sechster Schritt, den Abschluss der bibliometrischen Analyse. Hierbei werden die identifizierten Cluster grafisch visualisiert und abschließend inhaltlich beschrieben. Abbildung 34 veranschaulicht die Vorgehensweise.

Schritt		Inhalt
1 Datenaufbereitung		Datenaufbereitung: Titel anpassen, Autoren-Schreibweise vereinheitlichen, etc.
2 Zitationsanalyse	10.862 Zitationen	Identifikation der am häufigsten zitierten a) Publikationen b) Journals
3 MDS-Analyse	Grenze = 14	Festlegung der Grenze, wie oft eine Publikation zitiert worden sein muss, damit sie für die Kozitationsanalyse berücksichtigt wird
4 Kozitationsanalyse		Durchführung der Kozitationsanalyse
5 Auswertung	50 Publikationen	Auswertung der Kozitationsanalyse mittels: a) Faktorenanalyse b) Clusteranalyse
6 Interpretation		Diskussion der Ergebnisse

Abbildung 34: Vorgehensweise der bibliometrischen Analyse

3.3.3 Ergebnisse der Zitationsanalyse

Im Rahmen der 180 analysierten Publikationen aus verschiedensten Journals, Konferenzpublikationen, Büchern und Zeitungsartikeln konnten in Summe 10.862 Zitationen und insgesamt 7.157 verschiedene Veröffentlichungen identifiziert werden.

Zitierte Journale

Die Untersuchung der am häufigsten zitierten Journals zeigt, dass das *International Journal of Physical Distribution and Logistics Management* mit 409 Zitationen (3,8%) Platz eins belegt. Auf Platz zwei liegt mit 354 Zitationen (3,3%) das *International Journal of Production Economics*. Die sieben am häufigsten referenzierten Journals machen 20,6% aller Zitationen aus. Die Top-20 Journale repräsentieren 37,9% aller Zitationen. Tabelle 3 listet die Journale mit den meisten Zitationen in absteigender Häufigkeits-Reihenfolge.

Tabelle 3: Die 20 meistzitierten Journale im Forschungsbereich Supply Chain Resilienz

Rang	Journal	Häufigkeit	Anteil (%)	Anteil kum. (%)
1	International Journal of Physical Distribution and Logistics Management	409	3,8%	3,8%
2	International Journal of Production Economics	354	3,3%	7,0%
3	International Journal of Production Research	338	3,1%	10,1%
4	Journal of Operations Management	323	3,0%	13,1%
5	The International Journal of Logistics Management	309	2,8%	15,9%
6	Journal of Business Logistics	259	2,4%	18,3%
7	European Journal of Operational Research	246	2,3%	20,6%
8	Management Science	243	2,2%	22,8%
9	Supply Chain Management: An International Journal	237	2,2%	25,0%
10	Harvard Business Review	180	1,7%	26,7%
11	MIT Sloan Management Review	170	1,6%	28,2%

3.3 Ergebnisse der bibliometrischen Analyse

Tabelle 3: Die 20 meistzitierten Journale im Forschungsbereich Supply Chain Resilienz (Fortsetzung)

Rang	Journal	Häufigkeit	Anteil (%)	Anteil kum. (%)
12	Production and Operations Management	165	1,5%	29,7%
13	International Journal of Operations & Production Management	157	1,4%	31,2%
14	Journal of Supply Chain Management	142	1,3%	32,5%
15	Strategic Management Journal	134	1,2%	33,7%
16	International Journal of Logistics Research and Applications	108	1,0%	34,7%
17	Supply Chain Management Review	92	0,8%	35,6%
18	Omega	86	0,8%	36,4%
19	Decision Sciences	85	0,8%	37,1%
20	Computers and Industrial Engineering	79	0,7%	37,9%

Die Ergebnisse zeigen, dass es im Forschungsbereich Supply Chain Resilienz kein dominierendes Journal gibt. Wenngleich das *International Journal of Physical Distribution and Logistics Management* mit 409 Zitationen zunächst heraussticht, zeigt die relative Gewichtung, dass die Top-9 Journale jeweils zwischen 2,2% bis 3,8% aller 10.862 Zitationen auf sich verbuchen können und zusammen insgesamt 25%.

Am häufigsten zitierte Publikationen

Ein ähnliches Bild zeichnet sich bei der Untersuchung der am häufigsten zitierten Publikationen ab. Absolut sticht der Beitrag von Christopher & Peck (2004) mit insgesamt 91 Zitationen zwar hervor, entlang der 7.157 untersuchten Beiträge entspricht dies jedoch lediglich einem Zitationswert von 1,3%. Ebenso werden die Beiträge von Ponomarov & Holcomb (2009), Craighead et al. (2007), Kleindorfer & Saad (2005) und Sheffi & Rice (2005) in Summe jeweils häufiger als 50 Mal entlang der 7.157 verschiedenen Beiträgen zitiert. Ihre Zitationswerte liegen zwischen 0,7% bis 0,9%.

Tabelle 4 stellt die 20 am häufigsten zitierten Beiträge im Forschungsfeld Supply Chain Resilienz sowie ihre zugehörigen Zitationswerte in absteigender Reihenfolge dar. Eine vollständige Liste mit allen 50 Beiträgen, die häufiger als 14 Mal zitiert wurden, findet sich in Anhang G.

Tabelle 4: Am häufigsten zitierte Publikationen zur Supply Chain Resilienz

Rang	Autoren und Jahr	Titel	Zit.	Zit.-Wert
1	Christopher & Peck (2004)	Building the resilient supply chain	91	1,3%
2	Ponomarov & Holcomb (2009)	Understanding the concept of supply chain resilience	62	0,9%
3	Kleindorfer & Saad (2005)	Managing disruption risks in supply chains	57	0,8%
4	Sheffi & Rice (2005)	A supply chain view of the resilient enterprise	53	0,7%
5	Craighead et al. (2007)	The severity of supply chain disruptions: Design characteristics and mitigation capabilities	52	0,7%
6	Rice & Caniato (2003)	Building a secure and resilient supply network	46	0,6%
7	Sheffi (2005b)	The Resilient Enterprise: Overcoming Vulnerability for Competitive Advantage	46	0,6%
8	Tang (2006b)	Robust strategies for mitigating supply chain disruptions	44	0,6%
9	Peck (2005)	Drivers of supply chain vulnerability: an integrated framework	43	0,6%

Tabelle 4: Am häufigsten zitierte Publikationen zur Supply Chain Resilienz (Fortsetzung)

Rang	Autoren und Jahr	Titel	Zit.	Zit.-Wert
10	Chopra & Sodhi (2004)	Managing risk to avoid supply-chain breakdown	42	0,6%
11	Manuj & Mentzer (2008a)	Global supply chain risk management strategies	39	0,5%
12	Pettit et al. (2010)	Ensuring supply chain resilience: development of a conceptual framework	37	0,5%
13	Jüttner et al. (2003)	Supply chain risk management: Outlining an agenda for future research	34	0,5%
14	Tang (2006a)	Perspectives in supply chain risk management	33	0,5%
15	Tomlin (2006)	On the value of mitigation and contingency strategies for managing supply chain disruption risks	32	0,4%
16	Jüttner & Maklan (2011)	Supply chain resilience in the global financial crisis: an empirical study	31	0,4%
17	Norrman & Jansson (2004)	Ericsson's proactive supply chain risk management approach after a serious sub supplier accident	29	0,4%
18	Sheffi (2001)	Supply chain management under the threat of international terrorism	29	0,4%
19	Blackhurst et al. (2005)	An empirically derived agenda of critical research issues for managing supply-chain disruptions	27	0,4%
20	Lee (2004)	The triple-A supply chain	26	0,4%

Die Ergebnisse zur Anzahl der am häufigsten zitierten Journale und Publikationen zeichnen ein ähnliches Bild des Forschungsbereichs wie die Ergebnisse der qualitativen Literaturanalyse in Kapitel 3.2. Die Übersicht der am häufigsten zitierten Autoren und Journale stellt jedoch noch keine aussagekräftige Grundlage zur Bestimmung der inhaltlichen Struktur eines Forschungsfeldes dar.[103] Vielmehr geht es darum, die inhaltlich-fachlichen Beziehungen zwischen den Publikationen innerhalb des Untersuchungsrahmens zu ermitteln (Kraus et al., 2011). Dies ist Gegenstand der Kozitationsanalyse, deren Ergebnisse im Folgenden vorgestellt werden.

3.3.4 Ergebnisse der Kozitationsanalyse

Die Kozitationsanalyse soll, in Anlehnung an Vogel (2012) und Jarneving (2005), inhaltliche Forschungscluster entlang der 50 häufigsten zitierten Beiträge identifizieren. Zur Identifikation von Ähnlichkeiten der Beiträge wurde zunächst eine MDS zur Erstellung der Kozitationsmatrix durchgeführt. Im Rahmen der iterativen Durchführung wurden die besten Stresswert-Ergebnisse für die Untersuchungsbasis erzielt, deren Publikationen mindestens 14 Mal zitiert wurden. Hierbei lagen der Kruskal-Stresswert (Stress 1) bei 0,189 und der Roh-Stresswert (Stress 2) bei 0,407. Damit weist der Stress 1-Wert nur eine geringe Anpassungsgüte auf, während der Strees 2-Wert um 0,07 über der erforderlichen Toleranzgrenze von 0,4 liegt. Tatsächlich stellen diese Stresswerte jedoch die besten Ergebnisse dar, die im Rahmen der MDS-Analyse iterativ ermittelt werden konnten. Sie repräsentieren die 50 häufigsten zitierten Beiträge im vorliegenden Untersuchungsrahmen.

Aufgrund der geringen Anpassungsgüte ist eine Interpretation der Abstände, der sogenannten Konfiguration, der untersuchten Publikationen nicht möglich. Die Anpassungsgüte ist jedoch ausreichend, um zu garantieren, dass eine Publikation tatsächlich eine gewisse Nähe zu den meisten Nachbar-Publikationen im

---

[103] Ferner wird auf methodische Defizite der Zitationsanalyse verwiesen: hierzu zählen beispielsweise ein zeitlicher Bias (ältere Beiträge werden mit höherer Wahrscheinlichkeit häufiger zitiert) (Bornmann & Daniel, 2008) und der sogenannte Matthäus-Effekt, wonach die meisten Wissenschaftler nur etwa 20% der Arbeiten lesen, die sie zitieren (Simikin & Roychowdhury, 2003).

3.3 Ergebnisse der bibliometrischen Analyse

Wahrnehmungsraum besitzt.[104] Auf diese Weise ist die grundsätzliche Struktur der Forschungslandschaft, nicht aber die einzelnen Abstände zwischen den analysierten Publikationen interpretierbar.

Identifizierte Forschungscluster
Zur Bestimmung von inhaltsnahen Forschungscluster wurden drei Methoden angewandt. Hierzu zählen

- die Faktorenanalyse (auf Basis des Kaiser-Guttman-Kriteriums),
- der Scree-Test (häufig auch „Ellbogen-Test" genannt) sowie
- die hierarchische Clusteranalyse mittels Dendogramm.[105]

Im Rahmen der Faktorenanalyse wurde für das Kaiser-Guttman-Kriterium eine Eigenvarianz größer eins (>1) angesetzt. Auf diese Weise lassen sich fünf verschiedene Faktoren identifizieren, die zusammen 85,12% der beobachteten Gesamtvarianz erklären. Auffällig ist, dass die größten drei Faktoren bereits 78,44% der beobachteten Gesamtvarianz erklären. Tabelle 5 zeigt die Werte der fünf identifizierten Faktoren.

Um die Ergebnisse der Faktorenanalyse inhaltlich zu bestätigen, wurde auf Basis der MDS-Ergebnisse ebenso eine agglomerative hierarchische Clusteranalyse mittels Dendogramm durchgeführt. Hierbei konnten vier Cluster identifiziert werden, wobei sechs der fünfzig Publikationen keinen der vier Clustern zugewiesen werden konnten.[106]

---

[104] In Anlehnung an Kappelhoff (2001) beschreibt ein Wahrnehmungsraum hierbei die räumliche Anordnung von Objekten, in diesem Fall der beobachteten Publikationen, basierend auf ihrer inhaltlichen Nähe zueinander.
[105] Für detaillierte methodische Beschreibungen wird auf Horn (1965), Kaiser & Dickman (1959) sowie Guttman (1954) verwiesen.
[106] Hierbei handelt es sich um die Beiträge von Christopher & Peck (2004) und Hendricks & Singhal (2005c).

Tabelle 5: Ergebnisse der Faktorenanalyse

Faktor	Eigenvarianz	% der Varianz*	% der Varianz [kumuliert]
1	27,76	55,51	55,51
2	6,66	13,32	68,83
3	4,80	9,61	78,44
4	1,82	3,63	82,07
5	1,56	3,13	85,20

* hierbei handelt es sich um die Summe der quadrierten Faktorladungen

Der Scree-Test bestätigt diese Klassifizierung in vier Cluster. Die Ergebnisse der Kozitationsanalyse sind in Abbildung 35 in einem zweidimensionalen skalenfreien Wahrnehmungsraum dargestellt.

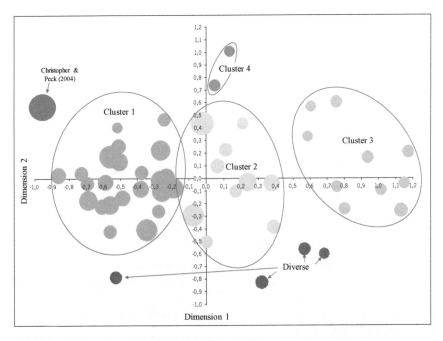

Abbildung 35: Forschungscluster zur Supply Chain Resilienz auf Basis von Kozitationen

3.3 Ergebnisse der bibliometrischen Analyse   107

Inhaltliche Beschreibung der Cluster
Die detaillierte Betrachtung der identifizierten Forschungscluster ermöglicht eine klare Beschreibung ihrer charakterisierenden Inhalte. Auf einer übergeordneten Ebene können den Clustern folgende Titel zugeordnet werden:

- Cluster 1: Supply Chain Risiko- und Desastermanagement
- Cluster 2: Resilienz in Supply Chains
- Cluster 3: Rekonfiguration, Entscheidungs- und Bewertungsmodelle
- Cluster 4: Supply Chain Verletzlichkeit

Dass der Beitrag von Christopher & Peck (2004) aus der Clusterung herausfällt erscheint überraschend, da er mit insgesamt 91 Zitationen die am häufigsten zitierte Veröffentlichung entlang aller untersuchten Publikationen darstellt. Eine mögliche Erklärung kann in der bereits angesprochenen geringen Anpassungsgüte der Stress-Werte der durchgeführten MDS liegen.

Die insgesamt 23 Publikationen im ersten Forschungscluster befassen sich überwiegend mit Fragestellungen zum Supply Chain Risiko- und Desastermanagement. Inhaltliche Gemeinsamkeiten bestehen in der Untersuchung verschiedener Risikovermeidungsstrategien im Kontext globaler Supply Chain Strukturen. Ebenso bildet die Untersuchung von Präventivmaßnahmen zur Verringerung von Schadensauswirkungen unvorhersehbarer Störereignisse eine gemeinsame Forschungsrichtung. Die drei am häufigsten zitierten Publikationen im ersten Cluster sind die Beiträge von Craighead et al. (2007), Kleindorfer & Saad (2005) und Rice & Caniato (2003) mit 57, 52 und 46 Zitationen.

Im zweiten Cluster finden sich vorwiegend Publikationen wieder, die sich direkt mit dem Phänomen der Supply Chain Resilienz auseinandersetzen. Es kann als harter Kern der untersuchten Forschungscluster angesehen werden. Die zehn Publikationen in diesem Forschungscluster zeichnen sich dadurch aus, dass Sie vorwiegend eine strategisch-organisatorische Perspektive auf das Thema Supply Chain Resilienz einnehmen. Zu den am häufigsten zitierten Veröffentlichungen zählen die Arbeiten von Ponomarov & Holcomb (2009), Sheffi & Rice (2005) und Pettit et al. (2010).

Die zehn Veröffentlichungen im dritten Cluster folgen im Wesentlichen zwei inhaltlichen Strömungen. Hierzu zählen Publikationen zur Untersuchung des Einflusses von Supply Chain (Re-)Design auf die Resilienz einer Supply Chain[107] sowie Beiträge zur Identifikation von Bewertungskriterien für die Messung der Resilienz einer Supply Chain.[108] Grundsätzlich präsentieren die Publikationen in diesem Cluster eher multidisziplinäre ausgerichtete Forschungszugänge.

Das vierte Forschungscluster beinhaltet die Beiträge von Waters (2011) und Asbjørnslett (2009), welche sich intensiv mit dem Konzept der Verletzlichkeit befassen. Als komplementäres Konzept zur Supply Chain Resilienz wird es im Rahmen dieser Arbeit als wichtiger Aspekt zur umfassenden Untersuchung von Supply Chain Resilienz erachtet und deswegen als eigenes Forschungscluster klassifiziert. Eine vollständige Zuordnung der untersuchten Publikationen zu den identifizierten Forschungsclustern ist in Anhang G abgebildet.

3.4 Zusammenfassung

Die Analyseergebnisse der inhaltskritischen sowie bibliometrischen Analyse zeichnen ein weitgehend unstrukturiertes und fragmentiertes Bild des Supply Chain Resilienz-Forschungsfeldes.[109] Dies zeigt sich unter anderem in der Vielzahl der in den Forschungsbereich eingebrachten Theorien aus anderen wissenschaftlichen Disziplinen als auch in den breit gefächerten spezifischen Forschungsperspektiven.

---

[107] Hierzu zählen die Beiträge von Carvalho et al. (2012b), Sawik (2013) und Klibi et al. (2010).
[108] Hierzu zählen die Beiträge von Pettit et al. (2013), Spiegler et al. (2012) und Falasca et al. (2008).
[109] Die qualitativen und quantitativen Untersuchungsergebnisse der wissenschaftlichen Forschungslandschaft bestätigen damit die Aussagen von Purvis et al. (2016), Hohenstein et al. (2015, S. 91), Blackhurst et al. (2011), Ponomarov & Holcomb (2009) und Christopher & Peck (2004).

3.4 Zusammenfassung

Darüber hinaus werden über 120 verschiedene Begriffe zur Beschreibung von Eigenschaften resilienter Supply Chains in der Literatur verwendet.[110] Hierbei werden die Begriffe Flexibilität, Redundanz, Kollaboration, Transparenz/ Sichtbarkeit und Agilität am häufigsten in der Literatur verwendet jedoch auch häufig unterschiedlich interpretiert. Eine einheitliche Terminologie existiert nicht.

Die Heterogenität des Supply Chain Resilienz-Forschungsfeldes erschwert die Strukturierung des Forschungsgebietes und damit die Identifikation von Forschungsschwerpunkten. Die präsentierten Ergebnisse der inhaltskritischen Literaturanalyse zeigen, dass auf einer übergeordneten Ebene zehn verschiedene Perspektiven im Bereich der Supply Chain Resilienzforschung differenziert werden können.[111] Die überschneidungsfreie Abgrenzung der zehn verschiedenen inhaltlichen Perspektiven ermöglichen eine vollständige Einordnung der aktuellen wissenschaftlichen Literatur im Forschungsbereich Supply Chain Resilienz und kann damit als strukturelle Grundlage für zukünftige Forschungsvorhaben dienen.

Die im Rahmen der quantitativen bibliometrischen Analyse identifizierten Ergebnisse ergänzen die detaillierten qualitativen Befunde der inhaltskritischen Literaturanalyse dabei auf einer übergeordneten Ebene. Auf diese Weise gelingt es in Kapitel drei, einen umfassenden Überblick und neue Erkenntnisse zum aktuellen Supply Chain Resilienz-Forschungsfeld zu präsentieren.

---

[110] Vgl. Kapitel 3.2.6.
[111] Vgl. Kapitel 3.2.4.

4 Entwicklung des konzeptionellen Bezugsrahmens

In Kapitel 3 wurden theoretische Grundlagen, Forschungsperspektiven und -schwerpunkte der wissenschaftlichen Forschungslandschaft zur Supply Chain Resilienz qualitativ und quantitativ aufbereitet. Ebenso wurden verschiedene Eigenschaften resilienter Supply Chains in den 180 untersuchten Veröffentlichungen identifiziert.[112] Basierend auf den Erkenntnissen des dritten Kapitels steht im vierten Kapitel die Entwicklung eines konzeptionellen Bezugsrahmens im Vordergrund. Der Bezugsrahmen dient als Ausgangspunkt für die in Kapitel 5 präsentierte empirische Untersuchung zur Diskussion zwischen Theorie und Praxis. Bevor auf die Vorgehensweise und weitere Inhalte des Kapitels 4 eingegangen wird, veranschaulicht Abbildung 36 die kapitelübergreifende Vorgehensweise zur Formulierung von zukünftigen Erfolgsfaktoren zur Gestaltung resilienter Supply Chains. Die Vorgehensweise entspricht dem in Kapitel 1.4.1 vorgestellten wissenschaftstheoretischen Ansatz dieser Arbeit.

Das vierte Kapitel ist dabei wie folgt aufgebaut: Der Vorgehensbeschreibung (Kapitel 4.1) folgen die Auswahl und Analyse existierender Bezugsrahmen sowie die Benennung aktueller Forschungsdefizite (Kapitel 4.2). Hieraus leiten sich die konkreten Anforderungen an den zu entwickelnden Bezugsrahmen ab (Kapitel 4.3). Der Bezugsrahmen zur Gestaltung resilienter Supply Chains sowie die detaillierte Beschreibung und Abgrenzung der Erfolgsfaktoren ist Gegenstand von Kapitel 4.4. Eine Evaluation der konzeptionellen Ergebnisse (Kapitel 4.5) schließt das Kapitel vier ab.

---

[112] Vgl. Kapitel 3.2.6.

© Springer Fachmedien Wiesbaden GmbH, ein Teil von Springer Nature 2018
L. Biedermann, *Supply Chain Resilienz*, https://doi.org/10.1007/978-3-658-23516-1_4

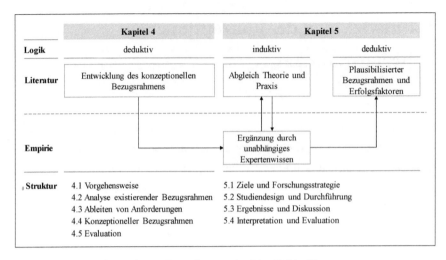

Abbildung 36: Vorgehensweise zur Formulierung zukünftiger Erfolgsfaktoren

4.1 Vorgehensweise

In Kapitel 4 werden zunächst existierende Bezugsrahmen in der Supply Chain Resilienz-Literatur inhaltlich analysiert. Darin beschriebene Erfolgsfaktoren zur Gestaltung resilienter Supply Chains sowie derer Wirkzusammenhänge stehen im Fokus der Betrachtung. Ziel ist es, inhaltliche Defizite der Erfolgsfaktorenermittlung im Forschungsbereich Supply Chain Resilienz zu identifizieren und daraus konkrete Anforderungen für den zu entwickelnden Bezugsrahmen abzuleiten. Auf dieser Basis erfolgt die Entwicklung des konzeptionellen Bezugsrahmens zur Identifikation und Darstellung von zukünftigen Erfolgsfaktoren zur Gestaltung resilienter Supply Chains. Die Vorgehensweise hierzu ist in Abbildung 37 dargestellt.

4.2 Analyse existierender Bezugsrahmen zur Supply Chain Resilienz

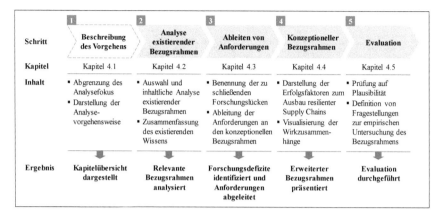

Abbildung 37: Vorgehensweise zur Bezugsrahmen-Entwicklung

4.2 Analyse existierender Bezugsrahmen zur Supply Chain Resilienz

4.2.1 Auswahl relevanter Bezugsrahmen

In den 180 Publikationen zur Supply Chain Resilienz finden sich insgesamt 28 verschiedene Bezugsrahmen wieder.[113] Als Auswahlkriterien zur Bestimmung der Relevanz der Bezugsrahmen dienen die folgenden zwei Prüfelemente:

1. Supply Chain Resilienz bildet den zentralen Untersuchungsgegenstand der Publikation
2. Kern des dargestellten Bezugsrahmens bildet das Konzept der Supply Chain Resilienz (und nicht andere Konzepte, wie das Risikomanagement oder Krisenmanagement)

Auf diese Weise wurden 13 Bezugsrahmen mit direktem Bezug zu Einflussfaktoren, beziehungsweise zu Elementen, Eigenschaften oder

---

[113] Anhang B zeigt, welche der 180 Publikationen einen Bezugsrahmen präsentieren.

Antezedenzien von Supply Chain Resilienz identifiziert.[114] Die anderen 15 Veröffentlichungen enthalten hingegen Bezugsrahmen, die sich auf benachbarte Konzepte, wie zum Beispiel das Supply Chain Risikomanagement, Desaster-Management oder Projektmanagement beziehen. Diese Bezugsrahmen wurden daher nicht für die weitere detaillierte inhaltliche Analyse berücksichtigt. Ziel ist ausschließlich die Identifikation von Erfolgsfaktoren zur Gestaltung resilienter Supply Chains sowie derer zugrunde liegender Wirkzusammenhänge.

4.2.2 Analyse 13 relevanter Bezugsrahmen

4.2.2.1 Forschungsbeiträge und Defizite existierender Bezugsrahmen

Die 13 identifizierten Bezugsrahmen umschließen sechs verschiedene Forschungsperspektiven.[115] Hierzu zählen die Strategie- und Organisationsperspektive, die multidisziplinäre Perspektive, die System-Ansatz-Perspektive, die Operations Management-Perspektive, die ökologische Perspektive sowie die Logistik-, Transport- und Netzwerkmanagement-Perspektive. Abbildung 38 zeigt die Anwendungshäufigkeit der Perspektiven und ordnet sie den jeweiligen Autoren der Bezugsrahmen zu.

---

[114] Hierzu zählen die Bezugsrahmen von Hosseini et al. (2016), Kamalahmadi & Mellat-Parast (2016b), Purvis et al. (2016), Pal et al. (2014), Pereira et al. (2014), Scholten et al. (2014), Blackhurst et al. (2011), Soni & Jain (2011), Pettit et al. (2010), Ponomarov & Holcomb (2009), Kong & Li (2008) und Reichhart & Holweg (2007).

[115] Vgl. Kapitel 3.2.4 für die Beschreibung und Abgrenzung der verschiedenen Forschungsperspektiven.

4.2 Analyse existierender Bezugsrahmen zur Supply Chain Resilienz

Forschungsperspektive		Autoren der Bezugsrahmen
Strategie & Organisation	5	Blackhurst et al. (2011), Pal et al. (2014), Pereira et al. (2014), Purvis et al. (2016), Christopher & Peck (2004)
Multidisziplinär	3	Ponomarov & Holcomb (2009), Pettit et al. (2010), Kamalahmadi & Mellat-Parast (2016b)
System-Ansatz	1	Scholten et al. (2014)
Operations Management	1	Reichhart & Holweg (2007)
Ökologie	1	Soni & Jain (2011)
Logistik-, Transport- & Netzwerk-Management	1	Hosseini et al. (2016)
Keine Perspektive erkennbar	1	Kong & Li (2008)

Abbildung 38: Forschungsperspektiven und Autoren der analysierten Bezugsrahmen

Auffallend ist, dass fünf der 13 Bezugsrahmen aus der Perspektive „Strategie & Organisation" und somit vorwiegend aus einem managementtheoretischen Zugang entstanden sind. Drei Bezugsrahmen entspringen einem multidisziplinären Forschungsansatz und jeweils ein Bezugsrahmen existiert für je eine der verbleibenden Forschungsperspektiven.

Für die weitere detaillierte inhaltliche Analyse der 13 Publikationen werden folgende drei Untersuchungsobjekte berücksichtigt:

- der jeweilige Forschungsgegenstand der betrachteten Publikation,
- ihr wissenschaftlicher Beitrag und
- die identifizierten Defizite des jeweiligen präsentierten Bezugsrahmens.

Tabelle 6 zeigt die Ergebnisse.

Tabelle 6: Analyseergebnisse existierender Bezugsrahmen

Autor (Jahr)	Forschungsgegenstand	Forschungsbeitrag	Identifizierte Defizite
Christopher & Peck (2004)	Industrieübergreifende Untersuchung von Einflussfaktoren zur Steigerung der Resilienz von Supply Chains in privaten und öffentlichen Sektoren	Bezugsrahmen zur Erkennung und zum Umgang mit Supply Chain Risiken aus einer Prozess-Perspektive sowie Darstellung von Einflussfaktoren für den Ausbau resilienter Supply Chain Strukturen	Bezugsrahmen berücksichtigt verschiedene Einflussfaktoren zur Gestaltung resilienter Supply Chains, bleibt jedoch generisch; Wirkzusammenhänge sind nur in Ansätzen formuliert
Reichhart & Holweg (2007)	Untersuchung der Zusammenhänge zwischen Produktions- und Supply Chain Flexibilität und Reaktionsfähigkeit unter Berücksichtigung bedarfs-seitiger Anforderungen und interner Fähigkeiten	Vier Typologien von Reaktionsfähigkeit werden identifiziert: Produkt, Volumen, Mix und Lieferung; Identifikation von "requiring" und "enabling" Faktoren für die Steigerung der Reaktionsfähigkeit der Supply Chain	Unvollständig im Sinne der Darstellung von Erfolgsfaktoren zur Gestaltung resilienter Supply Chains; Wirkzusammenhänge der Faktoren nicht betrachtet
Kong & Li (2008)	Untersuchung von Risikoursachen zur Entwicklung eines Bezugsrahmens zur Gestaltung resilienter Supply Chains basierend auf Ressourcen zur Umsetzung verschiedener Risikomanagement-Strategien	14 Faktoren in den Kategorien (1) Transparente Planung, (2) effektives Störungsmanagement und (3) Wissensmanagement zur Steigerung der Supply Chain Resilienz	Enger theoretischer Forschungszugang aus der Wissensmanagement-Perspektive; Wirkzusammenhänge nur teilweise berücksichtigt

4.2 Analyse existierender Bezugsrahmen zur Supply Chain Resilienz

Tabelle 6: Analyseergebnisse existierender Bezugsrahmen (Fortsetzung)

Autor (Jahr)	Forschungsgegenstand	Forschungsbeitrag	Identifizierte Defizite
Ponomarov & Holcomb (2009)	Kritische Literaturreview zur Integration verschiedener Perspektiven zur Supply Chain Resilienz	Bezugsrahmen zu Darstellung von Erfolgsfaktoren, insb. der Bedeutung der logistischen Leistungsfähigkeit zur Gestaltung resilienter Supply Chain Strukturen und Prozesse	Starker Fokus auf die logistische Leistungsfähigkeit; keine Berücksichtigung übergreifender Konzepte oder Erfolgsfaktoren
Pettit et al. (2010)	Untersuchung bisheriger Lessons Learned im Umgang mit Supply Chain Störereignissen zur Untersuchung der Hypothesen zu Steuerungsmöglichkeiten im Umgang mit Störereignissen	Konzeptioneller Bezugsrahmen zur Kombination unternehmerischer Steuerungsmöglichkeiten zur Schwachstellenbekämpfung entlang der betrachteten Supply Chain; Identifikation von 14 Erfolgsfaktoren zur Gestaltung resilienter Supply Chains	Sehr breit gefasster konzeptioneller Bezugsrahmen mit starkem Fokus auf 14 Einflussfaktoren auf Supply Chain Resilienz und Auswirkungen hinsichtlich der unternehmerischen Leistungsfähigkeit; keine Betrachtung von Wirkzusammenhängen
Blackhurst et al. (2011)	Empirische industrieübergreifende Untersuchung von Eigenschaften resilienter Supply Chains	Konzeptioneller Bezugsrahmen zur Bestimmung des Resilienz-Levels einer Supply Chain; Darstellung von Erfolgsfaktoren und limitierenden Faktoren zur Gestaltung einer resilienten Supply Chain	Bezugsrahmen wird von Autoren selbst als unvollständiger Ausgangspunkt für weitere Forschungsarbeiten angesehen; keine Berücksichtigung der Wirkzusammenhänge der Erfolgsfaktoren

Tabelle 6: Analyseergebnisse existierender Bezugsrahmen (Fortsetzung)

Autor (Jahr)	Forschungsgegenstand	Forschungsbeitrag	Identifizierte Defizite
Soni & Jain (2011)	Untersuchung wesentlicher Treiber für Supply Chain Verletzlichkeit (Vulnerability) sowie daraus abgeleiteter Faktoren zur Gestaltung resilienter Supply Chain Fähigkeiten	Konzeptioneller Bezugsrahmen zur Darstellung fünf verschiedener Faktoren zur Gestaltung resilienter Supply Chains	Bezugsrahmen berücksichtigt lediglich die Faktoren Flexibilität, Anpassungsfähigkeit, Zusammenarbeit, Sichtbarkeit/Transparenz und Nachhaltigkeit; Wirkzusammenhänge werden nicht berücksichtigt
Pal et al. (2014)	Empirische Untersuchung der Antezedenzien für die Resilienz mittelständischer Unternehmen aus der schwedischen Textilindustrie	Identifikation von Erfolgsfaktoren zur Gestaltung von Resilienz, unterteilt in die Kategorien: a) Anlagevermögen und Ressourceneinsatz, b) dynamische Wettbewerbsfähigkeit, c) Lernfähigkeit und Unternehmenskultur	Starker Industriefokus und enger regionaler Untersuchungsrahmen; keine Untersuchung von Wirkzusammenhängen der identifizierten Faktoren
Scholten et al. (2014)	Analyse der Abhängigkeiten zwischen dem Konzept der Supply Chain Resilienz auf Basis der strategischen Managementliteratur und den Erkenntnissen aus der anwendungsorientierten Desastermanagement-Forschung auf Prozessebene	Integrierter Bezugsrahmen als Management-Entscheidungshilfe in der Vorbereitung auf unvorhersehbare Störereignisse sowie der Störungsbeseitigung; Zuordnung der identifizierten Faktoren zu den einzelnen Phasen des Störungsverlaufs	Retrospektiver Forschungsansatz auf Basis humanitärer Supply Chain Katastrophen-Fallbeispiele; Sehr übergeordnete Betrachtungsebene; Auflistung der Analyseergebnisse als Bezugsrahmen; Wirkzusammenhänge nicht betrachtet

4.2 Analyse existierender Bezugsrahmen zur Supply Chain Resilienz

Tabelle 6: Analyseergebnisse existierender Bezugsrahmen (Fortsetzung)

Autor (Jahr)	Forschungsgegenstand	Forschungsbeitrag	Identifizierte Defizite
Pereira et al. (2014)	Untersuchung der Bedeutung der Einkaufsabteilung bei der Identifikation von unternehmensinternen und -übergreifenden Störungen mit Auswirkungen auf die Resilienz der Supply Chain	Untersuchung von zwölf limitierenden Faktoren und 14 Erfolgsfaktoren zur Gestaltung resilienter Supply Chains aus Sicht der Einkaufsabteilung eines Unternehmens	Bezugsrahmen sehr generisch formuliert und ohne Berücksichtigung der vorab identifizierten Erfolgs- und limitierenden Faktoren; Wirkzusammenhänge nicht berücksichtigt
Hosseini et al. (2016)	Untersuchung der wesentlichen Elemente zum Design resilienter Supply Chains basierend auf den Prinzipien der Absorption, Anpassungsfähigkeit und Regeneration	Fünfstufiges Vorgehensmodell für das Design resilienter Supply Chains sowie Darstellung der Abhängigkeiten der wesentlichen Design-Eigenschaften	Supply Chain Design-spezifisches Vorgehensmodell mit limitiertem Fokus auf die mathematische Bestimmung des Resilienz-Wertes der Supply Chain Struktur
Puvris et al. (2016)	Fallstudie zur Untersuchung der Unterschiede zwischen Theorie und Praxis zur Entwicklung von Strategien zur Gestaltung resilienter Supply Chains	Bezugsrahmen zur Darstellung verschiedener Elemente zur Gestaltung resilienter Supply Chains; Vorgehensmodell zur Entwicklung einer resilienten Supply Chain Strategie	Ergebnisse beruhen auf einer einzigen Fallstudie und können nicht generalisiert werden; Vorgehensmodell zur Ermittlung der Elemente zur Gestaltung resilienter Supply Chains nicht vollständig nachvollziehbar

Tabelle 6: Analyseergebnisse existierender Bezugsrahmen (Fortsetzung)

Autor (Jahr)	Forschungsgegenstand	Forschungsbeitrag	Identifizierte Defizite
Kamalahmadi & Mellat-Parast (2016b)	Untersuchung des aktuellen Forschungsstandes zur Supply Chain Resilienz	Bezugsrahmen mit zwölf Prinzipien zur Supply Chain Resilienz sowie deren Beziehungen zueinander	Begrenzter Betrachtungsumfang der Literaturrecherche (100 Paper); Unvollständige Abbildung der wesentlichen Prinzipien, bzw. Erfolgsfaktoren für Supply Chain Resilienz im Vergleich zu früheren Veröffentlichungen

4.2 Analyse existierender Bezugsrahmen zur Supply Chain Resilienz

Zusammenfassend lässt sich festhalten, dass die 13 untersuchten Bezugsrahmen strukturell stark unterschiedlich sind, sich inhaltlich aber ähneln. Auffallend ist, dass in Summe zwar 34 Eigenschaften resilienter Supply Chains genannt werden, ihre Wirkzusammenhänge aber von den jeweiligen Autoren kaum untersucht werden. Die nächsten beiden Abschnitte gehen hierauf näher ein.

Analyse der genannten Erfolgsfaktoren
In dem zuerst erschienenen Bezugsrahmen von Christopher und Peck (2004) benennen die Autoren vier grundlegende Erfolgsfaktoren, bzw. Prinzipien („principles") für Supply Chain Resilienz. Hierzu zählen Supply Chain Re-Engineering, Kollaboration, Agilität und eine gemeinsame Supply Chain Risikomanagement-Kultur zwischen den beteiligten Akteuren. Gemäß Kamalahmadi & Mellat-Parast (2016b, S. 122) bilden diese Prinzipien eine allgemein anerkannte Basis für das Grundlagenverständnis von Supply Chain Resilienz in der Literatur. Sie ergänzen ein fünftes Prinzip – Wissensmanagement – welches durch Scholten et al. (2014) propagiert wurde.

Mit neun Nennungen wird Flexibilität (flexibility) in den 13 untersuchten Bezugsrahmen am häufigsten als Erfolgsfaktor genannt, gefolgt von Redundanz (redundancy) und Sichtbarkeit (visibility) mit jeweils sieben Nennungen. Auffällig ist, dass der Aspekt des Re-Engineerings, der von Christopher & Peck (2004) in die Diskussion eingebracht wurde, lediglich zweimal genannt wurde. Tabelle 7 stellt die 34 genannten Erfolgsfaktoren zur Gestaltung resilienter Supply Chains, unter Berücksichtigung ihrer Häufigkeit der Nennung, dar.

Tabelle 7: In Bezugsrahmen genannte Erfolgsfaktoren

Eigenschaften (1/2)	Anz.	Eigenschaften (2/2)	Anz.
flexibility	9	financial strengh	1
redundancy	7	flexible workforce	1
visibility	7	innovation	1
agility	6	knowledge management	1
collaboration	5	knowledge management resources	1
adaptability	4	knowledge retention	1
Control	3	leadership	1
culture (corporate / risk mgmt)	3	learning capability	1
robustness	3	logistics capabilities	1
velocity	3	recovery ability	1
information sharing	2	resource efficiency	1
re-engineering	2	resourcefulness	1
anticipation	1	security	1
coherence	1	strategy alignment	1
company's knowledge	1	supply chain design	1
connectedness	1	sustainability	1
efficiency	1	trust	1

Die Ergebnisse lassen abschließend keine Aussage darüber zu, welche wesentlichen Elemente, Erfolgsfaktoren oder Prinzipien maßgeblich zur Gestaltung einer resilienten Supply Chain beitragen. Zwar werden die Eigenschaften Flexibilität, Redundanz, Transparenz/ Sichtbarkeit und Agilität in mindestens 6 der 13 Bezugsrahmen genannt, jedoch lässt sich hieraus keine Aussage über ihre allgemeine Gültigkeit treffen, da ebenso 30 weitere Eigenschaften genannt werden. Mögliche Gründe für die beobachtete Vielfalt mögen in den verschiedenen zugrunde liegenden Forschungsperspektiven, der uneinheitlichen Verwendung der jeweiligen Begrifflichkeiten sowie in den unterschiedlichen Untersuchungsobjekten der 13 Publikationen liegen.

4.2 Analyse existierender Bezugsrahmen zur Supply Chain Resilienz   123

Fehlende Darstellung der Wirkzusammenhänge

Ein weiteres Problem, das bei der genauen Betrachtung der 13 Bezugsrahmen sichtbar wird, ist die fehlende Beschreibung von Wirkzusammenhängen der genannten Erfolgsfaktoren. Beispielsweise beschreiben Christopher und Peck (2004) zwar die von ihnen genannten vier Prinzipien, jedoch werden zugrunde liegende Wirkzusammenhänge von den Autoren nur angedeutet und nicht explizit belegt. Ähnliches gilt für den Bezugsrahmen von Kong & Li (2008), in welchem Wirkzusammenhänge angedeutet aber nicht vollständig beschrieben werden. Die einzige Arbeit die auf Wirkzusammenhänge näher eingeht, ist der Beitrag von Ponomarov & Holcomb (2009). Da die Autoren jedoch vorwiegend die Bedeutung der logistischen Leistungsfähigkeit auf Supply Chain Resilienz untersuchen, bleiben auch hier Fragen hinsichtlich weiterer Wirkzusammenhänge offen, beispielsweise zu den von Christopher & Peck (2004) genannten Erfolgsfaktoren Agilität und Kollaboration.

Eine weitere Schwierigkeit hinsichtlich der klaren Bestimmung der wesentlichen Erfolgsfaktoren zur Gestaltung resilienter Supply Chains besteht in unterschiedlichen Begriffsinterpretationen. Dies wurde bereits in Kapitel 3.2.6 als grundsätzliches Problem in der Supply Chain Resilienz-Literatur identifiziert und zeigt sich auch an dieser Stelle.

Problem der retrospektiven Forschung

Weiterhin fällt auf, dass alle 13 untersuchten Bezugsrahmen die Ergebnisse von retrospektiven Forschungsarbeiten sind. Keine der analysierten Publikationen befasst sich mit zukünftigen Risiken für das unternehmerische Supply Chain Management und leitet daraus Implikationen für das Supply Chain Risikomanagement, und als Teilbereich dessen, für das Supply Chain Resilienzmanagement, ab. Auf diese Weise besitzen die in den Bezugsrahmen genannten Eigenschaften und Erfolgsfaktoren zur Gestaltung resilienter Supply Chains nur eine limitierte inhaltliche Gültigkeit. Sie mögen zwar für die Erklärung von Störereignissen der Vergangenheit sinnvoll und einzeln betrachtet richtig sein, ihre Relevanz für zukünftige Herausforderungen ist hierin jedoch nicht untersucht worden.

Wie in Kapitel 1.2 bereits erläutert wurde, kommt der in die Zukunft gerichteten Forschung im Supply Chain Management jedoch eine immer größere Bedeutung zu (von der Gracht & Darkow, 2013, S. 405) (Singh, 2004), da sich durch die globalen Veränderungen und neuen Technologien völlig neue Herausforderungen und entsprechende unternehmerische Risiken ergeben (Schlegel & Trent, 2012). Daher ist es eine wesentliche Anforderung an den zu entwickelnden Bezugsrahmen, bisherige in der Literatur genannte Erfolgsfaktoren zur Gestaltung resilienter Supply Chains durch eine in die Zukunft gerichtete Sicht zu überprüfen und gegebenenfalls zu ergänzen. Diese und weitere Anforderungen an den zu entwickelnden konzeptionellen Bezugsrahmen werden in Kapitel 4.3 zusammengefasst.

4.2.2.2 Zusammenfassung der Analyseergebnisse

Die Analyseergebnisse der in Tabelle 6 dargestellten Bezugsrahmen zur Supply Chain Resilienz lassen sich wie folgt festhalten:

- Insgesamt werden 34 verschiedene Erfolgsfaktoren zur Gestaltung resilienter Supply Chains in den Bezugsrahmen genannt und beschrieben.
- Die fünf am häufigsten genannten Eigenschaften sind Flexibilität (9), Redundanz (7), Transparenz/ Sichtbarkeit (7), Agilität (6) und Zusammenarbeit (5)
- Aufgrund der fehlenden Standard-Terminologie und dem fehlenden Verständnis über Wirkzusammenhänge ist nicht klar, welche Erfolgsfaktoren zur Gestaltung resilienter Supply Chains eine eher bedeutende oder weniger bedeutende Rolle spielen. Das begriffliche Verständnis der genannten Erfolgsfaktoren unterscheidet sich teilweise stark.
- Wirkzusammenhänge zwischen den Erfolgsfaktoren zu Supply Chain Resilienz sind nur in zwei Bezugsrahmen beschrieben.
- Die in der Literatur identifizierten Erfolgsfaktoren sind Ergebnisse retrospektiver Forschungsarbeiten. Ihre Gültigkeit für zukünftige Herausforderungen im Supply Chain Management ist zu überprüfen.

Auf Basis dieser Analyseergebnisse lassen sich konkrete Anforderungen an den zu entwickelnden Bezugsrahmen ableiten.

4.3 Anforderungen an den zu entwickelnden Bezugsrahmen

Der zu entwickelnde Bezugsrahmen muss im Wesentlichen drei Anforderungen bedienen. Einerseits muss er durch eine klare begriffliche Abgrenzung der bisher identifizierten Erfolgsfaktoren Klarheit über deren Eigenschaften schaffen. Darüber hinaus sind die identifizierten Erfolgsfaktoren in Beziehung zueinander zu bringen, um Wirkzusammenhänge beschreiben zu können. Hierfür sind offensichtlich weitere Literaturquellen zu berücksichtigen, da Wirkzusammenhänge in den 13 analysierten Bezugsrahmen nur unzureichend spezifiziert sind. Außerdem hat der Bezugsrahmen, durch einen in die Zukunft gerichteten Ansatz, zukünftige Supply Chain Risiken zu berücksichtigen. Die folgende Abbildung fasst die Anforderungen zusammen.

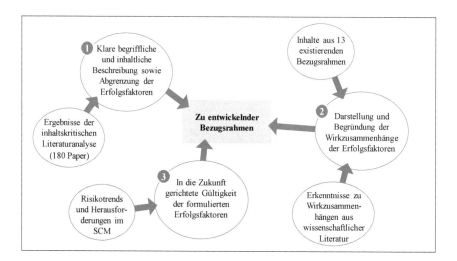

Abbildung 39: Anforderungen an den zu entwickelnden Bezugsrahmen

4.4 Bezugsrahmen zur Gestaltung resilienter Supply Chains

4.4.1 Deduktives Vorgehensmodell

Die Entwicklung des Bezugsrahmens orientiert sich direkt an den vorab beschriebenen Anforderungen sowie an der Zielsetzung dieser Arbeit. Damit das qualitative, deduktive Vorgehen nachvollziehbar und reproduzierbar ist, stellt Abbildung 40 die Vorgehensweise unter Verwendung des SIPOC-Models[116] detailliert dar.

Quelle (Source)	Eingangsgrößen (Input)	Tätigkeit (Process)	Ergebnis (Output)	Kunde (Customer)
• Ergebnisse Kap. 2 • Ergebnisse Kap. 3 • Ergebnisse Kap. 4.2 • Weiterführende Literaturquellen*	• Eigenschaften/ Erfolgsfaktoren/ Elemente/ Prinzipien/ Antezedenzien • Wirkzusammenhänge der beschriebenen Eigenschaften/ Erfolgsfaktoren/ Elemente/ Prinzipien/ Antezedenzien	• Identifikation, Definition und inhaltliche Abgrenzung der relevanten Erfolgsfaktoren • Formulieren der Wirkzusammenhänge • Strukturierung und Visualisierung der Ergebnisse	• Konzeptioneller Bezugsrahmen zur Beschreibung von Erfolgsfaktoren und derer Wirkzusammenhänge zum Ausbau resilienter Supply Chains 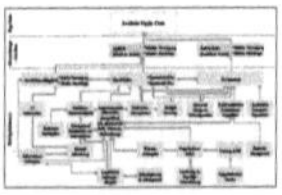	• Experten aus der Unternehmenspraxis (Kapitel 5)

* Catalan & Kotzab (2003), Christopher & Peck (2004), Ponomarov & Holcomb (2009), Blackhurst et al. (2011), Christopher & Holweg (2011), Jüttner & Maklan (2011), Carvalho & Azevedo (2012), Ponis & Koronis (2012), Ponomarov (2012), Wieland & Wallenburg (2013), Hohenstein et al. (2015), Kim et al. (2015), Mandal (2016), Brusset & Teller (2017), u.a.

Abbildung 40: SIPOC-Modell zur Entwicklung des konzeptionellen Bezugsrahmens

Ausgangsbasis für den entwickelten Bezugsrahmen bilden die Ergebnisse der Kapitel 2, 3 und 4.2 der vorliegenden Arbeit sowie weiterführende Literaturquel-

---

[116] SIPOC steht für "Source – Input – Process – Output – Customer" und stellt den betrachteten Prozess in Zusammenhang mit seinen Bezugsquellen, Eingangsgrößen, Ergebnissen und Adressaten. Für weiterführende Inhalte zur Anwendung des SIPOC-Modells wird auf Toutenburg & Knöfel (2009) verwiesen.

4.4 Bezugsrahmen zur Gestaltung resilienter Supply Chains

len, wie sie in Abbildung 40 benannt sind. Aus diesen Quellen wurden die Eingangsgrößen ermittelt. Hierzu zählen die in Kapitel 3 identifizierten Eigenschaften, Erfolgsfaktoren, Elemente, Prinzipien und Antezedenzien zur Gestaltung resilienter Supply Chains, deren Wirkzusammenhänge sowie die in Kapitel 4.3 ermittelten konzeptionellen Anforderungen an den Bezugsrahmen. Auf diese Weise können 20 Erfolgsfaktoren zur Gestaltung resilienter Supply Chains sowie zwei übergeordnete Gestaltungsansätze festgestellt werden. Diese werden in den Kapiteln 4.4.2 und 4.4.3 ausführlich charakterisiert und inhaltlich voneinander differenziert.

Auf dieser Basis erfolgte die Erstellung des Bezugsrahmens und dessen Visualisierung. Eine abschließende Evaluation des deduktiv ermittelten Bezugsrahmens schließt das Kapitel 4 ab.

Im Folgenden werden die einzelnen Gestaltungsansätze und Erfolgsfaktoren sowie deren Wirkzusammenhänge erläutert und mit entsprechenden Quellen belegt. Hierbei steht die überschneidungsfreie und inhaltlich vollständige Definition der Gestaltungsansätze und Erfolgsfaktoren sowie derer gegenseitigen Wirkzusammenhänge im Vordergrund.

4.4.2 Abgrenzung der Gestaltungsansätze
Agilität (agility)
Eine agile Supply Chain zeichnet sich durch die Fähigkeit aus, schnell auf unvorhersehbare Störereignisse reagieren zu können (Carvalho et al., 2011) (Braunscheidel & Suresh, 2009) (Christopher et al., 2006, S. 281). In diesem Zusammenhang spielt insbesondere die Fähigkeit zur *schnellen Ressourcenallokation* eine entscheidende Rolle (Li et al., 2008, S. 411).

Jain et al. (2008) und Ismail & Sharifi (2006) sehen hierbei eine inhaltliche Fokussierung auf die Bedarfsseite der Supply Chain (downstream) zur Anpassung an dynamische Kundenbedarfe und plötzliche Marktschwankungen. Dem gegenüber betrachten Lee (2002) und Carvalho et al. (2012) Agilität als eine Strategie sowohl im Umgang mit Versorgungsunsicherheiten (upstream), als auch im Umgang mit Marktschwankungen (downstream). Konkrete upstream-, inhouse- und downstream-spezifische Umsetzungsmaßnahmen zur Agilität formulieren Agarwal et al. (2007). Als entscheidende Erfolgsfaktoren für Agilität sehen Baramichai et al. (2007) diesbezüglich die End-to-End Sichtbarkeit von Informationen, die Fähigkeit zum ereignisbasierten Management sowie dynamisch gestaltete Strukturen und Beziehungen mit Partnern.

Konkreter formuliert, zeichnet sich eine agile Supply Chain demnach durch eine hohe Informationstransparenz (visibility) und -weitergabe (information sharing) aus (Hohenstein et al., 2015) (Braunscheidel & Suresh, 2009) (Swafford et al., 2006). Ebenso bilden eine hohe Geschwindigkeit (velocity) und Reaktionsfähigkeit (responsiveness) charakterisierende Eigenschaften einer agilen Supply Chain (Wieland & Wallenburg, 2013) (Christopher & Peck, 2004). Sie ist dadurch zur schnellen Neugestaltung von Prozessen, als reaktive Maßnahme zur Schadensreduktion von unvorhersehbaren Störungen oder Marktvolatilitäten, fähig (Wieland, 2013, S. 654) (Blackhurst et al., 2011) (Agarwal et al., 2007) (Christopher, 2000).

Ein derartiges Begriffsverständnis von Agilität impliziert, dass es sich hierbei weniger um eine konkrete Eigenschaft einer resilienten Supply Chain handelt, sondern vielmehr um einen übergeordneten Gestaltungsansatz, der weitere Eigenschaften (s.o.) beinhaltet. Diese Erkenntnis steht im Einklang mit der von Carvalho et al. (2011) postulierten Sichtweise, welche die agile Ausrichtung einer Supply Chain grundsätzlich von einem stärker auf Effizienz gerichteten Lean-Gestaltungsansatz unterscheiden. Kontrovers hierzu argumentieren Christopher & Towill (2001), dass sich schlanke und agile Gestaltungsgrundsätze und Paradigmen grundsätzlich nicht ausschließen und in Kombination zur Gestaltung höchst wettbewerbsfähiger Supply Chains genutzt werden können. Allerdings berücksichtigen die Autoren hierbei keinerlei negative Effekte von disruptiven Störereignissen hinsichtlich der unternehmerischen Wettbewerbsfähigkeit (Carvalho et al., 2012). Da der Umgang mit disruptiven Störereignissen jedoch zum Betrachtungsumfang der vorliegenden Arbeit gehört, wird hier demzufolge klar zwischen agilen und schlanken (i.S.v. Lean Management) Gestaltungsgrundsätzen zur Gestaltung resilienter Supply Chains differenziert.

4.4 Bezugsrahmen zur Gestaltung resilienter Supply Chains 129

Ferner werden die Begriffe Agilität und Flexibilität in der Literatur häufig nicht klar getrennt (Reichhart & Holweg, 2007). Christopher et al. (2006, S. 281) heben hervor, dass Agilität vorwiegend mit Reaktionsfähigkeit (responsiveness) in Zusammenhang steht, insbesondere zur Bewältigung unvorhersehbarer Störereignisse (Bernardes & Hanna, 2009). Die Ausrichtung auf unvorhersehbare Ereignisse unterscheidet Agilität von Flexibilität, da letztere vorwiegend als reaktive Strategie im Umgang mit vorhersehbaren Abweichungen betrachtet werden kann (Goranson, 1999). Entsprechend wird im Rahmen dieser Arbeit zwischen Flexibilität und Agilität differenziert: *Agilität* wird als *Supply Chain-Gestaltungsgrundsatz* definiert, welcher durch Informationstransparenz und -weitergabe das Ziel einer schnellen Ressourcenallokation und prozessualen Anpassung, als flexible Reaktionen auf unvorhersehbare Störungen, sowohl auf der Versorgungs- (upstream) als auch auf Bedarfsseite (downstream) einer Supply Chain, verfolgt.

Robustheit (robustness)
Im Gegensatz zu Agilität beschreibt Robustheit keine Fähigkeit zur *schnellen Ressourcenallokation,* sondern eine (Netzwerk-) *Kapazität,* um interne oder externe Störereignisse *auszuhalten* (Ponnambalam et al., 2014, S. 8) (Meepetchdee & Shah, 2007) (Dekker & Colbert, 2004). Kapazität kann durch den gezielten Aufbau von Redundanzen, etwa durch frühzeitige Investitionen in Produktions- und Transportkapazitäten, erfolgen und trägt somit maßgeblich zum Aufbau von Robustheit bei (Wieland, 2013) (Rice & Caniato, 2003, S. 25f.) (Albert & Barabási, 2002). Vlajic et al. (2012) definieren Supply Chain Robustheit daher als Fähigkeit einer Supply Chain, während und in Folge einer logistischen Prozessstörung bis zu einem gewissen Grad leistungsfähig zu bleiben. Wieland & Wallenburg (2012, S. 890) heben hierbei den proaktiven Ansatz von Supply Chain Robustheit hervor, eine Supply Chain so zu gestalten, dass Veränderungen ohne Anpassung der ursprünglichen Konfiguration ausgehalten werden können. Dieses Verständnis entspricht den Definitionen von Klibi et al. (2010, S. 290) und Kouvelis et al. (2006, S. 452), welche Robustheit als proaktives Pla-

nungselement im Zuge der Netzwerkgestaltung ansehen, um die Supply Chain auf mögliche zukünftige Szenarien vorzubereiten. Damit unterscheidet sich Robustheit wesentlich von Agilität. Durach et al. (2015, S. 123) fassen ihr Begriffsverständnis von Supply Chain Robustheit zusammen als die Fähigkeit „Veränderungen auszuhalten und [zu] vermeiden" und verweisen auf die hierin grundlegenden Dimensionen der Widerstandsfähigkeit (resistance) und Vermeidung (avoidance).

Im Rahmen dieser Arbeit wird Robustheit daher abgegrenzt als ein End-to-End Supply Chain-Gestaltungsansatz zur proaktiven Erhöhung der *kapazitiven Widerstandsfähigkeit* einer Supply Chain gegenüber potenziellen Störereignissen, um negative Leistungs-Auswirkungen während und in Folge von Prozessstörungen zu vermeiden. Der implizierte Zusammenhang mit der Eigenschaft Redundanz, die im Rahmen der Literaturrecherche insgesamt 43 Mal als Eigenschaft einer resilienten Supply Chain genannt wurde, wird im Folgenden detailliert beschrieben.

4.4.3 Abgrenzung der Erfolgsfaktoren und Wirkzusammenhänge
Redundanz (redundancy)
Stewart et al. (2009), Sheffi & Rice (2005) als auch Rice & Caniato (2003) erklären, dass sich Resilienz sowohl durch Flexibilität, als auch durch Redundanz erreichen lässt. Die häufigsten Formen von Redundanz sind Sicherheitsbestände, Multiple Sourcing sowie ungenutzte Kapazitätsreserven (Sheffi & Rice, 2005) (Rice & Caniato, 2003). Wieland (2013, S. 654) ergänzt, dass ebenso die Zuverlässigkeit der redundanten Kapazitäten eine wichtige Rolle spielt.

Bis zum Eintreffen eines Störereignisses wird Redundanz dabei zunächst als reiner Kostenfaktor mit begrenztem oder keinem Mehrwert angesehen (Sheffi & Rice, 2005, S. 41). Tritt ein Störereignis ein, offenbart sich der Mehrwert der redundanten Produktions- oder Transportkapazitäten. Mit Blick auf Supply Chain Resilienz ist in Abhängigkeit des jeweiligen Unternehmens-Kontextes die Frage zu klären, bis zu welchem Grad Redundanzen kostentechnisch sinnvoll sind (Kamalahmadi & Mellat-Parast, 2016b, S. 122).[117] Das Level an Redundanz bestimmt maßgeblich die Robustheit einer Supply Chain (Wieland, 2013) (Albert & Barabási, 2002). Ein derartiges Begriffsverständnis harmoniert mit der im vorherigen Abschnitt präsentierten Arbeitsdefinition von Robustheit, welche als Supply Chain-Gestaltungsansatz zur proaktiven Erhöhung der *kapazitiven* Widerstandsfähigkeit einer Supply Chain verstanden wird (s.o.). Im Rahmen dieser Arbeit wird Redundanz daher definiert als *kapazitiver Überschuss* entlang der Supply Chain (upstream and downstream), mit dem Ziel, die Widerstandsfähigkeit (robustness) der Supply Chain im Falle eines Störereignisses zu erhöhen.

Flexibilität (flexibility)

Erste Begriffsdefinitionen von „Flexibilität" aus den 1980er Jahren beziehen sich vorwiegend auf Störungen in Produktionssystemen[118] und wurden erst um die Jahrtausendwende auf die gesamte Supply Chain übertragen[119] (Reichhart & Holweg, 2007, S. 1146). Aus einer Supply Chain-Perspektive heraus kann Flexibilität als die Fähigkeit beschrieben werden, im Störfall verschiedene Maßnahmen ergreifen zu können, die eine *Reaktion* und *Anpassung* an die Störeinflüsse in der Supply Chain ermöglichen (Kamalahmadi & Mellat-Parast, 2016b, S. 122) (Peck, 2005) (Lee, 2004). Konkrete Mittel zur Steigerung der Flexibilität sind unter anderem flexible Transportsysteme[120], flexible Produktionsanlagen und -einrichtungen[121], flexible Ressourcen[122] und flexible

---

[117] Sheffi & Rice (2005) weisen darauf hin, dass Überbestände nachgewiesenermaßen zu höheren Kosten, längeren Durchlaufzeiten sowie Qualitätsrisiken führen.

[118] Vgl. Vokurka & O'Leary-Kelly (2000), Gerwin (1993), Slack (1987) und Zelenovic (1982).

[119] Vgl. Wadhwa & Rao (2004), Lummus et al. (2003) und Vickery et al. (1999).

[120] z.B. innerbetrieblich durch fahrerlose Transportfahrzeuge oder überbetrieblich durch kurzfristig verfügbare Speditions- & Transportkapazitäten.

[121] z.B. in Form der modularen Gestaltung von Fertigungslinien und Möglichkeit zur kurzfristigen Umstellung.

Arbeitszeitmodelle sowie entsprechende Regelungen mit Arbeitnehmervertretungen (Kamalahmadi & Mellat-Parast, 2016b, S. 122) (Yang & Yang, 2010) (Colicchia et al., 2010) (Tang & Tomlin, 2008) (Tang, 2006a). Ebenso sind vertragliche Vereinbarungen mit Lieferanten und anderen Dienstleistern so zu arrangieren, dass das volle Flexibilitätspotenzial ausgeschöpft werden kann (Scholten & Schilder, 2015) (Sheffi & Rice, 2005). Derartige proaktive Maßnahmen belegen den wissenschaftlichen Konsens, dass Flexibilität ein wesentliches Gestaltungselement einer resilienten Supply Chain ist, und als solches sowohl auf strategischer Ebene, als auch in der Struktur und im unternehmensübergreifenden Prozesses zu verankern ist (Jüttner & Maklan, 2011) (Tang & Tomlin, 2008).

Kontrovers diskutiert werden hingegen in der Literatur die Zusammenhänge zwischen den Supply Chain Resilienz charakterisierenden Eigenschaften Flexibilität und Redundanz. Während Jüttner & Maklan (2011) und Rice & Caniato (2003) redundante Kapazitäten als Instrument zur Steigerung von Flexibilität betrachten, sehen Knemeyer et al. (2009), Bakshi & Kleindorfer (2009), Sodhi & Lee (2007), Tang (2006a), Tomlin (2006) und Sheffi (2005a, S. 13) den gezielten Aufbau von Sicherheitsbeständen, Kapazitätsreserven und Backup-Lieferanten entlang der Supply Chain als Instrument an, um die Supply Chain *robuster* gegenüber Störeinflüssen zu machen. Diese Betrachtungsweise widerspricht der eingangs von Kamalahmadi & Mellat-Parast (2016b, S. 122), Peck (2005) und Lee (2004) beschriebenen Eigenschaft von Flexibilität, zur *reaktiven Anpassung* an auftretende Störereignisse. Dieser *Anpassungsfähigkeitsaspekt* von Flexibilität, welcher sich ebenso in den konkreten Ausführungen von Colicchia et al. (2010), Yang & Yang (2010), Tang & Tomlin (2008) und Tang (2006a) wiederfindet (s.o.), ist ein wesentliches Unterscheidungsmerkmal von Flexibilität gegenüber Robustheit. Robustheit, im Sinne der von Knemeyer et al. (2009), Bakshi & Kleindorfer (2009), Sodhi & Lee (2007), Tang (2006a), Tomlin (2006) und Sheffi (2005a, S. 13) beschriebenen Erfolgsfaktoren zur Schaffung

---

[122] z.B. in Form von Springer-Teams zur kurzfristigen Anpassung der benötigten Personalressourcen.

4.4 Bezugsrahmen zur Gestaltung resilienter Supply Chains 133

von Redundanzen entlang der Supply Chain (s.o.), verfolgt eher einen Ansatz des *Aushaltens*, bzw. des *Ertragens* eines Störereignisses.

Ein weiterer Diskussionspunkt ist der Zusammenhang von Flexibilität und Geschwindigkeit (velocity). Li et al. (2006) und Christopher (2005) argumentieren, dass Geschwindigkeit ein inhärenter Bestandteil von Flexibilität ist. Jüttner & Maklan (2011) propagieren, unter Bezugnahme auf Smith (2004) hingegen, dass Geschwindigkeit stärker einen Beitrag zur (Kosten-) Effizienz leistet und im Vergleich zu Flexibilität weniger für die Effektivität der Maßnahmen von Bedeutung ist. Diesem abgrenzenden Begriffsverständnis schließt sich die vorliegende Arbeit an.

Konsequent wird der Begriff Flexibilität im Rahmen dieser Arbeit definiert als die unternehmerische Fähigkeit, im Störfall verschiedene Maßnahmen ergreifen zu können, die eine schnelle Reaktion und Anpassung an Störeinflüsse entlang der gesamten Supply Chain (upstream und downstream) ermöglichen. Sie ist auf der strategischen sowie auf einer unternehmensübergreifenden prozessualen Ebene zu verankern. Flexibilität kann durch ihren inhärenten *Anpassungsfähigkeitsaspekt* als ein Bestandteil von Agilität verstanden werden (Hohenstein et al., 2015) (Braunscheidel & Suresh, 2009) (Swafford et al., 2006).[123]

Geschwindigkeit (velocity) und definierte Notfallkonzepte (pre-defined contingency plans)

Als Geschwindigkeit einer Supply Chain kann die Schnelligkeit verstanden werden, mit der die Supply Chain auf Störereignisse, wie zum Beispiel Marktschwankungen, kurzfristig reagieren kann (Mandal et al., 2016) (Johnson et al., 2013) (Jüttner & Maklan, 2011) (Stevenson & Spring, 2007). Formal definiert ist Geschwindigkeit eine Aktions-, Verfahrens-, bzw. Umsetzungsschnelligkeit, gemessen in Entfernung pro Zeit (Jüttner & Maklan, 2011, S. 248) (Christopher &

---

[123] Eine agile Supply Chain ist somit zwangsläufig flexibel, eine flexible Supply Chain aber nicht unbedingt agil (Hohenstein et al., 2015).

Peck, 2004).[124] Im Kontext von Supply Chain Resilienz trägt die Geschwindigkeit damit sowohl vor, während als auch nach einem Störereignis zur Anpassungsfähigkeit und somit zur Flexibilität einer Supply Chain bei (Jüttner & Maklan, 2011, S. 248). Nicht zuletzt deswegen wird eine hohe Geschwindigkeit im Falle eines Supply Chain-Störereignisses auf Unternehmensseite als Hebel zum Ausbau der Wettbewerbsfähigkeit angesehen (Hohenstein et al., 2015, S. 105) (Bakshi & Kleindorfer, 2009) (Sheffi & Rice, 2005) (Christopher & Peck, 2004). Als Messgröße hierfür kann die Zeit zwischen dem eingetroffenen Störereignis und der ersten wirksamen Gegenmaßnahme verwendet werden.

Als Erfolgsfaktoren zum Ausbau der Geschwindigkeit nennen Scholten & Schilder (2015) Informationstransparenz und Notfallkonzepte, zum Beispiel zur Verlagerung von Produktionsvolumina oder Nutzung von abweichenden Transportrouten.[125] Spiegler et al. (2012) ergänzen eine geringe Durchlaufzeit als weitere Beitragsgröße. Maltz (1999) benennt zusätzlich erhöhte Bestände als Mittel zur Steigerung der Geschwindigkeit. Überbestände sind jedoch nicht nur kostspielig, sondern stellen ebenso Qualitätsrisiken dar und bedeuten längere Durchlaufzeiten (Sheffi & Rice, 2005). Dies führt zu geringer Flexibilität und Agilität einer Supply Chain. Cantor et al. (2014) sehen daher hauptsächlich die Durchlaufzeit[126] als Stellhebel zur Erhöhung der Geschwindigkeit an.

In Anlehnung an die vorherigen Ausführungen wird Geschwindigkeit im Rahmen dieser Arbeit als Schnelligkeit definiert, mit der die Supply Chain auf Störereignisse, wie zum Beispiel plötzliche Marktschwankungen, kurzfristig reagieren kann. Dadurch ist Geschwindigkeit als Erfolgsfaktor zur Gestaltung einer flexiblen Supply Chain anzusehen. Ein derartiges Begriffsverständnis impliziert, dass es sich bei Geschwindigkeit um eine vektorielle Größe, im Gegensatz zu einer Zustandsgröße, handelt. Auf diese Weise lässt sich Geschwindigkeit

---

[124] Damit entspricht das Begriffsverständnis von Geschwindigkeit einer vektoriellen Größe und ist von Zustandsgrößen wie Redundanz oder Flexibilität abzugrenzen.

[125] Für weitere Informationen zur Bedeutung von Notfallkonzepten wird auf Bakshi & Kleindorfer (2009) sowie Tomlin (2006) verwiesen.

[126] Verstanden von Auftragseingang bis Auslieferung an den Kunden.

explizit von Redundanz abgrenzen. Sie lässt sich damit nicht durch zusätzliche Bestände, sondern vielmehr durch eine kurze Durchlaufzeit, Informationstransparenz und vordefinierte Notfallkonzepte erhöhen.

Reaktionsfähigkeit (responsiveness)
Aus der allgemeinen Kundensicht heraus besteht die Reaktionsfähigkeit einer Supply Chain aus der Liefergeschwindigkeit, in der das gewünschte Produkt oder die gewünschte Dienstleistung geliefert beziehungsweise erbracht wird (Rajesh, 2016) (Cantor et al., 2014) (Qi et al., 2014). Catalan & Kotzab (2003) definieren, in Anlehnung an Ramakrishnan (2002), Reaktionsfähigkeit (responsiveness) als zum Kunden gerichtete Fähigkeit einer Supply Chain unmittelbar auf Bedarfsänderungen reagieren zu können, basierend auf der Fähigkeit, Marktbewegungen in Echtzeit zu erkennen, zu verstehen und Informationen ausgehend vom Kunden rückwärts in die Supply Chain verarbeiten zu können. Brusset & Teller (2017) sehen eine derart verstandene Reaktionsfähigkeit als Grundlage für dynamische und strukturelle Flexibilität eines Unternehmens, beziehungsweise einer Supply Chain an.

In einem umfassenderen Ansatz präsentieren Catalan & Kotzab (2003) vier Indikatoren zum Messen von Supply Chain Reaktionsfähigkeit. Hierzu zählen die Durchlaufzeit, Verzögerungs-Strategien (postponement), der Bullwhip-Effekt und Informationsaustausch. Die Durchlaufzeit bezieht sich hierbei auf die Dauer vom Zeitpunkt des Kundenauftrag-Eingangs bis zum Zugang der Ware oder Dienstleistung beim Kunden.[127] Verzögerungs-Strategien sind in Abhängigkeit des produktspezifischen Kundenauftrags-Entkopplungspunktes[128] zu verstehen und berücksichtigen sowohl produktions-, als auch transportlogistische Maßnahmen, um

---

[127] Bezogen auf Serienprodukte; explizit verweisen die Autoren darauf, dass Neuprodukt-Einführungen in diesem Zusammenhang nicht mit betrachtet werden; weiterhin wird auf Rajesh (2016, S.45) verwiesen zur weiteren Diskussion zur Durchlaufzeit als Messinstrument für die Supply Chain Reaktionsfähigkeit.

[128] In Anlehnung an Erlach (2007, S. 124) wird der Kundenentkopplungspunktes definiert als Fertigungsprozess, an dem Materialien, Teile oder Produkte konkreten Kundenaufträgen zugewiesen werden; im Gegensatz zur vorgelagerten kundenanonymen Vorproduktion.

Ressourcen flexibel zur Befriedigung von kurzfristigen Marktschwankungen nutzen zu können. Den Bullwhip-Effekt interpretieren die Autoren als Indikator für das Maß der Zusammenarbeit (collaboration) zwischen den beteiligten Akteuren. Hierbei spielt der Echtzeit-Informationsaustausch über tatsächliche Kunden-Bedarfe eine entscheidende Rolle, um Transparenz zu schaffen und die Reaktions- sowie Leistungsfähigkeit der Supply Chain zu erhöhen. Idealerweise werden operative Sales & Operations Planning-Prozesse (S&OP) unternehmensübergreifend miteinander verknüpft, damit zukünftige Kundenbedarfsschwankungen besser antizipiert und ihnen proaktiv entgegengesteuert werden kann (Brusset & Teller, 2017) (Olhager, 2013). Auf diese Weise kann auch die anspruchsvolle Balance zwischen kosteneffizienten und schlanken Produktionsprozessen sowie einer schnellen Reaktionsfähigkeit im Störfall gelingen (Faisal et al., 2006b) (Sauvage, 2003). Zusammenfassend lassen sich aus diesen Überlegungen zwei Erfolgsfaktoren zur Beschreibung des Maßes an Reaktionsfähigkeit einer Supply Chain ableiten: Effektiver Informations- und Materialfluss sowie Transparenz über tatsächliche Kundenbedarfe (Catalan & Kotzab, 2003). Beide Faktoren profitieren insbesondere von engen Kooperationen zwischen Lieferanten und dem betrachteten Unternehmen sowie von einer offenen Kommunikation zwischen Unternehmen und Lieferanten (Gunasekaran et al., 2015, S. 6815) (Christopher, 2004). Gunasekaran et al. (2015, S. 6814) empfehlen daher, dass Reaktionsfähigkeit als ein wesentliches Entscheidungskriterium bei der Lieferantenauswahl dienen sollte.

Einen weiteren Erfolgsfaktor zur Erhöhung der Supply Chain Reaktionsfähigkeit sehen Khan et al. (2012) in einem modularen, kollaborativen Produktdesign, welches vorwiegend zur Reduktion von Komplexität beitragen und damit im Falle von Bedarfsschwankungen die Reaktionsfähigkeit erhöhen soll. Eine schnelle Reaktionsfähigkeit auf etwaige Störereignisse ermöglicht dem betroffenen Unternehmen negative Auswirkung zu verringern und schneller in die Erholungsphase einzutreten (Manuj & Mentzer, 2008a) (Craighead et al., 2007). Im Rahmen dieser Arbeit wird Supply Chain Reaktionsfähigkeit definiert als die Fähigkeit einer Supply Chain, Marktbewegungen in Echtzeit erkennen, verstehen

4.4 Bezugsrahmen zur Gestaltung resilienter Supply Chains	137

und Informationen ausgehend vom Kunden rückwärts in die Supply Chain verarbeiten zu können, sodass sowohl kurzfristige Kundenbedarfsänderungen als auch Störereignisse möglichst schnell kompensiert werden können. Dieses Begriffsverständnis impliziert, dass Reaktionsfähigkeit direkt mit Flexibilität in Verbindung steht und ebenso zur Agilität einer Supply Chain beiträgt.

Zusammenarbeit/ Kooperation/ Kollaborative Partnerschaften (collaboration)
Ohne ein hohes Maß an Zusammenarbeit, Kooperation und partnerschaftlichen Beziehungen kann Risikomanagement in einer stark vernetzten Supply Chain nicht funktionieren (Kamalahmadi & Mellat-Parast, 2016b, S. 124). Diese Sichtweise bestätigen Soni et al. (2014, S. 14), welche Kollaboration als den am zweithäufigsten genannten Erfolgsfaktor zur Verbesserung der Supply Chain Resilienz identifizieren. Im Rahmen der inhaltskritischen Literaturanalyse in Kapitel 3.2.6 ist Zusammenarbeit (collaboration) die am dritthäufigsten genannte Eigenschaft einer resilienten Supply Chain (35 Nennungen; vgl. Tabelle 2 auf S. 94).

Mandal (2016), Cao & Zhang (2011) und Sheu et al. (2006) definieren Supply Chain Kollaboration (Zusammenarbeit) als partnerschaftlichen Prozess, an dem zwei oder mehrere unabhängige Akteure Planungs- und Ausführungstätigkeiten zur gemeinsamen Zielerreichung und beidseitigem Nutzen ausüben. Als Erfolgsfaktoren zur Verbesserung der unternehmensübergreifenden Netzwerk-Zusammenarbeit identifizieren Cao et al. (2010) hierbei den Informationsaustausch, gemeinsame Zielvorgaben und Zielerreichungs-Anreize, partnerschaftliche Entscheidungsprozesse, gemeinschaftliche Ressourcennutzung, Kommunikation sowie gemeinsames Wissensmanagement.[129] Als Folge dessen betonen Scholten & Schilder (2015, S. 478), dass insbesondere eine verbesserte Sichtbarkeit (visibility), Geschwindigkeit (velocity) und Flexibilität im Kontext des Informationsaustausches von Supply Chain Akteuren positive Effekte einer

---

[129] Für eine detaillierte Beschreibung der einzelnen Erfolgsfaktoren zur Supply Chain Zusammenarbeit wird an dieser Stelle auf Scholten & Schilder (2015, S. 473) verwiesen.

intensiveren Zusammenarbeit (collaboration) sind. Ein höheres Maß an Zusammenarbeit führt somit indirekt zu einer erhöhten Supply Chain Resilienz. Die vorliegende Arbeit schließt sich dem Zusammenarbeits-Begriffsverständnis von Mandal (2016), Scholten et al. (2015) sowie Cao et al. (2010) an. Demnach wird Zusammenarbeit verstanden als die Fähigkeit zum unternehmensübergreifenden Informationsaustausch, zur Ressourcennutzung, zur offenen Kommunikation, zum aktiven Wissensaustausch sowie zur Fähigkeit der gemeinsamen Entscheidungsfindung auf Basis kongruenter Zielvorstellungen und Anreize.

Informationsweitergabe (information sharing)
In Anlehnung an Wilding (2013) und Christopher & Holweg (2011) konstatieren Kamalahmadi & Mellat-Parast (2016b, S. 124) und Mandal (2012), dass neben gegenseitigem Vertrauen insbesondere der Informationsaustausch eine Grundvoraussetzung zum Ausbau kooperativer und partnerschaftlicher Zusammenarbeit ist.

In der Literatur finden sich zahlreiche Veröffentlichungen, die sowohl den Einfluss von Informationsaustausch auf unternehmensübergreifende Supply Chain Zusammenarbeit (z.B. Melnyk et al. (2014), Mandal (2012), Wicher & Lenort (2012), Soni & Jain (2011), Christopher & Peck (2004)), als auch auf Supply Chain Resilienz untersuchen (z.B. Soni et al. (2014), Blackhurst et al. (2011), Datta et al. (2007)). In beiden Betrachtungsfällen findet sich die Erkenntnis, dass die schnelle Informationsweitergabe zur Reaktionsfähigkeit (responsiveness) und Transparenz (visibility) einer Supply Chain, und somit indirekt zur Erhöhung der Supply Chain Resilienz beiträgt (Mandal, 2016) (Datta et al., 2007) (Zhou & Benton Jr, 2007) (Christopher & Lee, 2004).
Jæger & Hjelle (2015, S. 667) betonen in diesem Zusammenhang, dass insbesondere die Automation der Informationsweitergabe zwischen den Akteuren, die Genauigkeit der Informationen sowie deren Zugänglichkeit und Datenformate entscheidend sind, um die Leistungsfähigkeit und Effizienz der Supply Chain zu steigern. Wesentliche Informationen, die in diesem Zusammenhang als End-to-

4.4 Bezugsrahmen zur Gestaltung resilienter Supply Chains   139

End-relevant erscheinen, umfassen beispielsweise Kundenbedarfe, Auftragsdaten, Lagerbestandsinformationen, versand- und transportlogistische Informationen, Informationen über Störvorfälle sowie Informationen zu aktuellen Supply Chain Risiken (Ponomarov, 2012) (Saghafian & van Oyen, 2012) (Soni & Jain, 2011, S. 935). Auf diese Weise kommt der IT-Infrastruktur eine bedeutende Rolle zu.

Des Weiteren bietet die Informationsweitergabe und enge Abstimmung unter den Supply Chain Akteuren ein erhebliches Kosteneinsparungspotenzial, insbesondere dann, wenn Bedarfsprognosedaten vom Verkaufspunkt (Point-of-Sale; POS) mit den beteiligten Herstellern und Lieferanten geteilt werden (Tang, 2006a, S. 476) (Zhao et al., 2002).[130] Ebenso bildet die Informationsweitergabe ein entscheidendes Instrument zur Steigerung der Vertrauensgrundlage zwischen allen beteiligten Supply Chain Akteuren (Tang, 2006a, S. 475).

In Anlehnung an die obigen Ausführungen sowie im Einklang mit Scholten & Schilder (2015) und Cao et al., (2010) wird Informationsaustausch im Rahmen dieser Arbeit als die Fähigkeit definiert, relevante, präzise, vollständige und vertrauliche Ideen, Pläne und Verfahrensanweisungen zeitnah mit den beteiligten Supply Chain Partnern zu teilen.

Transparenz/ Sichtbarkeit von Informationen (visibility)
Informationstransparenz ist ein wesentlicher Erfolgsfaktor zum Ausbau von Supply Chain Flexibilität und Geschwindigkeit (Mandal et al., 2016) und somit indirekt auch für Supply Chain Resilienz (Scholten & Schilder, 2015). Der Begriff beschreibt, zu welchem Grad die beteiligten Akteure Zugang zu betrieblichen und überbetrieblich-strategischen Informationen hinsichtlich der Supply Chain haben (Mandal et al., 2016) (Wei & Wang, 2010) (Barratt & Oke, 2007).

---

[130] Tang (2006a, S. 474) differenzieren in diesem Zusammenhang zwischen kurz- und langlebigen Produktlebenszyklen. Im Zusammenhang mit kurzlebigen Produkten spielt die schnelle Bedarfsinformationsweitergabe, zum Beispiel durch Efficient Consumer Response (ECR), eine wichtige Rolle. Bei längeren Produktlebenszyklen sind alternative Methoden vielversprechender, wie zum Beispiel Vendor-Managed Inventory (VMI) oder Collaborative Planning, Forecasting and Replenishment (CPFR), um Bullwhip-Effekte entlang der Supply Chain zu verhindern.

Supply Chain Sichtbarkeit (visibility) ist im End-to-End Fokus zu betrachten (Christopher & Peck, 2004). Die in der Literatur am häufigsten zitierte Begriffsdefinition stammt von Francis (2008). Demnach beschreibt Supply Chain Sichtbarkeit/ Informationstransparenz die „Identität, Position und Status von Objekten, die durch die Supply Chain bewegt werden, eingefangen in zeitbezogenen Nachrichten über Ereignisse, zusammen mit den ursprünglich geplanten und tatsächlichen Zeitpunkten dieser Ereignisse" (Francis, 2008, S. 182). Auf diese Weise trägt die Informationstransparenz zur Komplexitätsreduktion im Supply Chain Management bei, da End-to-End Informationen über Auftragsstatus, Bestandslevel, Transportbewegungen u.a. unmittelbar zur Verfügung stehen (Gunasekaran et al., 2015, S. 6810).

In Anlehnung an die aufgeführten Literaturquellen wird Supply Chain Sichtbarkeit im Rahmen dieser Arbeit definiert als die Verfügbarkeit sowie Zugänglichkeit von betrieblichen und überbetrieblich-strategischen Informationen von und für alle beteiligten Supply Chain Partner zum Austausch von Informationen über Identität, Position und Status von Objekten, die durch die Supply Chain bewegt werden. Dieses Begriffsverständnis steht ebenso im Einklang mit den oben beschriebenen Zusammenhängen zwischen Supply Chain Informationstransparenz, Supply Chain Flexibilität, Geschwindigkeit, Zusammenarbeit und Informationsaustausch.

Butner (2010) hebt hervor, dass ein Mangel an Informationstransparenz vorwiegend ein Problem der Zusammenarbeit und gemeinsamen Entscheidungsfindung entlang der beteiligten Supply Chain Partner ist. Neben technischen Herausforderungen werden insbesondere kulturelle Herausforderungen wie zum Beispiel Silo-Denken, zu hohe Auslastung der Mitarbeiter (u.a.), als limitierende Faktoren von den befragten Supply Chain Managern genannt. Der Aspekt der Unternehmenskultur im Kontext von Supply Chain Resilienz wird daher im Folgenden näher erläutert.

4.4 Bezugsrahmen zur Gestaltung resilienter Supply Chains   141

Kultur (culture) und Wissensweitergabe (knowledge sharing)
Die Unternehmenskultur ist ein weiterer Wegbereiter für Supply Chain Resilienz (Kamalahmadi & Mellat-Parast, 2016b, S. 120) und damit zur Gestaltung einer flexiblen und resilienten Supply Chain nicht zu vernachlässigen (Sheffi & Rice, 2005, S. 47) (Tan et al., 1998). In diesem Zusammenhang spielen Top-Management-Unterstützung (Ponomarov & Holcomb, 2009) (Christopher & Peck, 2004) sowie das gemeinsame Verständnis und Sensitivität für potenzielle Supply Chain Risiken entlang der beteiligten Partner eine wichtige Rolle (Scholten et al., 2014, S. 215) (Faisal et al., 2006a). Die gezielte Entwicklung und der Ausbau konsistenter unternehmensübergreifender Unternehmenskulturen kann ein wesentlicher Erfolgsfaktor für die Entwicklung langfristig stabiler Beziehungen zwischen kooperierenden Supply Chain Partnern sein (McAfee et al., 2002). Ebenso bildet das Wissen über Umwelteinflüsse und Gegebenheiten des Marktes einen entscheidenden Erfolgsfaktor auf dem Weg zu resilienten Supply Chain Strukturen und Prozessen (Kamalahmadi & Mellat-Parast, 2016b).

Als eine weitere zentrale Eigenschaft einer Unternehmenskultur, die den Ausbau einer resilienten Supply Chain fördert, nennen Ponomarov & Holcomb (2009) die Fähigkeit einer Organisation, aus vergangen Störereignissen und deren Bewältigung zu lernen und dadurch eine höhere Bereitschaft für zukünftige Störereignisse zu erlangen. Die Fähigkeit eines Unternehmens schnell und effektiv auf unvorhersehbare Störfaktoren zu reagieren, ist unmittelbar mit den Fähigkeiten der Mitarbeiter und Teams verbunden, mit derartigen unerwarteten Störungen umgehen zu können. Entscheidend sind in diesem Zusammenhang eine proaktive Einstellung, Anpassungsfähigkeit an neue Rahmenbedingungen sowie die Fähigkeit unter Zeitdruck innovative Lösungskonzepte erarbeiten zu können (Kamalahmadi & Mellat-Parast, 2016b, S. 121). In diesem Zusammenhang erfahren die Aspekte der Mitarbeiter-Qualifikation, -Training und -Fortbildung eine wichtige Rolle.

Im Rahmen dieser Arbeit wird Kultur daher als ein Wegbereiter zur Gestaltung resilienter Supply Chains verstanden. Sie umfasst intraorganisationale Managementrichtlinien, -aktionen und qualifizierende Maßnahmen, die den Ausbau von Vertrauen und Zusammenarbeit fördern, den Wissens- und Informationsaustausch unterstützen sowie die unmittelbare Ressourcenallokation entlang der beteiligten Supply Chain Akteure ermöglichen.

Personalmanagement (human resource management), Training (training) und Organisationales Lernen (organizational learning)
Die Mitarbeiter-Qualifikation, Trainings- und Fortbildungsmaßnahmen sind entscheidende Maßnahmen, um positiv auf die Entwicklung einer Resilienz fördernden Unternehmenskultur hinzuwirken. Dies ist eng verknüpft mit dem Konzept des organisationalen Lernens, um die Fähigkeit zu entwickeln, aus vergangenen Störereignissen und deren Bewältigung zu lernen und für zukünftige Ereignisse besser gerüstet zu sein (Ponomarov & Holcomb, 2009).

Führende Organisationen richten ihre Trainingsbemühungen dabei nicht nur auf ihre eigenen Mitarbeiter, sondern ebenso auf Upstream- und Downstream-Partner (Lieferanten, Händler, Logistikdienstleister, u.a.) aus, um ein gemeinsames Verständnis über Supply Chain Risiken sowie ein Bewusstsein zur Gestaltung von Supply Chain Resilienz zu fördern (Scholten et al., 2014, S. 215) (Blackhurst et al., 2011) (Rice & Caniato, 2003). Auf diese Weise kann das unternehmensübergreifende Vertrauen entlang der Partnerschaften gesteigert werden (Faisal et al., 2007). Wicher & Lenort (2012) prägen in diesen Zusammenhang den Begriff eines "Trusted Network", das sich durch eine offene Problemlösungskultur entlang aller Beteiligten auszeichnet. Aus diesen Überlegungen heraus werden die Elemente Personalmanagement, Training und organisationales Lernen als indirekte Erfolgsfaktoren für den Ausbau resilienter Supply Chain Strukturen erfasst.

Führung (leadership) und Top-Management-Support (top management support)
In Zusammenhang mit der Gestaltung einer Resilienz fördernden Organisationskultur spielt die Unterstützung durch das Top-Management eine wesentliche Rolle (Ponomarov & Holcomb, 2009) (Christopher & Peck, 2004).

Insbesondere sind Managementrichtlinien und Aktionen einzuführen, die eine kontinuierliche Erfassung von End-to-End Supply Chain Risiken verfolgen und die hierfür notwendige Ressourcenallokation entlang der beteiligten Akteure koordinieren (Kleindorfer & Saad, 2005) (Sheffi & Rice, 2005).

Netzwerkdesign und Re-Konfiguration (network design and reconfiguration)
Eine kosteneffiziente Netzwerkstruktur (footprint) ist ein entscheidender Grundbaustein für das erfolgreiche Agieren auf internationalen Märkten (Tang, 2006a, S. 454). Grundsätzlich sollten Störungen im Betriebsablauf daher schon in der Supply Chain Design-Phase berücksichtigt werden. Durch redundante Netzwerkstrukturen steigen zwar die Kosten, gleichzeitig aber auch die Resilienz der Supply Chain (Sadghiani et al., 2015, S. 95)

Ein eigener Forschungszweig im Bereich Supply Chain Re-Engineering beschäftigt sich mit den Charakteristika und Wirkzusammenhängen der Netzwerk- „Dichte" und -Komplexität[131] sowie mit der Bedeutung „kritischer Netzwerkknoten" für den Aufbau einer resilienten Supply Chain. Blackhurst et al. (2011, S. 383) argumentieren, dass sich Netzwerk-Dichte und -Komplexität gegenläufig zu Supply Chain Resilienz verhalten: Je größer die Zahl der Knoten und Verknüpfungen, desto anfälliger ist die Supply Chain gegenüber Störungen und desto geringer ist ihre Resilienz (Kamalahmadi & Mellat-Parast, 2016b, S. 123) (Sheffi, 2005b). Gleichzeitig steige hierdurch die Robustheit des Systems (Ponnambalam et al., 2014, S. 8). Konträr hierzu stellen Cardoso et al. (2014b) fest, dass je höher die Anzahl an Knoten und deren Verflechtungen ist, desto größer die Flexibilität und desto größer die Resilienz der Supply Chain.

Unter Berücksichtigung dieser gegensätzlichen Untersuchungsergebnisse lässt sich daher zusammenfassen, dass allein die Anzahl der Verknüpfungen zwischen den Knoten kein verlässlicher Indikator für das Maß an Supply Chain Resilienz

---

[131] „Dichte" beschreibt in diesem Zusammenhang die geografische Distanz zwischen Knoten in einer Supply Chain, Komplexität hingegen die Gesamtzahl der Knoten sowie die Anzahl der Verknüpfungen; vgl. Craighead et al. (2007).

ist. Offensichtlich ist die Konfiguration aller drei Faktoren (Dichte, Komplexität und Kritikalität von Knoten) entscheidend für das Maß an Supply Chain Resilienz, wobei sich je nach Netzwerkstruktur unterschiedliche Level von Supply Chain Resilienz ergeben können (Kim et al., 2015, S. 55).[132] Unbestritten scheint, dass sich durch die Gestaltung der Netzwerkstruktur die Resilienz einer Supply Chain beeinflussen lässt (Christopher & Peck, 2004) und somit als ein Erfolgsfaktor zur Gestaltung resilienter Supply Chains angesehen werden kann.

Logistische Leistungsfähigkeit (integrated logistics capabilities)
Als wesentlichen Erfolgsfaktor für die Entwicklung einer resilienten Supply Chain identifizieren Ponomarov & Holcomb (2009, S. 135ff.) die logistische Leistungsfähigkeit einer Organisation. Als Antezedens für die Erlangung von nachhaltigen Wettbewerbsvorteilen gegenüber Mitbewerbern steht diese im Mittelpunkt des von den Autoren entwickelten konzeptionellen Bezugsrahmens zur Supply Chain Resilienz. Wang et al. (2015) können zeigen, dass sich Prozessausfallrisiken in der Supply Chain durch eine hohe operative logistische Leistungsfähigkeit reduzieren lassen. Dabei spielen insbesondere die prozessualen Anbindungen, die Kooperation sowie der Informationsaustausch mit den beteiligten Supply Chain Partnern eine entscheidende Rolle.

Allerdings betonen Ponomarov & Holcomb (2009, S. 125), dass der logistische Aspekt in der aktuellen Literatur zur Supply Chain Resilienz noch nicht umfassend untersucht ist. Wissenschaftliche Untersuchungen zur Feststellung einer kausalen Beziehung zwischen logistischer Leistungsfähigkeit und Supply Chain Resilienz sind derzeit nur unzureichend vorhanden (Ponomarov & Holcomb, 2009). Dennoch reichen die jüngsten Veröffentlichungen aus, um die logistische Leistungsfähigkeit als Erfolgsfaktor zur Gestaltung resilienter Supply Chains festzuhalten.

---

[132] Vgl. hierzu die Ausführungen in Kapitel 2.3.3 zur Darstellung verschiedener Reichweiten eines Supply Chain Störereignisses je nach Zugangspunkt im Netzwerk.

Echtzeit-Monitoring (real time monitoring) und IT-Infrastruktur (IT infrastructure)

Ein kontinuierliches Echtzeit-Monitoring der Supply Chain trägt zu einer erhöhten Informationstransparenz bei und steigert dadurch die Risikobereitschaft der beteiligten Akteure. Auf diese Weise wird eine schnellere Geschwindigkeit (velocity) im Falle von Supply Chain Störereignissen erzielt (Macdonald, 2008). Voraussetzung für ein Echtzeit-Monitoring bildet eine entsprechende IT-Infrastruktur, die unternehmensübergreifende Material- und Informationsflüsse abbildet (Gunasekaran et al., 2015). In ihrer Fallstudien-Betrachtung zeigt Matsuo (2015), dass ein Echtzeit-Monitoring sich insbesondere für kritische Kaufteile bis in die zweite oder dritte Sub-Lieferantenebene auszahlt, um ein optimales Bestandsmanagement und damit eine gleichbleibend stabile Versorgung der Produktion sicherzustellen. Echtzeit-Monitoring und eine zugehörige IT-Infrastruktur bilden damit zwei weitere indirekte Erfolgsfaktoren zur Gestaltung einer resilienten Supply Chain.

Bedarfsmanagement (demand management)

Das Bedarfsmanagement beinhaltet die enge Abstimmung mit Downstream-Partnern, wie zum Beispiel Händlern und Dienstleistern, um Kundennachfragen in die gewünschte Richtung beeinflussen zu können.[133] Da Lieferanten- und Produktionskapazitäten in ihrer Obergrenze nur bedingt flexibel auf Nachfrageschwankungen reagieren können, erscheint ein wirksames Bedarfsmanagement notwendig, um dynamische Nachfrageschwankungen zu glätten und an gegebene Kapazitätsgrenzen anzupassen. Dies kann sowohl zeitlich, räumlich und produktspezifisch erfolgen (Tang, 2006a, S. 465). Konkret können Kundenbedarfe beispielsweise durch den Einsatz von dynamischen Preisgestaltungsmodellen oder

---

[133] Hinsichtlich der verschiedenen Marketing-Effekte am Point-of-Sale (POS) sei an dieser Stelle auf Kivioja (2017) und Cavicchi (2012) verwiesen.

Rabattaktionen aktiv beeinflusst werden.[134] Ponomarov & Holcomb (2009) sehen das Bedarfsmanagement daher als direkten Einflussfaktor für die logistische Leistungsfähigkeit eines Unternehmens. Es kann somit als indirekter Erfolgsfaktor zur Gestaltung resilienter Supply Chain Strukturen angesehen werden.

Zusätzliche Produktions- und Transportkapazitäten (slack production and logistics resources)
Zusätzliche Produktions- und Transportkapazitäten sind Möglichkeiten die Redundanz der betrachteten Supply Chain direkt zu erhöhen (Macdonald, 2008, S. 45). Allerdings laufen die Kosten zur Sicherung überschüssiger Kapazitäten etwaigen Effizienz- und Kostenzielen zuwider (Sheffi & Rice, 2005, S. 41). Mit Eintreffen eines Störereignisses tritt der Mehrwert der redundanten Produktions- oder Transportkapazitäten zu Tage. Unter Berücksichtigung des jeweiligen Geschäftsmodells sowie der jeweiligen Supply Chain Strategie eines Unternehmens ist zu entscheiden, bis zu welchem Grad zusätzliche Produktions- und Transportkapazitäten vorgehalten werden (Kamalahmadi & Mellat-Parast, 2016b, S. 122). Sowohl zusätzliche Produktions-, als auch zusätzliche Transportkapazitäten werden daher als Erfolgsfaktoren zur Gestaltung resilienter Supply Chains angesehen.

Bestandsmanagement (inventory management)
Seit der industriellen Revolution werden Bestände als Möglichkeit zur Entkopplung der Produktion von vor-, bzw. nachgelagerten Prozessen genutzt (Pettit et al., 2010). Heute existieren verschiedene Methoden, wie zum Beispiel Just-in-Time (JIT), Vendor Managed Inventory (VMI) oder Continuous Replenishment (CR), um Nachfrage- und Versorgungsmengen optimal aufeinander abzustimmen und zu steuern (Pettit et al., 2010) (Zinn & Charnes, 2005). Bestände sind hierbei entsprechend ihrer logistischen Parameter, wie beispielsweise der Wiederbeschaf-

---

[134] Für weiterführende Inhalte zu den Themen Revenue Management, bzw. Yield Management wird an dieser Stelle auf Bitran & Gilbert (1996), Badinelli (2000), Dana (1999) und Talluri & Van Ryzin (2005) verwiesen.

4.4 Bezugsrahmen zur Gestaltung resilienter Supply Chains   147

fungszeit, dem Verbrauch, u.a. strategisch zu planen (Scholten et al., 2014) (Blackhurst et al., 2011). Zusätzliche Sicherheitsbestände tragen ebenso wie zusätzliche Produktions- und Transportkapazitäten unmittelbar zu einer erhöhten Redundanz in der Supply Chain bei (Sheffi & Rice, 2005). Gleichzeitig steigen aber auch die Kapitalbindungskosten sowie die Durchlaufzeit, was angesichts der oben aufgeführten Definition des Erfolgsfaktors Flexibilität als konträrer Effekt angesehen werden kann.

Lieferantenmanagement (supplier management) und Multiple Sourcing
Der Ausfall eines einzigen Lieferanten kann die Funktions- und Leistungsfähigkeit des gesamten Supply Chain Netzwerks beeinträchtigen (Wannenwetsch, 2005, S. 10). Am Beispiel des global vernetzten Produktions- und Logistiknetzwerks des Volkswagenkonzerns, mit 119 Volkswagen-Produktionsstandorten und über 8.500 Lieferantenstandorten weltweit (Braun, 2016, S. 5)[135], lässt sich die Tragweite eines lieferantenseitigen Störfalles verdeutlichen: In Folge des im August 2016 öffentlich eskalierten Streits zwischen Volkswagen und seinen beiden sächsischen Zulieferern ES Automobilguss und Car Trim[136], mussten 28.000 Mitarbeiter aufgrund von Produktionsstillständen in sechs VW-Werken in Kurzarbeit geschickt werden. Der Schaden für Volkswagen wurde zuletzt mit 13 Millionen Euro beziffert (FAZ, 2016) (Kruschke, 2016) (MDR, 2016). Offensichtlich können Lieferanten als unausweichliche Risikoquellen angesehen werden (Rajesh & Ravi, 2015a, S. 343).

Abhilfe verschaffen einerseits die intensivierte Koordination und Kollaboration mit Lieferanten, um so die effiziente Materialversorgung im Krisenfalle sicherzustellen (Upstream-Partnerschaften) (Tang, 2006a, S. 454). Andererseits

---

[135] Volkswagen gibt an, bei einer weltweiten Tagesproduktion von 40.000 Fahrzeugen mit jeweils 4.500 Bauteilen und Komponenten, über 45 Billionen Teile pro Jahr zu transportieren. Gemäß der VW-Konzernangaben entspricht dies ca. 14.000 Lkw-Ladungen täglich (Stand: 2.3.2016; Quelle: Braun (2016, S. 5)).

[136] Die Lieferanten ES Automobilguss und Car Trim forderten Schadenersatz in Höhe von 50 bis 60 Millionen Euro für die angeblich frist- und grundlose Kündigung von Aufträgen durch VW und Porsche.

stellen Multiple-Sourcing-Ansätze eine strategische Option zur Steigerung der Redundanz in der Supply Chain dar. Tatsächlich bildet Multiple Sourcing neben Sicherheitsbeständen und ungenutzten Kapazitätsreserven eine der häufigsten Formen von Redundanz (Sheffi & Rice, 2005) (Rice & Caniato, 2003). Eine weitere proaktive Strategie zur Verringerung von lieferantenseitigen Supply Chain-Risiken ist die Entwicklung von gemeinsamen Notfallplänen. Klar vereinbarte Kapazitätsreserven helfen die Flexibilität der Produktionskapazität auf Lieferantenseite sicherzustellen und Störungen bis zu einem gewissen Grad auffangen zu können (Kamalahmadi & Mellat-Parast, 2016a).

Verstanden als Instrument der proaktiven Risikovermeidung, tragen sowohl das Lieferantenmanagement, als auch Multiple-Sourcing-Strategien sowohl zu einer erhöhten Flexibilität, als auch zu einer gesteigerten Redundanz der betrachteten Supply Chain bei. Damit werden beide Faktoren als grundlegende Erfolgsfaktoren zur Gestaltung resilienter Supply Chains angesehen.

Die soeben inhaltlich beschriebenen Erfolgsfaktoren und deren Wirkzusammenhänge werden im Folgenden in einem konzeptionellen Bezugsrahmen visualisiert.

4.4.4 Aufbau und Struktur des Bezugsrahmens

Abbildung 41 bildet den konzeptionellen Bezugsrahmen zur Darstellung von Erfolgsfaktoren zur Gestaltung resilienter Supply Chains ab. Gemäß den Darstellungsvorgaben von Kleiner (2011) und Kubicek (1977, S. 18) umfasst die Abbildung Kästchen und Pfeile. Die Kästchen repräsentieren hierbei die relevanten Analyseeinheiten. Die Pfeile stellen die identifizierten Wirkzusammenhänge zwischen den Analyseeinheiten dar. In Anlehnung an Kirsch (1984, S. 759) entsprechen die Anordnung der Elemente und die Verbindungspfeile dem subjektiven Empfinden des Forschenden und sind somit als „Erklärungsskizze" anzusehen. Weitere detaillierte Ausführungen sind notwendig, damit Aufbau und Struktur des Bezugsrahmens nachvollziehbar sind und die Art der Wirkzusammenhänge deutlich wird.

Strukturell ist der Bezugsrahmen in drei Ebenen unterteilt. Auf der untersten Ebene stellen die hellgrauen Kästchen die wesentlichen Erfolgsfaktoren zur Gestaltung einer resilienten Supply Chain dar. Auf der mittleren Ebene finden sich zwei Gestaltungsansätze, „Agilität" und „Robustheit" wieder. Die oberste Ebene zeigt als Ergebnisebene den Zielzustand.

4.5 Evaluation des entwickelten Bezugsrahmens

Der vorgestellte Bezugsrahmen fasst im Sinne eines "theoretischen Minimalkonzeptes" (Scherm, 1999, S. 15) die wesentlichen Erfolgsfaktoren sowie Annahmen über deren Wirkzusammenhänge zur Gestaltung einer resilienten Supply Chain zusammen. Zwar erfüllt der konzeptionelle Bezugsrahmen hinsichtlich seiner logischen Konsistenz und Operationalität damit nicht den Anforderungen an ein Hypothesensystem (Kleiner, 2011) (Welge, 1980), dennoch kann er als Orientierungsrahmen für die weitere empirische Untersuchung der dargestellten Sachverhalte dienen. Auf diese Weise dient der Bezugsrahmen als „provisorisches Erklärungsmodell" (Kubicek, 1979) und ermöglicht die Plausibilitätsprüfung der konzeptionellen Ergebnisse (Scherm, 1999).

Der Mehrwert der bezugsrahmengestützten, theoriebasierten Vorgehensweise liegt in der Konzentration auf wenige Kernelemente und damit in der Strukturierung des Untersuchungsfeldes. Auf diese Weise wird die Vielzahl der möglichen Einflussfaktoren des Forschungsproblems reduziert, sodass eine zielgerichtete empirische Untersuchung des Forschungsobjektes möglich wird (Kleiner, 2011). Die Befragung der unabhängigen Experten soll helfen, den Aspekt der Zukunftsforschung als wesentliche Anforderung an den Bezugsrahmen, zu erfüllen.

150　　　　　　　　　　　　　　　　4 Entwicklung des konzeptionellen Bezugsrahmens

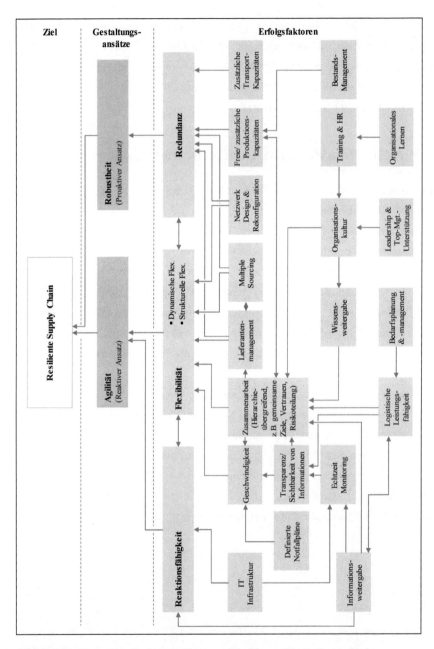

Abbildung 41: Konzeptioneller Bezugsrahmen zur Gestaltung resilienter Supply Chains

5 Empirische Untersuchung

In Kapitel 5 werden die deduktiv ermittelten Erfolgsfaktoren zur Gestaltung resilienter Supply Chains sowie deren Wirkzusammenhänge, welche in Kapitel 4.4.3 dargestellt wurden, empirisch plausibilisiert. Grundsätzlich sind verschiedene Vorgehensmodelle für empirische Untersuchungen von konzeptionellen Überlegungen verfügbar, die dem Forscher helfen eine qualitativ anspruchsvolle Untersuchung mit hoher Güte durchzuführen (Bahke, 2013) (Seuring, 2008) (Ellram, 1996). Die hier gewählte Vorgehensweise orientiert sich am Vorgehensmodell von Ekström et al. (2009), da sich dieses als gut strukturiert und praktikabel erwiesen hat (Bahke, 2013). Die Struktur und Vorgehensweise von Kapitel 5 gestalten sich dabei wie in Abbildung 42 dargestellt.

Schritt	1 Empirischer Forschungsansatz	2 Studiendesign und Durchführung	3 Ergebnisse und Diskussion	4 Evaluation und Handlungsempfehlungen
Kapitel	Kapitel 5.1	Kapitel 5.2	Kapitel 5.3	Kapitel 5.4
Inhalt	• Untersuchungskonzept • Auswahl der Erhebungsmethode	• Untersuchungsdesign und Auswahl der Teilnehmer • Datenbasis • Durchführungssystematik • Auswertungssystematik • Sicherstellung der Güte der Erhebung	• Supply Chain Risiken bis 2025 aus Sicht der Experten • Erfolgsfaktoren zum Ausbau resilienter Supply Chains • Empirisch plausibilisierter Bezugsrahmen • Limitierende Faktoren	• Zusammenfassung und Managementmodell zur Gestaltung resilienter Supply Chains • Handlungsempfehlungen für die Praxis
Ergebnis	Untersuchungskonzept und Methodik erklärt	Vorgehensweise transparent dargestellt	Ergebnisse präsentiert und diskutiert	Erkenntnisgewinn und zukünftige Handlungsfelder abgeleitet

Abbildung 42: Vorgehensweise Kapitel 5

In Kapitel 5.1 werden das Untersuchungskonzept sowie grundsätzliche Eigenschaften der gewählten Untersuchungsmethode präsentiert. Die Vorstellung des Studiendesigns sowie der Durchführungssystematik sind Gegenstand von Kapitel 5.2. Den Kern des fünften Kapitels bilden die Darstellung und Diskussion der

© Springer Fachmedien Wiesbaden GmbH, ein Teil von Springer Nature 2018
L. Biedermann, *Supply Chain Resilienz*, https://doi.org/10.1007/978-3-658-23516-1_5

Untersuchungsergebnisse (Kapitel 5.3). Hierzu zählen die von den Experten benannten Supply Chain Risiken bis 2025, die Darstellung des empirisch plausibilisierten Bezugsrahmens, Ergänzungen zu den zukünftigen Erfolgsfaktoren sowie die Präsentation limitierender Faktoren zur Gestaltung resilienter Supply Chains. Die Zusammenfassung der Ergebnisse sowie weiterführende Handlungsempfehlungen für die Unternehmenspraxis (Kapitel 5.4) schließen das fünfte Kapitel ab.

5.1 Empirischer Forschungsansatz

Untersuchungsgegenstand der vorliegenden Arbeit ist die Identifikation zukünftiger Erfolgsfaktoren zur Gestaltung resilienter Supply Chains. Im Sinne einer wissenschaftlichen Vorgehensweise ist es notwendig die Gründe für die gewählte Untersuchungsmethode darzustellen. Die Wahl der Methode ist hierbei vorrangig vom jeweiligen Untersuchungsgegenstand sowie der gewählten Forschungsstrategie abhängig (Bahke, 2013) (Hoffmann, 1980, S. 6).[137] Die Festlegung der empirischen Forschungsstrategie orientiert sich an der Zielsetzung sowie den Forschungsfragen der Arbeit und sollte ebenso den Kontext der Erhebung berücksichtigen (Zikmund, 2008) (Saunders et al., 2003).

5.1.1 Untersuchungskonzept

Da der konzeptionelle Bezugsrahmen die Anforderung an ein Hypothesensystem nicht erfüllt[138], ist ein konfirmatorisches Vorgehen im Rahmen der empirischen Untersuchung grundsätzlich ausgeschlossen. Stattdessen ist es Ziel, die deduktiv abgeleiteten, konzeptionellen Ergebnisse und dargestellten Sachverhalte hinsichtlich ihrer Gültigkeit zu plausibilisieren.

Für diese Plausibilitätsprüfung sind verschiedene Untersuchungsmethoden denkbar. Aufgrund der schwierigen Messbarkeit der einzelnen Elemente und

---

[137] Vgl. Bortz & Döring (2009, S. 296ff.) für die Gegenüberstellung verschiedener quantitativer und qualitativer Forschungsansätze.
[138] Vgl. Kapitel 4.5.

5.1 Empirischer Forschungsansatz 153

Wirkzusammenhänge innerhalb des Bezugsrahmens erscheint eine qualitative Untersuchungsmethode als geeignet. Ebenso legt die Komplexität der vorliegenden Thematik die Anwendung einer qualitativen Untersuchungsmethode nahe.[139] Qualitative Untersuchungsmethoden zeichnen sich allgemein durch kleinere Stichprobengrößen im Vergleich zu quantitativen Methoden aus, wodurch eine Verallgemeinerung der Ergebnisse stark eingeschränkt wird (Eisenhardt & Graebner, 2007, S. 27f.) (Eisenhardt, 1989). Statistisch belastbare Aussagen sind dadurch nicht möglich. Da die Qualität der Untersuchungsergebnisse bei qualitativen Forschungsmethoden jedoch nicht direkt von der Stichprobengröße, sondern eher vom Detaillierungsgrad der Erhebung abhängt, kann dennoch ein hoher Aussagewert der erzielten Ergebnisse erreicht werden (Bahke, 2013, S. 78) (Siggelkow, 2007). Als Gütekriterien fungieren hierbei die auch für quantitative Untersuchungsmethoden geltenden Vorgaben der Validität, Reliabilität und Objektivität (Mayring, 2010).[140]

5.1.2 Auswahl der Erhebungsmethode

Entlang der verschiedenen Datenerhebungsinstrumente der qualitativen Forschung stellt die Befragung die am häufigsten verwendete Methode in der empirischen Sozialforschung dar (Bahke, 2013, S. 80f.) (Mayring, 2010) und wird auch im Rahmen dieser Arbeit angewandt. Als Kommunikationsform wird die mündliche Befragung (im Gegensatz zur schriftlichen Befragung) und als Strukturierungsgrad das persönliche Interview (im Gegensatz zu einem unpersönlichen telefonischen Interview) gewählt.[141] Auf diese Weise sollen die Vorteile einer offenen Befragung genutzt werden, beispielsweise, um durch eine situationsspezifische Anpassung der Fragen-Reihenfolge einzelne Themen tiefer durchdringen

---

[139] In Anlehnung an Kapitel 4.4.3 entsteht Komplexität hierbei durch die teilweise komplementären sowie teilweise divergenten inhaltlichen Wirkzusammenhänge der verschiedenen Erfolgsfaktoren.

[140] Für weiterführende Inhalte zu den Gütekriterien der qualitativen Forschung siehe (Mayring, 2010) sowie die dort angegebenen Quellen.

[141] Vgl. (Atteslander, et al., 2010, S. 136ff.) für ausführlichere Beschreibungen verschiedener Methoden und Befragungsstrategien der qualitativen Forschung.

zu können und so die Qualität der Ergebnisse zu steigern. Ebenso schafft das persönliche Gespräch die Gelegenheit Verständnisprobleme besser zu erläutern und Missverständnisse zu vermeiden (Bahke, 2013, S. 81). Die Nachteile der mündlichen Befragung, wie beispielsweise die Verzerrung der Ergebnisse durch persönliche Zu- oder Abneigungen zwischen den Beteiligten[142], sind bekannt und sollen durch das Bestreben, ein möglichst neutrales Interview durchzuführen, weitestgehend vermieden werden.

Als konkretes Interviewformat erscheint die Fokusgruppen-Interview-Methode gegenüber einer Einzelbefragung als geeignetere Erhebungsmethode, da sie verschiedene Vorteile bietet. Hierzu zählt zum einen die Möglichkeit der sozialen Interaktion unter den Teilnehmern, welche in Einzelinterviews fehlt (Dreachslin, 1999) (Krüger, 1994). Ebenso bietet ein Fokusgruppen-Interview die Flexibilität, Ideen in der Gruppe zu diskutieren und in einer Weise zu verfolgen, die durch Fragebogentechniken oder Einzelinterviews nicht möglich sind (Tortorella et al., 2015).[143]

Ihre Ursprünge findet die Fokusgruppen-Interview-Methode in der Sozialwissenschaft, der Marktforschung sowie der Politikwissenschaft (Morgan, 1998). Ein Fokusgruppen-Interview kann als Technik verstanden werden, ein ausgewähltes Thema durch den Einsatz von vertiefenden Gruppeninterviews intensiv unter Experten zu diskutieren. Bei den Experten handelt es sich hierbei üblicherweise um eine zweckmäßige, aber nicht notwendigerweise repräsentative, selektive Stichprobe einer bestimmten Population bzw. Berufsgruppe (Rabiee, 2004) (Thomas et al., 1995). Fokusgruppen-Interviews können grundsätzlich als in sich abgeschlossene Methode oder als Ergänzung zu anderen Forschungsmethoden wie der Einzelbefragung, Teilnehmerbeobachtung, Umfragen oder Experimenten verwendet werden (Putcha & Potter, 2004) (Wilkinson, 1998) (Morgan, 1997). Ziel eines Fokusgruppen-Interviews ist es, die Einstellungen, Wahrnehmungen und Meinungen der Teilnehmer über ein ausgewähltes Thema zu ermitteln. Hier-

---

[142] Vgl. hierzu zum Beispiel die Ausführungen von Atteslander, et al. (2010, S. 163ff.).

[143] Für weitere Ausführungen zu Vor- und Nachteilen der Fokusgruppen-Interview-Methode siehe Tortorella et al. (2015, S. 5f.) und Dreachslin (1999).

bei ist es Aufgabe des Moderators, das Interview entsprechend vorzubereiten und den Interviewleitfaden zu entwickeln (Vaughn et al., 1996). In der Supply Chain Management- und Logistikforschung erfährt die Fokusgruppen-Interview-Methodik ein zunehmendes Anwendungsinteresse (Coule, 2013).[144] Im Teilbereich der Supply Chain Resilienz-Forschung konnte jedoch noch kein Anwendungsfall ermittelt werden.

5.2 Studiendesign und -durchführung

Die Untersuchungsobjekte der Befragung sind Supply Chain Risiken bis 2025 sowie zukünftige Erfolgsfaktoren und limitierende Faktoren zur Gestaltung resilienter Supply Chains. Im Sinne der Reliabilität der empirischen Untersuchung beschreibt dieses Kapitel detailliert die Auswahl der Teilnehmer sowie die Durchführungs- und Auswertungssystematik.

5.2.1 Auswahl der Teilnehmer und Untersuchungsdesign

Wie bereits in Kapitel 5.1.1 dargestellt, geht es in dieser Arbeit nicht darum, statistisch belastbare Aussagen zu kreieren, sondern vielmehr darum, qualitativ hochwertige Untersuchungsergebnisse zu erzeugen. Diese zeichnen sich nicht durch eine repräsentative Stichprobengröße, sondern durch einen hohen Detaillierungsgrad beziehungsweise eine hohe inhaltliche Qualität der Aussagen der befragten Studienteilnehmer aus.

Zur Sicherstellung dieser Zielvorgaben erfolgte die Auswahl der Experten vorrangig nach ihrer fachlichen Expertise im Bereich Supply Chain- und Logistikmanagement. Als Kriterien hierfür dienten eine langjährige Berufserfahrung von mehr als sieben Jahren sowie eine Tätigkeit in entsprechenden Unternehmensfunktionen und unternehmensübergreifenden Supply Chain Projekten. Darüber hinaus wurde auf die Auswahl erfahrener Führungskräfte Wert gelegt, da

---

[144] Vgl. hierzu beispielsweise die Beiträge von Rodrigues et al. (2010) und Sambasivan et al. (2009), Wrigley et al. (2004) sowie Morana & Gonzalez-Feliu (2015) zur Anwendung der Methodik im Forschungsbereich Supply Chain- und Logistikmanagement.

erwartet wird, dass diese über ein umfassendes Verständnis der Themenstellung und darüber hinaus über Informationen zu wichtigen Schnittstellen verfügen. Insgesamt wurden 43 Führungskräfte und leitende Angestellte, die diese Kriterien erfüllen, aus verschiedenen Industrien identifiziert und angefragt. Der geografische Schwerpunkt der Expertenauswahl lag im deutschsprachigen Raum. Zusätzlich konnten fünf deutsche Experten/ innen im US-Bundesstaat South Carolina identifiziert und für eine Studienteilnahme gewonnen werden. Neben der Studiendurchführung am 3. Juni 2017 in Charleston, South Carolina (USA) mit fünf Teilnehmern wurde ein zweites Fokusgruppen-Interview am 29. Juni 2017 in Stuttgart (Deutschland) mit sechs Experten durchgeführt. Die durchschnittliche Berufserfahrung der Experten lag bei 12,2 Jahren in Charleston, beziehungsweise bei 12,0 Jahren in Stuttgart. Tabelle 8 stellt die erhebungsspezifischen Ausprägungen dar.

Tabelle 8: Untersuchungsdesign

Charakterisierungsmerkmal	Erhebungsspezifische Ausprägung
Forschungsmethode	Fokusgruppen-Interview
Befragungsmethode	Mündliche Befragung, persönliches Gruppeninterview
Befragungszeitpunkte	3. Juni 2017 (Charleston, South Carolina, USA); 29. Juni 2017 (Stuttgart, Baden-Württemberg, Deutschland)
Befragungsinstrument	Moderierte Gruppendiskussion auf Basis offener Fragen
Interview-Dauer	2 Stunden
Grundgesamtheit	11 Experten
Stichprobengrößen	Charleston: 5 Experten Stuttgart: 6 Experten
Befragungsgegenstand	Supply Chain Risiken bis 2025 sowie zukünftige Erfolgsfaktoren und limitierende Faktoren zur Gestaltung resilienter Supply Chains

5.2 Studiendesign und -durchführung 157

Tabelle 8: Untersuchungsdesign (Fortsetzung)

Charakterisierungsmerkmal	Erhebungsspezifische Ausprägung
Durchschnittliche Berufserfahrung der Experten	Charleston: 12,2 Jahre Stuttgart: 12,0 Jahre
Auswertungsmethoden	Tonaufnahme; schriftliche Ergebnisdokumentation
Auswertungsinstrument	MS Excel, MS Word

5.2.2 Durchführungssystematik

Die zwei qualitativen, mündlichen Fokusgruppen-Interviews wurden im Rahmen von physischen Workshops durchgeführt. Vorab wurden alle Teilnehmer persönlich kontaktiert (telefonisch, beziehungsweise teilweise im persönlichen Gespräch), um wesentliche Hintergründe und die Zielsetzung der Studie zu erklären. Zudem wurde allen Studienteilnehmern eine Woche vor der jeweiligen Studiendurchführung eine Vorab-Informationsunterlage per E-Mail zugeschickt. Diese enthielt neben einer grundsätzlichen Beschreibung des Studienformates ebenso Informationen über die Zielsetzung und den zeitlichen Ablauf des Fokusgruppen-Interviews. Ebenso wurden wesentliche Begriffsinformationen[145], eine Anfahrtsbeschreibung und die Kontaktdaten des Autors geteilt. Auf diese Weise wurde sichergestellt, dass alle teilnehmenden Experten auf Basis einheitlicher Ausgangsinformationen mit den Interviewfragen konfrontiert wurden.

Der zeitliche Versatz der beiden Fokusgruppen-Interviews am 3. Juni 2017 in Charleston, South Carolina (USA) und am 29. Juni 2017 in Stuttgart (Deutschland) erlaubte darüber hinaus eine iterative Vorgehensweise wie sie in Abbildung 43 visualisiert ist.

---

[145] Hierzu zählen die Definitionen der Begriffe (1) Supply Chain Resilienz, (2) Supply Chain Risiko und (3) Störereignis, wie sie auch im Rahmen dieser Arbeit vorgestellt werden (vgl. Kapitel 2).

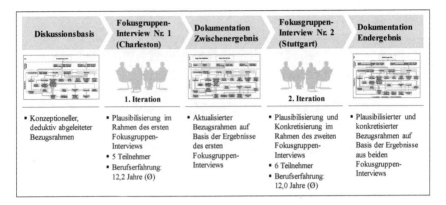

Abbildung 43: Iterative Vorgehensweise der Fokusgruppen-Interview-Methodik

Im ersten Iterationsschritt wurde der Expertengruppe in Charleston der deduktiv erarbeitete Bezugsrahmen[146] vorgelegt. Die Ergebnisse wurden per Tonaufnahme dokumentiert und im Nachgang durch den Autor ausgewertet. Die schriftlich aufbereiteten Studienergebnisse wurden anschließend allen beteiligten Studienteilnehmern als ausführliche Ergebnisdokumentation per E-Mail zur Verfügung gestellt. Hierbei wurden keinerlei nachträglichen Korrekturvorschläge oder Rückfragen an den Autor gerichtet.

Die dokumentierten Ergebnisse des ersten Fokusgruppen-Interviews dienten als Diskussionsgrundlage für die Durchführung des zweiten Fokusgruppen-Interviews am 29. Juni 2017 in Stuttgart. Die grundsätzliche Vorgehensweise des zweiten Fokusgruppen-Interviews in Stuttgart war hierbei identisch mit dem Vorgehen in Charleston. Gleiches gilt für die Auswertungssystematik, welche in Kapitel 5.2.3 näher beschrieben ist.

Der Vorteil der iterativen Vorgehensweise ist es, die Forschungsergebnisse durch zwei unabhängig zusammengestellte Expertengruppen plausibilisieren zu können. Dadurch steigt sowohl die Validität, als auch die Objektivität der Ergebnisse.

---

[146] Vgl. Kapitel 4.4.4.

5.2 Studiendesign und -durchführung

Ablauf der einzelnen Fokusgruppen-Interviews

In Anlehnung an Binder (2006) wurde ein Leitfaden für die Durchführung der Fokusgruppen-Interviews erstellt, welcher den Ablauf in die Abschnitte *Gesprächseinstieg, Hauptteil* und *Zusammenfassung* unterteilt. Er diente als Strukturierungshilfe für die einheitliche Durchführung und Auswertung der Fokusgruppen-Interviews.

Der Gesprächseinstieg enthielt neben einer kurzen Vorstellungsrunde aller Beteiligten die Vorstellung der Agenda, eine thematische Abgrenzung des Untersuchungsrahmens sowie einen Überblick über die zentralen Fragestellungen des Fokusgruppen-Interviews. Aufgabe des Moderators war es, bereits im Rahmen des Gesprächseinstiegs, das richtige Maß zwischen Formalität und Informalität zu erzeugen. Putcha & Potter (2004, S. 32) sprechen von einer „disziplinierten Informalität", welche durch die sorgfältige Wahl der richtigen Gesprächstechniken (Tonfall, Wortwahl, Pausen und Lautstärke), eine angemessene Gestik und Mimik sowie durch die Wahl einer ansprechenden Räumlichkeit erreicht werden kann. Die Herausforderung besteht darin, auf der einen Seite eine formelle und produktive Gesprächsführung zu gewährleisten und gleichzeitig eine entspannte Atmosphäre zu erzeugen, die es den Teilnehmern ermöglicht offen über Ihre Gedanken, Erfahrungen und Meinungen Auskunft zu erteilen und diese zu diskutieren (Putcha & Potter, 2004).[147]

Der Ablauf des Hauptteils der Fokusgruppen-Interviews orientierte sich direkt an den zentralen Fragestellungen des Untersuchungsgegenstandes:

1. Welche Supply Chain Risiken sehen die Experten bis 2025?
2. Was sind zukünftige Erfolgsfaktoren zur Gestaltung resilienter Supply Chains?
3. Was sind zukünftige limitierende Faktoren für den Ausbau resilienter Supply Chains?

---

[147] Für weitere detaillierte Ausführungen und psychologische Aspekte der Fokusgruppen-Interview-Gestaltung wird auf Putcha & Potter (2004, S. 25ff., S. 45ff.) verwiesen.

4. Welche Zusammenhänge zwischen einzelnen Erfolgsfaktoren und Begrenzern bestehen?

Die erste Fragestellung wurde von den Teilnehmern in einer offenen Diskussion bearbeitet und in Form von Moderationskarten an der Wand dokumentiert. Dadurch, dass sich die Studienteilnehmer zunächst mit den Supply Chain Risiken bis 2025 auseinandersetzen mussten, gelang es ihnen relativ leicht, zukünftige Erfolgsfaktoren sowie limitierende Faktoren zur Gestaltung einer resilienten Supply Chain zu erarbeiten. Erst im Anschluss hieran wurde den Teilnehmern der konzeptionelle Bezugsrahmen vorgestellt. Aufgabe der Gruppe war es zu prüfen, ob die vorab selbst identifizierten und voneinander abgegrenzten Erfolgsfaktoren zu den konzeptionell ermittelten Erfolgsfaktoren passten. Ebenso wurden die im Bezugsrahmen eingezeichneten Wirkzusammenhänge einzeln diskutiert und von den Experten inhaltlich hinterfragt.

Die Ermittlung der Erfolgsfaktoren und deren Wirkzusammenhänge berücksichtigt dabei die Kritik von Schlegel & Trent (2012, S. 16) an existierenden Umfragen zur Bewältigung von Supply Chain Risiken. Dementsprechend lag der Fokus der Erfolgsfaktoren-Ermittlung im Rahmen der Fokusgruppen-Interviews nicht auf der Identifikation und Beschreibung „üblicher" Risikomanagement-Ansätze, wie zum Beispiel der kontinuierlichen Lieferantenüberwachung auf Basis finanzwirtschaftlicher Kennzahlen, sondern vielmehr auf übergeordneten Erfolgsfaktoren zur Bewältigung zukünftiger Supply Chain-Herausforderungen.[148]

Den Abschluss der Fokusgruppen-Interviews bildete jeweils eine kurze Zusammenfassung, in der die wesentlichen Ergebnisse resümiert wurden. Alle Stu-

---

[148] Wörtlich kritisieren Schlegel & Trent (2012, S. 16): *„Risk management surveys invariably ask supply chain managers what they are doing about risk. The responses provided, while often insightful, are usually predictable and not necessarily on the cutting edge of risk management. Popular approaches include ongoing evaluation of supplier financial health and expanded supplier prequalification standards. Other techniques [...] include adopting multiple vs. single supplier sourcing, creating better supply chain traceability, and selecting suppliers closer to the end market."*

dienteilnehmer aus Charleston und Stuttgart erklärten sich ausnahmslos bereit im Nachgang der Interviews für einen weiteren Austausch zu Verfügung zu stehen. Hiervon wurde in sieben Fällen Gebrauch gemacht, um im Sinne einer kommunikativen Validierung die Gültigkeit der Ergebnisse noch einmal zu überprüfen. Die sieben telefonisch durchgeführten Gespräche dauerten zwischen 30 und 45 Minuten.

Die Fokusgruppen-Interviews wurden jeweils vom Autor allein durchgeführt, um einerseits die gleiche Art der Moderation zu gewährleisten und andererseits eine hohe Vergleichbarkeit der Ergebnisse zu erzielen. Die Studiendurchführung in Charleston dauerte 135 Minuten und in Stuttgart 125 Minuten.

5.2.3 Auswertungssystematik

Für die Auswertung der gesammelten Datenbasis stehen grundsätzlich quantitative und qualitative Verfahren zur Verfügung[149], welche in Abhängigkeit der Fragestellung und Erkenntniszielsetzung zu wählen sind (Bahke, 2013, S. 92). In Anbetracht der starken Kontextabhängigkeit der Ergebnisse der Fokusgruppeninterviews erscheint ein qualitatives methodisches Auswertungsinstrument der erhobenen Daten als sinnvoll.

In diesem Zuge wurden die Tonaufnahmen beider Fokusgruppeninterviews schriftlich zusammengefasst und teilweise transkribiert. Die Reduktion auf die wesentlichen Inhalte reichte aus, um die für die Beantwortung der Forschungsfragen relevanten Inhalte zu extrahieren und zu dokumentieren.

Nach dem ersten Fokusgruppen-Interview in Charleston wurden einzelne Änderungen am Bezugsrahmen vorgenommen, sodass die zweite Expertengruppe in Stuttgart eine aktualisierte Version des Bezugsrahmens diskutierte. Die Ergebnisse der beiden Fokusgruppen-Interviews sind in Kapitel 5.3, in Anlehnung an das in Abbildung 43 vorgestellte Vorgehensmodell der empirischen Untersuchung, zusammengefasst dargestellt.

---

[149] Vgl. hierzu Schnell et al. (2011, S. 398ff.) sowie Bortz & Döring (2009, S. 328ff.).

5.2.4 Sicherstellung der Güte der Erhebung

Im Zuge der Einhaltung wissenschaftlicher Forschungsstandards ist die Ergebnisqualität der qualitativen Untersuchung anhand von Gütekriterien zu überprüfen (Atteslander et al., 2010, S. 296f.). Neben den bereits in Kapitel 5.1.1 vorgestellten Kriterien der Validität, Reliabilität und Objektivität, können noch weitere Gütekriterien herangezogen werden (Bahke, 2013, S. 100) (Binder, 2006, S. 89ff.). Hierzu zählen etwa die

- argumentative Interpretationsabsicherung,
- Regelgeleitetheit,
- Verfahrensdokumentation sowie die
- kommunikative Validierung.[150]

Den Kern einer jeden qualitativen Untersuchung stellt die Interpretation der Beobachtungen dar (Bahke, 2013, S. 101). Als solche muss die Interpretation anhand verschiedener Kriterien nachvollziehbar begründet werden (Terhart, 1981). Im Zuge dieser Arbeit erfolgte dies einerseits durch die vorangegangene Analyse relevanter Primär- und Sekundärliteratur, deren Ergebnisse in Form des konzeptionellen Bezugsrahmens in Kapitel 4.4 ausführlich festgehalten sind. Das somit klar umrissene Untersuchungsobjekt diente insbesondere der Erstellung des Gesprächsleitfadens für die Fokusgruppeninterviews. Des Weiteren wurden die in den Fokusgruppen-Interviews getroffenen Aussagen der Experten durch Hinterfragen auf ihre Schlüssigkeit überprüft. Dies gelang sowohl während der Fokusgruppen-Interviews durch die Rückfragen der anderen Studienteilnehmer, als auch durch die iterative Gestaltung der Fokusgruppen-Interview-Durchführung.

Die Darstellung der Ergebnisse ist am Erkenntnisprozess der Untersuchung ausgerichtet und stellt insbesondere auch Zwischenergebnisse der einzelnen Fokusgruppeninterviews transparent dar. Diese Regelgeleitetheit, im Sinne der

---

[150] Vgl. hierzu insbesondere die Ausführungen von Mayring (2010, S. 111f.) und Mayring (2002).

5.3 Ergebnisse und Diskussion

Orientierung an der vorab definierten Durchführungssystematik[151], stellt hierbei ein wesentliches Kriterium zur ordnungsgemäßen Durchführung der qualitativen empirischen Untersuchung dar.[152]

Da qualitative Forschungsmethoden nicht auf mathematische Operatoren oder statistische Messinstrumente zurückgreifen können (Mayring, 2002, S. 145), ist insbesondere eine detaillierte Verfahrensdokumentation im Sinne der Nachvollziehbarkeit erforderlich. Diesbezüglich erfolgten in Kapitel 5.1 und Kapitel 5.2 die Darstellung der an den Forschungs- und Untersuchungszielen ausgerichteten Methodenauswahl sowie die Begründung zur Verwendung der gewählten Analyseschritte und Methoden.

Die abschließende Reflektion und Diskussion der Ergebnisse mit insgesamt sieben Studienteilnehmern trugen im Nachgang der Fokusgruppen-Interviews dazu bei, dass die Untersuchungsergebnisse weiter modifiziert und verfeinert werden konnten. Diese kommunikative Validierung führte zu einer insgesamt höheren Übereinstimmung zwischen den befragten Studienteilnehmern hinsichtlich der finalen Ergebnisse. Letztlich konnten sich alle Teilnehmer in den präsentierten Ergebnissen wiederfinden, was als Ausdruck der Ergebnisqualität gewertet werden kann.

---

[151] Vgl. Kapitel 5.2.2.
[152] Vgl. hierzu Mayring (2002).

5.3 Ergebnisse und Diskussion

In Kapitel 5.3.1 werden zunächst die Supply Chain Risiken bis 2025 aus Sicht der elf befragten Experten vorgestellt. Hierauf basierend erfolgt die Darstellung der strukturellen und inhaltlichen Ergänzungen der Experten zu den präsentierten Gestaltungsansätzen und Erfolgsfaktoren (Kapitel 5.3.2). Anschließend wird der plausibilisierte und aktualisierte Bezugsrahmen präsentiert (Kapitel 5.3.3). Ergänzende limitierende Faktoren zur Gestaltung resilienter Supply Chains werden abschließend in Kapitel 5.3.4 vorgestellt. Wesentliche Kernaussagen der befragten Experten sind in diesem Kapitel als Zitate berücksichtigt und an den entsprechenden Stellen anonymisiert kenntlich gemacht.

5.3.1 Supply Chain Risiken bis 2025 aus Sicht der Experten

Im Rahmen der beiden Fokusgruppen-Interviews wurden verschiedene Risiken von den befragten Experten genannt. Nach Ausschluss von redundanten Nennungen und Aggregation inhaltsnaher Begrifflichkeiten konnten abschließend insgesamt 24 verschiedene Supply Chain Risiken für den Zeithorizont bis 2025 identifiziert werden. Abbildung 44 zeigt die von den Studienteilnehmern genannten Supply Chain Risiken, zugeordnet zu den in Kapitel 2.2.3 vorgeschlagenen übergeordneten Risikotreibern.[153]

---

[153] Vgl. ebenso die Ausführungen von Ritchie & Brindley (2007a, S. 1402f.) für weiterführende Inhalte.

5.3 Ergebnisse und Diskussion

Risikotreiber	Beispiele	
Externe Umwelt-spezifische Risikotreiber	• Naturkatastrophen • (Geo-) Politische Instabilität • Krieg & Terror	• Zölle (Import & Export-Restriktionen) • Währungsrisiken
Industriespezifische Risikotreiber	• Arbeitsstreiks • Disruptive Technologien	• E-Commerce • Kurzfristige Bedarfsschwankungen
Netzwerk-Struktur-spezifische Risikotreiber	• Anzahl Akteure in Supply Chain • Netzwerk-Komplexität (Anzahl Verknüpfungen zwischen Akteuren)	• Single Sourcing • Transportschäden und Verspätungen • Bullwhip-Effekt
Partner- und Schnittstellenspezifische Risikotreiber	• Lieferanten-Insolvenz • Informationsweitergabe & -Schnittstellen • Geringe Lieferantenqualität	• Verfügbarkeit qualifizierten Personals • IT-Infrastruktur • Reichweiten von Verträgen
Unternehmensspezifische Risikotreiber	• Kapazitative Überlastung (Produktion & Logistik) • Ungenaue Bedarfsprognosen • Geringe Ressourceneffizienz	• Lagerhaltungskosten • Kapitalkosten • Geringe Flexibilität im Umgang mit Störungen

Abbildung 44: Supply Chain Risiken bis 2025 nach Risikotreibern

Externe Umwelt-spezifische Risikotreiber

Zu den externen Umwelt-spezifischen Risikotreibern zählen aus Sicht der Experten unter anderem Naturkatastrophen und extreme Wetterkapriolen wie Vulkanausbrüche, Wirbelstürme, aber auch lokale Überflutungen und Glatteis. Wenngleich Naturkatastrophen in ihrer Ausprägung äußerst unterschiedlich ausfallen, stellen sie aus Sicht der Experten ein enormes Risiko dar, das beim Eintreten mitunter weite Teile einer Supply Chain betreffen kann.[154] Die vollständige Schadensbeseitigung kann längere Zeit in Anspruch nehmen. Naturkatastrophen sind aus Unternehmenssicht weitestgehend unvorhersehbar und nicht kontrollierbar. Die Experten bewerten solche Maßnahmen zur proaktiven Risikoreduktion als vielversprechend, die zu einer erhöhten Flexibilität und hohen Reaktionsgeschwindigkeit im Störfall beitragen.

Neben Naturkatastrophen sehen die Experten weiterhin ein zunehmendes Supply Chain Risiko durch Kriege, Terror und geopolitische Instabilität, bei-

---

[154] Vgl. Kapitel 2.3.3 zur Klassifikation verschiedener Supply Chain Störereignisse sowie Kapitel 1.1 für die beispielhafte Darstellung der Ausmaße von Naturkatastrophen auf Supply Chains.

spielsweise in Form von staatlichem Protektionismus und verschärften Handelsregularien wie Import- und Export-Restriktionen. Diese Einschätzung deckt sich mit der in Kapitel 1.1 dargestellten Entwicklung des zunehmenden Volatilitätsniveaus in globalen Supply Chains. Währungsrisiken werden mit Blick auf den Untersuchungshorizont 2025 dagegen als weiterhin konstantes finanzwirtschaftliches Risiko bewertet.

Ein zunehmend relevantes Supply Chain Risiko sehen die befragten Experten in veralteten IT-Infrastrukturen der Unternehmen und einer dadurch zunehmend höheren Anfälligkeit gegenüber Hackerangriffen und Cyber-Viren. Beispielsweise beschreibt ein Studienteilnehmer:

„IT-Sabotage und Spionage und auch der Computervirus „wannacry" im Juni 2017 sind Beispiele dafür: [...] Direkte und massive Systemausfälle führen zu einer weitreichenden Störung. Ohne Datenverfügbarkeit und Datendurchgängigkeit reißen unsere Supply Chains sofort ab."
(Aussage: Studienteilnehmer, Stuttgart, 29. Juni 2017)

Gerade in der Bewältigung von IT-Sicherheitsrisiken sehen die Experten enormes Handlungspotenzial und eine wesentliche Herausforderung hinsichtlich der Gestaltung zukünftig resilienter Supply Chain Strukturen.

Ein weiteres, bisher weitgehend unbekanntes und unberücksichtigtes externes Risiko für Unternehmen sehen die befragten Studienteilnehmer durch sogenannte „Fake News". Aktive Rufschädigung kann zu mitunter massiven Umsatzeinbußen bei einem Unternehmen führen und weitreichende Konsequenzen für die Funktionsweise der betroffenen Supply Chain mit sich bringen.

„Man weiß ja jetzt aus den vergangenen Wahlen in verschiedenen Ländern, dass die Verbreitung von Fake News relativ einfach geworden ist. [...] In Bezug auf das Supply Chain Management lässt sich das Risiko erkennen, dass wenn ein Wettbewerber geschädigt werden soll, man einfach Fake News über einen wichtigen Partner in dessen Supply Chain streut und dadurch die Wettbewerbsfähig-

keit der Supply Chain attackiert. Man kann die Uhr dann relativ genau danach stellen, bis die Wirkungen beim Zielkonkurrenten zu sehen sind."
(Aussage: Studienteilnehmer, Stuttgart, 29. Juni 2017)

Industriespezifische Risiken
Zu industriespezifischen Supply Chain Risiken gehören aus Sicht der Experten unter anderem Arbeitsstreiks, da sie für produzierende Industrieunternehmen ein Risiko von Produktions- und Lieferausfällen darstellen. Für Handelsunternehmen stellt dagegen eher die zunehmende Verlagerung des Kaufverhaltens vom Einzelhandel in das Internet (E-Commerce) ein zunehmendes Wettbewerbsrisiko dar. Zusätzlich sind kurzfristige Bedarfsschwankungen ein Risikotreiber für Über- und Unterbestände entlang der Supply Chain, die sich sowohl auf die Ertrags-, als auch auf die Kostenseite und somit auf die Wettbewerbsfähigkeit eines Unternehmens auswirken.

Am konkreten Beispiel der High-Tech-Industrie sehen Experten, insbesondere mit Blick auf den Zeithorizont 2025, ein immer größeres Risiko der Ressourcenknappheit von seltenen Rohstoffen, beispielsweise von den sogenannten seltenen Erden, die für die Herstellung von Computerchips benötigt werden. Die Knappheit dieser Rohstoffe wird durch Unternehmen aus verschiedensten Branchen verstärkt, die im Zuge der Digitalisierung ihrer Produktportfolios zukünftig ebenso Computerchips nachfragen werden.

Der zugrunde liegende technologische Wandel erzeugt aber nicht nur Ressourcenknappheit einzelner Rohstoffe, sondern eröffnet ebenso völlig neue Geschäftsfelder, die aus Sicht der Experten durch den Einsatz moderner Technologien über Nacht „traditionelle" Geschäftsmodelle gänzlich überflüssig machen können.[155]

---

[155] Für anschauliche Beispiele wird in diesem Zusammenhang auf Brynjolfsson & McAfee (2016) verwiesen.

Netzwerkstruktur-spezifische Risiken
Die zunehmende Komplexität der Supply Chains im Sinne einer steigenden Anzahl und Vernetzung der beteiligten Akteure, erschwert eine durchgängige Planung und Steuerung der Waren-, Informations- und Materialflüsse entlang der Netzwerkstrukturen. Dies gilt aus Expertensicht sowohl für Zulieferer, Hersteller als auch für Distributionsunternehmen. Im Zuge der gesteigerten Netzwerk-Komplexität greifen existierende Planungsansätze, die lediglich die vor- und nachgelagerten Akteure mit einbeziehen, immer häufiger zu kurz. Die Experten erachten Anstrengungen zur Entwicklung für Supply Chain übergreifende Planungsansätze als zwingend notwendig und sehen in diesem Zusammenhang insbesondere die Notwendigkeit zur vertrauensvollen, unternehmensübergreifenden Zusammenarbeit zwischen den beteiligten Akteuren.

Ein weiteres netzwerkstrukturspezifisches Risiko stellen Firmenübernahmen dar. Übernimmt beispielsweise ein Wettbewerber einen strategisch wichtigen Lieferanten, der vorher auch andere Hersteller am Markt beliefert hat, könnte ein abruptes Ende der Belieferung der Konkurrenz der Fall sein. Ein derartig geführter „Kampf" um strategisch wichtige Lieferanten-Kapazitäten stellt eine extreme Form eines netzwerkstrukturspezifischen Risikos dar und verdeutlicht gleichzeitig die Gefahr von Single-Sourcing-Strategien.[156]

Weniger Bedeutung messen die Experten globalen Transportrisiken bei, beispielsweise in Form von verspäteten Schiffsverkehren, Diebstahl oder beschädigten Waren. Mit Blick auf den Zeithorizont 2025 wird erwartet, dass der zunehmende Einsatz von Tracking-Technologien derartige Risiken zwar nicht gänzlich eliminiert, aber die Information über den Verlust der Ware deutlich schneller übermittelt wird, sodass ausreichend Zeit zur Einleitung von Ersatz-Beschaffungsmaßnahmen oder sonstigen Gegenmaßnahmen zur Verfügung steht.

---

[156] Vgl. Kapitel 1.1 für das Eriksson-Beispiel zur Darstellung des Single-Sourcing-Risikos. Für eine ausführliche Darstellung der Vor- und Nachteile verschiedener Sourcing-Strategien wird auf Christopher et al. (2011) und De Nardo et al. (2010) verwiesen.

5.3 Ergebnisse und Diskussion 169

Partner- und schnittstellenspezifische Risiken
In dieser Risikokategorie lassen sich insbesondere beschaffungsseitige Risiken zusammenfassen. Im Zuge der steigenden Variantenvielfalt und Produktkomplexität steigt der Planungs- und Koordinationsaufwand zwischen den beteiligten Akteuren der Supply Chain. Aus Sicht der Experten trägt die konsequente Reduktion der Wertschöpfungstiefe auf Seiten der Hersteller dazu bei, dass immer mehr Kompetenzen, beispielsweise Entwicklungsdienstleistungen, auf die Lieferanten übertragen werden. Auf diese Weise verschieben sich traditionelle Machtverhältnisse zwischen Lieferanten und OEMs, was aus Sicht der Experten zu massiven finanziellen Risiken führen kann. Ein prominentes Beispiel ist der in Kapitel 4.4.2 erwähnte Streit zwischen Volkswagen und seinem Zulieferer Car Trim. Weitere finanzielle Risiken beschreiben die Experten in Form von Lieferanteninsolvenzen, geringer Lieferanten-Lieferqualität sowie in Form von Zahlungsausfallrisiken auf Kundenseite.

Ein weiteres Supply Chain Risiko bis 2025 liegt nach Einschätzung der Experten in der zunehmenden Veraltung von Informationssystemen, Kommunikationsmitteln und der zugrunde liegenden Vernetzung der IT-Infrastrukturen zwischen den beteiligten Supply Chain Akteuren. Die Experten sehen in diesem Zusammenhang vor allem die Notwendigkeit, dass vertragliche Grundlagen sich an neue Kooperationsmodelle und informationstechnische Infrastrukturen anpassen müssen, um datenschutzrechtliche Herausforderungen frühzeitig zu adressieren.

Unternehmensspezifische Risiken
Im Zuge des Befragungshorizontes bis 2025 sehen die Experten ein zunehmendes Risiko der kapazitativen Überlastung von Produktions- und Logistikressourcen und im Zuge dessen auch das Risiko von technischen (Anlagen-)Verfügbarkeiten. Eine Überlastung der Ressourcen kann im Störfall die Flexibilität der Lösungsfindung stark beeinträchtigen, da keinerlei Kapazitätsreserven als Ausweichmöglichkeit zur Verfügung stehen, wodurch aus einem lokalen Problem schnell ein regionales oder globales Supply Chain Störereignis werden kann. Weiterhin steigt

aus Sicht der Experten das operative Risiko von sowohl eigen- als auch fremdverursachten Produktionsausfällen durch temporäre IT-Systemausfälle.[157]

Aus dieser Supply Chain Risikoperspektive heraus können sich aus Sicht der Experten Investitionen in redundante Strukturen, beispielsweise in Form zusätzlicher Lagerbestände für einzelne Produktgruppen oder redundante Transportkapazitäten, auszahlen. Aus ihrer Sicht stellt die Verfolgung rein kostenoptimaler Supply Chain Strategien und die Minimierung der Kapital- und Lagerhaltungskosten ein Supply Chain Risiko bis 2025 dar.

Darüber hinaus können ungenaue Bedarfsprognosen und eine mangelhafte Informationsweitergabe von Point-of-Sale in die Supply Chain zu Risiken im Sinne des Bullwhip-Effektes führen. Die Folge sind sowohl Lieferengpässe als auch Überbestände entlang verschiedener Stationen der gesamten Supply Chain.

Abschließend betonen die Experten ein zunehmendes kulturelles Risiko im Zuge der Entwicklung des unternehmerischen Supply Chain- und Logistikmanagements bis 2025. Aus ihrer Sicht ist ein hohes Maß an Zusammenarbeit und Kooperation erforderlich, um Supply Chain Risiken nicht nur frühzeitig erkennen zu können, sondern auch um unmittelbare und koordinierte Maßnahmen einleiten zu können. Hierfür bedarf es aus Expertensicht sowohl der Managementunterstützung, als auch des richtigen und qualifizierten Personals. Letzteres ist nach den Erfahrungen der Experten jedoch kaum verfügbar und schwer zu halten. Damit stellt die Verfügbarkeit von qualifiziertem Personal aus Sicht der Experten ein weiteres Supply Chain Risiko bis 2025 dar.

5.3.2 Ergänzungen zu Gestaltungsansätzen und Erfolgsfaktoren

Der in Kapitel 4.4.4 präsentierte konzeptionelle Bezugsrahmen bildete die Diskussionsgrundlage für die empirische Untersuchung. Im Zuge der Durchführung der beiden Fokusgruppen-Interviews wurden insgesamt 13 strukturelle Ergänzungen am Bezugsrahmen vorgenommen. Diese werden im Folgenden einzeln genannt. Inhaltliche Ergänzungen sind in Kapitel 5.3.2.2 näher aufgeführt.

---

[157] Vgl. hierzu die obigen Ausführungen zum Risiko von Cyber Attacken. Für weiterführende Inhalte wird auf Tang (2006a, S. 453) und Tang (2006b) verwiesen.

5.3 Ergebnisse und Diskussion

5.3.2.1 Strukturelle Anpassungen

Iteration 1: Anpassungen am konzeptionellen Bezugsrahmen im Rahmen des ersten Fokusgruppen-Interviews (Charleston)

Die erste Iteration des Bezugsrahmens durch die Teilnehmer des ersten Fokusgruppeninterviews am 3. Juni 2017 in Charleston bewirkte sieben strukturelle Anpassungen:

1. Die Experten in Charleston waren der Ansicht, dass ein erfolgreiches Restriktionsmanagement[158] ein wesentlicher Einflussfaktor für die Bedarfsplanung und das Bedarfsmanagement ist. Daher wurde ein neuer Erfolgsfaktor „Restriktionsmanagement" dem Bezugsrahmen hinzugefügt.
2. Ebenso wurde der Aspekt des Versorgungsmanagements ergänzt, um auszudrücken, dass ein wesentlicher Erfolgsfaktor zur Absicherung der Materialversorgung im strategischen und operativen Beschaffungsmanagement verankert ist.
3. Ferner wurde ergänzt, dass Informationstransparenz auch die Verfügbarkeit der entsprechenden Information beinhalten muss. Informationen müssen nicht nur vorhanden sein, sondern müssen den entsprechenden Funktionen und am Prozess beteiligten Personen auch jederzeit zur Verfügung stehen.
4. Hinsichtlich des Erfolgsfaktors „Bestandsmanagement" wurden drei Wirkzusammenhänge ergänzt: einerseits bildet das Bestandsmanagement aus Sicht der Experten die Grundlage für die Auslegung zusätzlicher transportlogistischer Redundanzen, wie zum Beispiel einem Trailer Yard oder dem berühmten Lager „auf der Straße". Daher wurde eine Verbindung vom Erfolgsfaktor „Bestandsmanagement" zum Erfolgsfaktor „Zusätzliche Transportkapazitäten" ergänzt.
5. Andererseits ist das Bestandsmanagement aus Expertensicht ebenso Bestandteil eines wirksamen Echtzeit-Monitorings und trägt auf diese Weise zu einer

---

[158] Hiermit ist das Management von Planungsrestriktionen im Zuge einer rollierenden Programm- und Produktionsplanung gemeint. Für weitere Inhalte siehe Gehr & Hellingrath (2007, S. S. 23ff.).

besseren Reaktionsfähigkeit bei. Die Kenntnisse über tatsächliche Bestandsbewegungen stellt eine wesentliche Entscheidungsgrundlage dar. Daher wurde ein Wirkzusammenhangs-Pfeil vom „Bestandsmanagement" zum „Echtzeit-Monitoring" hinzugefügt.

6. Des Weiteren wurde ein Wirkzusammenhang vom „Bedarfsmanagement" zum „Bestandsmanagement" festgestellt, da das Bedarfsmanagement nach Einschätzung der Experten direkten Einfluss auf das Bestandsmanagement hat.
7. Einen direkten Zusammenhang sahen die Experten auch zwischen den Erfolgsfaktoren „Führungskräfteentwicklung" sowie „Training/ HR" und „Leadership". Dies wurde begründet mit der Notwendigkeit eines Führungskräfte-Entwicklungsprogramms, um entsprechende Managementrichtlinien und kulturell gewünschte Verhaltensformen in den Köpfen der Führungskräfte zu manifestieren und so positiv auf eine auf Zusammenarbeit und Vertrauen ausgerichtete Unternehmenskultur hinzuwirken.[159]

Unbeantwortet blieb die Fragestellung, inwieweit der „Anpassungsfähigkeitsaspekt"[160] in dem vorgestellten konzeptionellen Bezugsrahmen berücksichtigt werden kann. Diese Fragestellung wurde daher den teilnehmenden Experten im Rahmen des zweiten Fokusgruppen-Interviews in Stuttgart gestellt.

Iteration 2: Anpassungen am konzeptionellen Bezugsrahmen im Rahmen des zweiten Fokusgruppen-Interviews (Stuttgart)
Auf Basis der Ergebnisse des ersten Fokusgruppen-Interviews, nahmen die Experten im Rahmen der zweiten Iteration des Bezugsrahmens fünf weitere Anpassungen am Bezugsrahmen vor:

---

[159] Diese Einschätzung lässt sich argumentativ durch die Ausführungen von Ponomarov & Holcomb (2009) sowie Christopher & Peck (2004) untermauern.
[160] „Anpassungsfähigkeit" (adaptability) wurde im Rahmen der inhaltskritischen Literaturanalyse mit 17 Nennungen entlang der 180 untersuchten Publikationen am acht häufigsten genannt (vgl. Kapitel 3.2.6) und konnte vorab nicht sinnvoll in den konzeptionellen Bezugsrahmen integriert werden, da auch die Literatur in ihrer Gesamtheit keine logische Zuordnung ermöglichte. Daher wurde diese Zuordnungsfrage in den Fokusgruppeninterviews adressiert.

5.3 Ergebnisse und Diskussion

8. Der Erfolgsfaktor „Echtzeit-Monitoring" wurde durch den Aspekt der „Supply Chain Risikoanalyse" ergänzt, da die Experten der Ansicht waren, dass allein die echtzeitnahe Visualisierung der globalen Material-, Informations- und Kapitalflüsse nicht ausreicht, um daraus Handlungsbedarfe abzuleiten. Für ein besseres Verständnis wurde der Erfolgsfaktor daher umbenannt in „Echtzeit Monitoring & Risikoanalyse".

9. Eine weitere Anpassung erfolgte in der Zusammenfassung und Erweiterung der Erfolgsfaktoren „Versorgungsmanagement" und „Bedarfsplanung und -management" zum Erfolgsfaktor „Beschaffungs-, Bedarfs- und Kapazitätsmanagement". Die dahinterstehenden, eng miteinander verbundenen, Unternehmensprozesse begründen diese Aggregation.

10. Der von den Experten in Charleston eingebrachte Aspekt des Restriktionsmanagements wurde von den Experten in Stuttgart erweitert um das Auftragsmanagement, da hier zahlreiche Schnittstellen, beispielsweise in der Kundenauftrags-Machbarkeitsprüfung auf Basis gegebener Restriktionen, gesehen wurden. Daher wurde die Bezeichnung dieses Erfolgsfaktors auf „Auftrags- und Restriktionsmanagement" erweitert und ein Wirkzusammenhang zum „Beschaffungs-, Bedarfs- und Kapazitätsmanagement" vermerkt.

11. Darüber hinaus waren sich die Experten in Stuttgart einig, dass das Variantenmanagement ein Bestandteil des Auftrags- und Restriktionsmanagements ist. Dies wurde jedoch nicht schriftlich in der Bezeichnung festgehalten, sondern lediglich in der entsprechenden Beschreibung des Erfolgsfaktors berücksichtigt (s.u.).

12. In Ergänzung zu den Ausführungen zum Erfolgsfaktor „IT-Infrastruktur"[161] wurde der Aspekt der IT-Sicherheit mit in die Erfolgsfaktoren-Bezeichnung aufgenommen und entsprechende Inhalte in der Beschreibung ergänzt (s.u.).

13. Durch die zweite Iteration des Bezugsrahmens konnte im Zuge des Fokusgruppen-Interviews in Stuttgart schließlich die Frage geklärt werden, wie der Aspekt der Anpassungsfähigkeit (adaptability) im Bezugsrahmen abgebildet

---

[161] Vgl. Kapitel 4.4.2.

werden kann. Auf diese und weitere inhaltliche Ergänzungen wird im Folgenden eingegangen.

5.3.2.2 Inhaltliche Ergänzungen

Bei den inhaltlichen Ergänzungen handelt es sich ausschließlich um die im Rahmen der empirischen Untersuchung neu gewonnen Erkenntnisse und zusätzlichen Expertenbeiträge. Die in Kapitel 4.4.2 beziehungsweise Kapitel 4.4.3 vorgenommenen und von den Experten bestätigten inhaltlichen Abgrenzungen der Gestaltungsansätze und Erfolgsfaktoren werden hierbei weiterhin als Bezugsgrundlage verstanden, da diesbezüglich keine Einwände im Rahmen der Fokusgruppen-Interviews geäußert wurden.

Ergänzungen zum Gestaltungsansatz Agilität

Agilität verfolgt das Ziel der schnellen Ressourcenallokation und prozessualen Anpassung als Reaktion auf unvorhersehbare Supply Chain Störereignisse Upstream- und Downstream. Von den befragten Experten wird Agilität genau dann als sinnvolle *reaktive* Handlungsstrategie angesehen, wenn sowohl eine volatile Bedarfs- als auch Versorgungssituation vorliegen.[162] Genau wie der Erfolgsfaktor Flexibilität zeichnet sich das Verständnis von Agilität durch einen *reaktiven Anpassungsfähigkeitsaspekt* (reactive adaptability) im Sinne einer schnellen Ressourcenallokation bei unvorhersehbaren Störungen aus.[163] Damit kann Agilität aus Sicht der Experten als gegensätzlicher Gestaltungsansatz zur „Robustheit" angesehen werden, wobei die Experten keine Entweder-oder-Beziehung zwischen ihnen sehen, sondern eher einen graduellen Übergang, welcher durch die Ausprägungen der zugrunde liegenden Erfolgsfaktoren bestimmt wird.

---

[162] Vgl. hierzu Wieland und Wallenburg (2012, S. 887); Entscheidend hierbei ist, dass Agilität insbesondere im Umgang mit *unvorhersehbaren* Störereignissen als sinnvoller Gestaltungsansatz angesehen wird. Dies unterscheidet Agilität von Flexibilität, welche auch proaktive Maßnahmen, etwa zur Vorbereitung auf zu erwartende Störereignisse, beinhaltet; Vgl. hierzu insbesondere auch Kapitel 4.4.3.

[163] Ein derartiges Begriffsverständnis lässt sich durch die Ausführungen von Li et al. (2008) plausibilisieren.

Ergänzungen zum Gestaltungsansatz Robustheit

Ziel einer robusten Supply Chain ist es, während und in Folge einer Supply Chain Störung bis zu einem gewissen Grad leistungsfähig zu bleiben.[164] Im Gegensatz zum agilen Gestaltungsansatz verfolgt ein robuster Gestaltungsansatz eher den Aspekt des Aushaltens und kann daher auch als kapazitive Widerstandsfähigkeit bezeichnet werden.[165] Robustheit entspricht in diesem Sinne dem Konzept der *Angepasstheit*.

Aus Sicht der Experten lässt sich Robustheit vorwiegend über Redundanz erzeugen, beispielsweise durch redundante Systeme, Produktionskapazitäten und Transportkapazitäten. Etwaige Mehrkosten werden durch potenziell geringere Kosten zur Schadensbekämpfung im Störfall gerechtfertigt, lassen sich aus Sicht der Experten allerdings nur schwer messen. In der Praxis lässt sich ein ausschließlich robuster Gestaltungsansatz auf Basis hoher Bestände daher nur in Einzelfällen rechtfertigen: Robustheit wird von den Experten dann als sinnvoller Gestaltungsansatz einer Supply Chain angesehen, wenn sowohl von einer stabilen Bedarfssituation, als auch von einer stabilen Versorgungssituation ausgegangen werden kann – eine Gesamtsituation, in der *Angepasstheit* vorteilhaft gegenüber einer Strategie der r*eaktiven Anpassung* (i.S.v. Agilität) ist. Eine robuste Supply Chain ist aus Sicht der Experten auf vorhersehbare Störereignisse vorbereitet, eine agile Supply Chain hingegen auf Unvorhersehbares.

Ergänzungen zum Erfolgsfaktor Flexibilität

Grundsätzlich stimmen die Experten dem in Kapitel 4.4.3 vorgestellten Begriffsverständnis von Flexibilität zu, wonach Flexibilität die reaktive Anpassung an die Folgen von vorhersehbaren oder unvorhersehbaren Supply Chain Störereignissen beschreibt. Aus Sicht der Experten profitiert die Flexibilität einer Supply Chain dabei maßgeblich von hierarchieübergreifender Zusammenarbeit und gegenseiti-

---

[164] Vgl. hierzu Durach et al. (2015, S. 123), Vlajic et al. (2012), Wieland und Wallenburg (2012, S. 890), Klibi et al. (2010, S. 290) sowie Kouvelis et al. (2006, S. 452).

[165] Vgl. hierzu Kapitel 4.4.2, bzw. die Ausführungen von Ponnambalam et al. (2014, S. 8), Meepetchdee & Shah (2007) und Dekker & Colbert (2004).

gem Vertrauen. Insbesondere im Lieferantenmanagement sehen die Experten im Zeithorizont bis 2025 eine zunehmende Bedeutung des Erfolgsfaktors Zusammenarbeit und gleichzeitig ein aktuelles Handlungsfeld in der Unternehmenspraxis.

Darüber hinaus sind die Experten der Ansicht, dass die Fähigkeit zur Supply Chain Rekonfiguration genauso zur Flexibilität beiträgt, wie die Fähigkeit im Störfall kurzfristig schnelle Entscheidungen treffen zu können.

Ergänzungen zum Erfolgsfaktor Geschwindigkeit
Im Zusammenhang mit der schnellen Entscheidungsfindung sehen die Experten vorab definierte Notfallpläne als ein geeignetes Instrument an, um die Geschwindigkeit einer Supply Chain zu verbessern. Ebenso sind der aktive Abbau von Bürokratie und die Einführung flacher Hierarchien wichtige Schritte zur Steigerung der Geschwindigkeit. Im Vorfeld klar definierte Entscheidungswege tragen aus Sicht der Experten ebenso zu einer höheren Geschwindigkeit bei wie die Verfügbarkeit und Weitergabe von Informationen sowie transparente Prozessabläufe.

Ergänzungen zum Erfolgsfaktor definierte Notfallpläne
Im Zusammenhang mit definierten Notfallplänen wird es als wichtig erachtet, diese nicht nur im eigenen Unternehmen zu entwickeln und zu simulieren, sondern Handlungsoptionen gemeinsam mit Lieferanten und Distributionsdienstleistern zu erarbeiten und zu erproben.

Ergänzungen zum Erfolgsfaktor Zusammenarbeit
Zusammenarbeit wird von den Experten als ein zentraler Erfolgsfaktor, insbesondere im Hinblick auf eine langfristige Beziehung mit Dienstleistern und Lieferanten angesehen. Damit diese Zusammenarbeit gelingen kann, ist die kontinuierliche und geregelte Weitergabe von Informationen ein entscheidender Erfolgsfaktor.

5.3 Ergebnisse und Diskussion

„Die Herausforderung ist es, ohne großartige Hierarchien die Zusammenarbeit auch über Unternehmensgrenzen hinweg zu organisieren. Das geht zum Beispiel über Key-Accounts vor Ort bei den strategisch wichtigen Lieferanten."
(Aussage: Studienteilnehmer, Stuttgart, 29. Juni 2017)

In diesem Zusammenhang heben die Experten die Bedeutung von klar definierten Verantwortlichkeiten, Kompetenzen und Aufgaben sowie gemeinsam abgestimmten Zielvorgaben und Vereinbarungen zur gemeinschaftlichen Risikoübernahme hervor. Standards und klare Organisationsstrukturen erleichtern nach Einschätzung der Experten die Zusammenarbeit über Unternehmensgrenzen hinweg.

Regelmäßige Abstimmungen und kurze Kommunikationswege sind entscheidend für das intra- und interorganisationale Teilen von Wissen und somit für die Zusammenarbeit der am jeweiligen Prozess beteiligten Mitarbeiter aller Unternehmen entlang der Supply Chain. Es wird betont, dass insbesondere mit System- und sonstigen strategisch wichtigen Lieferanten eine enge Zusammenarbeit essenziell ist. Langfristige Partnerschaften werden von den Experten als Möglichkeit angesehen, die Flexibilität der Supply Chain zu erhöhen. Sie dienen dem Ausbau einer Vertrauensbasis und der Fähigkeit auch einmal „außerhalb der vertraglich vereinbarten Leistungen" (Aussage: Studienteilnehmer, Stuttgart, 29. Juni 2017) eine Lösung zu finden.

Ergänzungen zum Erfolgsfaktor Transparenz/ Sichtbarkeit von Informationen

Der Aspekt der Sichtbarkeit von Informationen beschreibt insbesondere die Verfügbarkeit von Informationen in einer nutzergerechten Form. Aus Sicht der Experten spielt dies insbesondere für die aktive Störungsbeseitigung eine wesentliche Rolle:

„Wenn sich meine Mitarbeiter die benötigten Informationen aufwendig aus irgendwelchen EDV-Systemen zusammensuchen müssen, vergeuden die [Mitarbeiter]ihre Zeit, die im Störfall ohnehin schon knapp ist. Irgendwo gibt es die

Information – aber niemand findet sie. In dem Fall haben wir auch nichts gekonnt. Informationen müssen verfügbar sein."
(Aussage: Studienteilnehmer, Stuttgart, 29. Juni 2017)

Neben der nutzerfreundlichen Verfügbarkeit von Informationen in unternehmenseigenen IT-Anwendungen wird darüber hinaus auch die Informationstransparenz gegenüber Partnern in der Supply Chain, insbesondere mit Blick auf die Risiken bis 2025, als zunehmend wichtig angesehen. Idealerweise wünschen sich die Experten für ihre Unternehmen IT-Lösungen, die die gesamte Supply Chain anschaulich visualisieren und Daten in Echtzeit erfassen sowie analysieren können.

Ergänzungen zum Erfolgsfaktor Echtzeit-Monitoring & Risikoanalyse
Eine kontinuierliche Überwachung der Supply Chain ist hilfreich, um Gefahren und Störereignisse unmittelbar erkennen und darauf reagieren zu können. Im Zuge der Informationsverarbeitung und -Analyse ergänzen die Experten, dass insbesondere Big Data-Ansätze vielversprechend sind, um die Daten aus der Supply Chain hinsichtlich prädiktiver Analysen zu verwerten. IT-Systeme sind zunehmend in der Lage, Störungen entlang der Supply Chain zu antizipieren und eine Art „prädiktive Disposition" zu ermöglichen. Dies ist eine vielversprechende Entwicklung, da Bestellparameter (Bestände, Reichweite, Wiederbeschaffungszeiten, etc.) in heutigen MRP-Systemen nicht immer die gewünschte Flexibilität ermöglichen, bzw. zu Fehlbeständen führen können. Für die physische Umsetzung eines dauerhaften Echtzeit-Monitorings können die Experten sich eine Art „Control Center" vorstellen. Gleichzeitig wird die Schwierigkeit zur Visualisierung von Supply Chain Netzwerkstrukturen und -systemen betont:

„In Sachen Visualisierung von Multi-Tier-Netzwerken sind viele Unternehmen noch nicht sehr weit fortgeschritten. Insbesondere mit Blick auf 2025 sind die Transparenz und das Wissen über die tatsächlichen Supply Chain Strukturen und Materialflüsse ein entscheidender Erfolgsfaktor, wenn man als Unternehmen

5.3 Ergebnisse und Diskussion

flexibel auf Störungen reagieren will."
(Aussage: Studienteilnehmer, Stuttgart, 29. Juni 2017)

Ergänzungen zum Erfolgsfaktor IT-Infrastruktur & IT-Sicherheit
Aus Sicht der Experten stellt die IT-Infrastruktur einen wesentlichen Erfolgsfaktor zur Informationsweitergabe zwischen Supply Chain Akteuren dar. Gleichzeitig ist ein Echtzeit-Monitoring von Supply Chain Strukturen und Prozessen ohne eine entsprechende IT-Infrastruktur nicht möglich. IT ist hierbei die Grundlage zur Schaffung einer transparenten Informationslage. Beispielsweise erlaubt der Einsatz von Big-Data-Technologien eine systematische Störungsursachen-Analyse zum Zwecke automatisierter und prädiktiver Handlungsempfehlungen.[166] Heutige Systemlandschaften zahlreicher Unternehmen als auch die informationstechnologischen Datenschnittstellen zu ihren Lieferanten weisen aus Sicht der Experten jedoch starken Modernisierungsbedarf auf. Gleichzeitig wird die Herausforderung aktueller Datenschutzbestimmungen adressiert: Nicht alle Warenbewegungen lassen sich heute problemlos aufzeichnen, ohne dabei möglicherweise die Datenschutzrechte von Personen zu verletzen.

Grundsätzlich sind sich die Experten einig, dass die Übernahme einer technologischen Vorreiter-Rolle eines Unternehmens sowie die stärkere Nutzung von Technologien im Tagesgeschäft positiv zur Informations-Transparenz und -Sicherheit beitragen. Moderne IT-Sicherheitsstandards sind aus Sicht der Experten ein kritischer Erfolgsfaktor für den erfolgreichen Umgang des bis 2025 zunehmenden Risikos durch Cyber-Attacken und Computerviren.[167]

Ergänzungen zum Erfolgsfaktor logistische Leistungsfähigkeit
„Die verfügbare Geschwindigkeit existierender Transportkanäle ist heutzutage und auch in den kommenden Jahren ein entscheidender Wettbewerbsfaktor für Unternehmen. Insbesondere, wenn heute Informationen schneller fließen können

---

[166] Diese Sichtweise lässt sich durch die Ausführungen von Schmidt (2016, S. 2) argumentativ belegen.
[167] Vgl. Kapitel 5.3.1.

als Materialien, kommt der Fähigkeit zum schnellen Materialhandling eine immer größere Bedeutung zu. Informationen müssen dabei natürlich als unterstützendes Mittel eingesetzt werden."

(Aussage: Studienteilnehmer, Stuttgart, 29. Juni 2017)

Dabei profitiert die operative logistische Leistungsfähigkeit aus Sicht der Experten von einer engen Zusammenarbeit zwischen Menschen, als auch zwischen Menschen und Robotern. Ebenso profitiert die logistische Leistungsfähigkeit einer Supply Chain von der Informationsweitergabe zwischen den beteiligten Akteuren. Dabei wird insbesondere die schnelle Abwicklung von inner- und außerbetrieblichen Warenbewegungen als Differenzierungsmerkmal hinsichtlich der logistischen Leistungsfähigkeit angesehen.

Ergänzungen zum Erfolgsfaktor Organisationskultur
Die Organisationskultur eines Unternehmens wird vorrangig durch die Werte und das Verhalten der Führungskräfte beeinflusst. Eine offene Kultur des gegenseitigen Helfens und des aktiven Austausches von Wissen trägt aus Sicht der Experten zu einer engeren Zusammenarbeit bei.
Kultur wird von den Experten als ganz wesentliches Element zur Gestaltung einer resilienten Supply Chain angesehen:

„Die besten Prozesse, Strategien und Ideen sind nutzlos, wenn die Belegschaft nicht zusammenhält."

(Aussage: Studienteilnehmer, Stuttgart, 29. Juni 2017)

Als ein konkretes Instrument zur Verbesserung der Organisationskultur sehen die Experten ein effektives internes Employer Branding sowie das vorbildhafte Verhalten der Führungskräfte an.

5.3 Ergebnisse und Diskussion

Ergänzungen zum Erfolgsfaktor Training & HR

Training und Personalentwicklung umfasst die Personalauswahl und Weiterbildung der Mitarbeiter. Ebenso sehen die Experten einen Zusammenhang zwischen der Personalentwicklung und der Führungskräfteentwicklung. Insbesondere das Thema IT-Kompetenz wird von den Experten als besonders relevant angesehen, um die richtigen Daten erfassen, verarbeiten, analysieren und richtig auswerten zu können. Die strategische Personalentwicklung bildet aus Sicht der Experten ein wichtiges Instrument, um insbesondere dem Risiko der knappen Verfügbarkeit qualifizierten Personals auf dem Arbeitsmarkt bis 2025 eigenständig entgegenzutreten. Ebenso wird ein positiver Zusammenhang zwischen der Personalentwicklung und der Organisationskultur gesehen.

Ergänzungen zum Erfolgsfaktor organisationales Lernen

Als fester Bestandteil der Unternehmensstrategie soll das Prinzip des stetigen „Organisationalen Lernens" aus Sicht der Experten zu einem umfassenden Trainingsangebot und zielgerichteten Personalentwicklungs-Maßnahmen beitragen.

Ergänzungen zum Erfolgsfaktor Beschaffungs-, Bedarfs- und Kapazitätsmanagement

Das Beschaffungsmanagement trägt direkt zur logistischen Leistungsfähigkeit einer Supply Chain bei (Tang, 2006a, S. 454f.). In diesem Zusammenhang zeigt sich für die Experten auch die Notwendigkeit zur Vereinfachung von Einkaufsprozessen: Muss im Notfall kurzfristig eine Luftfracht-Sendung beauftragt werden, sollte diese Beauftragung idealerweise direkt in einem Online-Portal des Unternehmens durch den Einkäufer getroffen werden können, ohne dass es vorab mehrerer Freigabeschleifen im mittleren und oberen Management bedarf, welche viel Zeit und im Zweifelsfall Geld kosten.

Organisatorisch sind meist der strategische und operative Einkauf für das Beschaffungsmanagement zuständig. In diesem Zusammenhang spielen insbesondere die Netzwerkstruktur, die Lieferantenbeziehungen, die Lieferantenauswahl- und Lieferanten-Auftragsvergabe-Prozesse eine entscheidende Rolle zur proaktiven Supply Chain Risikoreduktion.[168] Lieferantenverträge und Liefervereinbarungen sind so zu gestalten, dass im Störfall entsprechende Maßnahmen zur Schadensminimierung gemeinsam eingeleitet und umgesetzt werden können. Das Bedarfs- und Kapazitätsmanagement hingegen ist eine wesentliche Kompetenz eines Unternehmens, um realistische und verlässliche Aussagen über die Machbarkeit von Kundenaufträgen treffen und gleichzeitig eine stabile Abwicklung der Produktions- und Logistikprozesse gewährleisten zu können. Ebenso ist das Bedarfs- und Kapazitätsmanagement aus Sicht der Experten eine integrale Voraussetzung für ein erfolgreiches Lieferantenmanagement. Hierfür ist insbesondere eine fortschrittliche IT-Infrastruktur notwendig, um ein funktionierendes Bedarfs- und Kapazitätsmanagement unternehmensübergreifend zu ermöglichen.

Ergänzungen zum Erfolgsfaktor Lieferantenmanagement
Nach Ansicht der Experten trägt das Lieferantenmanagement sowohl zur Flexibilität als auch zur Redundanz[169] einer Supply Chain bei. Beispielsweise können Lieferanten redundante Kapazitäten vorhalten, um im Störfall entweder flexibel andere Produktionsaufträge vorzuziehen oder auf andere Fertigungsmaschinen umzuschwenken (flexible Reaktion). Auslastungsreserven (Redundanzen) können im Falle eines kurzfristigen Maschinenausfalls auf Lieferantenseite helfen, Rückstände im Produktionsprogramm später wieder aufzuholen. Sowohl durch die flexible Reaktion als auch durch redundante Strukturen lässt sich die Lieferfähigkeit gegenüber nachfragenden Unternehmen und Kunden sicherstellen. Derartige Kapazitätsabstimmungen sind im Rahmen des Lieferantenmanagements zwischen Hersteller und Zulieferer abzustimmen. Daher kann das Lieferantenmanagement aus Sicht der Experten als proaktiver Erfolgsfaktor zur Erhöhung der Flexibilität und Robustheit im Störfall und somit als wesentlicher Erfolgsfaktor zur Gestaltung einer resilienten Supply Chain angesehen werden.

---

[168] Diese Einschätzung der Experten lässt sich in ähnlicher Form argumentativ mit den Ausführungen von Tang (2006a) untermauern.
[169] Und somit indirekt zur Robustheit.

5.3 Ergebnisse und Diskussion

Ergänzungen zum Erfolgsfaktor Netzwerk-Design und Rekonfiguration
Footprint-Entscheidungen sind Grundlage für die Gestaltung kosteneffizienter Netzwerkstrukturen. Allerdings sollten geografische Standortentscheidungen aus Sicht der Experten ebenso Notfallszenarien berücksichtigen und die Schaffung redundanter Netzwerkstrukturen in Betracht ziehen.[170]

„Deswegen sage ich: zurück zur kurzen Lieferkette – sowohl physisch als auch informatorisch."
(Aussage: Studienteilnehmer, Stuttgart, 29. Juni 2017)

Auf diese Weise kann die strukturelle Grundlage geschaffen werden, im Störfall möglichst flexibel reagieren zu können (Flexibilität) sowie eine Störung über einen gewissen Zeitraum aushalten zu können (Robustheit). Die Experten sind daher der Ansicht, dass die Fähigkeit zur Supply Chain Rekonfiguration sowohl die Flexibilität als auch die Redundanz einer Supply Chain steigern kann.

Ergänzungen zum Erfolgsfaktor freie/ zusätzliche Produktionskapazitäten und Transportkapazitäten
Durch eine Austaktung unterhalb der Effizienz-Obergrenze, können freie Produktionskapazitäten genutzt werden, um im Störfall möglichst flexibel handeln zu können, aber auch Störfälle über einen längeren Zeitraum auszuhalten (Robustheit). Als Beispiel für zusätzliche Transportkapazitäten wird von den Experten die Verwendung von Bahnkesselwagen als „Lager auf der Schiene" genannt.

Ergänzungen zum Erfolgsfaktor Bestandsmanagement
Wenngleich Bestände durch einen unternehmensübergreifenden Ansatz dort in der Supply Chain positioniert werden können, wo sie benötigt werden, und sich auf diese Weise die Robustheit der Supply Chain erhöht, stellen Bestände aus

---

[170] Diese Einschätzung deckt sich mit den in Kapitel 4.4.3 formulierten Ausführungen zur Gestaltung effizienter Netzwerkstrukturen; vgl. ebenso Tang (2006a, S. 454f.).

Sicht der Experten nicht immer eine gute Wahl zur Erhöhung der Supply Chain Resilienz dar:

„Im Zweifelsfall hat man immer die falschen Materialien vor Ort."
(Aussage: Studienteilnehmerin, Charleston, 3. Juni 2017)

Eine derartige Bestandsstrategie, die das Ziel verfolgt, so wenig Bestände wie möglich, aber so viele Bestände wie nötig entlang der Supply vorzuhalten, sollte nach Einschätzung der Experten nur für kritische Teile gewählt und kontinuierlich überprüft werden.

5.3.3 Empirisch plausibilisierter Bezugsrahmen

Die Diskussionen der beiden Fokusgruppen-Interviews zeigten, dass sich die 24 beschriebenen Erfolgsfaktoren in 18 proaktive, drei reaktive und drei sowohl reaktive als auch proaktive Erfolgsfaktoren differenzieren lassen.

Tabelle 9: Proaktive und reaktive Erfolgsfaktoren

Ausprägung	Erfolgsfaktoren
Proaktiv (18)	Redundanz
	IT-Infrastruktur & IT-Sicherheit
	Definierte Notfallpläne
	Echtzeit-Monitoring & Risikoanalyse
	Logistische Leistungsfähigkeit
	Beschaffungs-, Bedarfs- & Kapazitätsmanagement
	Auftrags- & Restriktionsmanagement
	Lieferantenmanagement
	Multiple Sourcing
	Netzwerkdesign & Rekonfiguration
	Freie/ zusätzliche Produktionskapazitäten
	Freie/ zusätzliche Transportkapazitäten
	Bestandsmanagement
	Wissensweitergabe

5.3 Ergebnisse und Diskussion

Tabelle 9: Proaktive und reaktive Erfolgsfaktoren (Fortsetzung)

Ausprägung	Erfolgsfaktoren
Proaktiv (18)	Organisationskultur
	Leadership & Top-Management-Unterstützung
	Training & HR
	Organisationales Lernen
Reaktiv (3)	Reaktionsfähigkeit
	Geschwindigkeit
	Flexibilität
Proaktiv & reaktiv (3)	Transparenz/ Sichtbarkeit von Informationen
	Zusammenarbeit
	Informationsweitergabe

Die Unterscheidung zwischen reaktiven und proaktiven Erfolgsfaktoren ist in der Darstellung des empirisch evaluierten Bezugsrahmens in Abbildung 45 farblich berücksichtigt. Die präsentierten Inhalte zeigen die konsolidierten Ergebnisse nach Abschluss beider Fokusgruppen-Interviews. Der dargestellte Bezugsrahmen umfasst hierbei alle 24 Erfolgsfaktoren und deren Wirkbeziehungen, die von den Experten als relevant eingestuft wurden.

Grundsätzlich fällt auf, dass sich der ursprünglich konzeptionelle Bezugsrahmen[171] und der empirisch evaluierte Bezugsrahmen nur geringfügig voneinander unterscheiden. Tatsächlich wurden keine Kürzungen oder gegenläufige Meinungen zu den in Kapitel 4.4.2 präsentierten inhaltlichen Definitionen der identifizierten Erfolgsfaktoren vorgenommen. Aus Sicht der Experten sind die konzeptionellen Ergebnisse plausibel. Auf inhaltliche Ergänzungen wird im Folgenden näher eingegangen.

---

[171] Vgl. Abbildung 41 aus Seite 119.

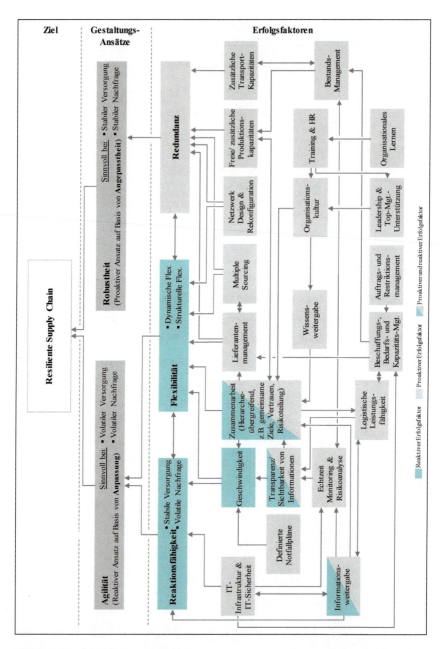

Abbildung 45: Plausibilisierter Bezugsrahmen

5.3.4 Limitierende Faktoren zur Gestaltung resilienter Supply Chains

Neben der Beantwortung der Frage, welche Erfolgsfaktoren in Zukunft für die Gestaltung resilienter Supply Chains relevant sind, stellt sich implizit die Frage, welche Faktoren der Gestaltung resilienter Supply Chain-Strukturen und -Prozesse entgegenlaufen. Die Diskussion über limitierende Faktoren knüpft hierbei an das Konzept der Supply Chain Verletzlichkeit (supply chain vulnerability) an.[172] Gemäß Pereira et al. (2014) ist die Verletzlichkeit eng geknüpft an den Grad der Risikoexposition einer Supply Chain, wobei sich eine inhaltliche und begriffliche Abgrenzung in der Literatur zuweilen als strittig erweist.[173]

Hinsichtlich einer detaillierten Betrachtung limitierender Faktoren für den Ausbau resilienter Supply Chains finden sich in der Literatur bislang nur wenige Untersuchungen (Mandal, 2014, S. 439). Häufig zitierte Arbeiten stammen von Blackhurst et al.(2011), Pettit et al. (2010) sowie Sheffi & Rice (2005).

Als Bezugsrahmen zur Einordnung der von den Experten genannten limitierenden Faktoren zur Gestaltung resilienter Supply Chains werden die von Pettit et al. (2010) vorgeschlagenen sieben Kategorien verwendet, da sie ein sinnvolles Maß an Diversifizierung der Faktoren bieten.[174] Tabelle 10 stellt die von Pettit et al. (2010) vorgeschlagenen Kategorien mit einer kurzen Beschreibung dar.

---

[172] Vgl. Kapitel 2.3.2 zur Verknüpfung der Konzepte Supply Chain Resilienz und Supply Chain Verletzlichkeit.

[173] Beispielsweise argumentieren Sheffi und Rice (2005, S. 41), dass sich die Supply Chain Verletzlichkeit durch eine Reduktion der Eintrittswahrscheinlichkeit von Supply Chain Risiken reduzieren lässt. Pereira et al (2014, S. 628) kritisieren hierbei, dass in der Definition keine unvorhersehbaren Störereignisse mit in Betracht bezogen werden und damit hinfällig sei; eine übersichtliche begriffliche Abgrenzung formulieren Pettit et al. (2010, S. 4) in Anlehnung an Svensson (2002), wonach sich Verletzlichkeit durch "unerwartete Abweichungen vom Soll-Zustand mit entsprechenden negativen Konsequenzen" definiert.

[174] Sheffi und Rice (2005, S.44) bieten beispielsweise nur zwei Kategorien zur Unterscheidung von Supply Chain Verletzlichkeits-Treibern und Blackhurst et al. (2011) lediglich drei.

Tabelle 10: Kategorien und Beschreibung von Supply Chain Verletzlichkeits-Treibern

Verletzlichkeit-Kategorie	Beschreibung
Katastrophen (turbulence)	Externe Umwelteinflüsse und Katastrophen, die nicht beeinflusst werden können
Vorsätzliche Bedrohungen (deliberate threats)	Absichtliche Angriffe auf organisatorische Betriebsabläufe mit Auswirkungen auf Mensch und/ oder Kapital
Externer Druck (external pressures)	Faktoren, die nicht direkt gegen ein Unternehmen gerichtet sind, aber wirtschaftliche Einschränkungen oder Hindernisse erzeugen
Begrenzte Ressourcen (resource limits)	Einschränkungen hinsichtlich der Verfügbarkeit der Produktionsfaktoren
Anfälligkeit (sensitivity)	Anfälligkeit der sorgfältig kontrollierten Bedingungen für Produkt- und Prozessintegrität
Vernetzungsgrad (connectivity)	Grad der Abhängigkeit gegenüber externen Partnern
Lieferanten-/ Kundenseitige Störereignisse (supplier/ customer disruptions)	Anfälligkeit der Lieferanten und Kunden gegenüber externen Störereignissen

(Pettit et al., 2010, S. 11)

Zukünftig limitierende Faktoren zur Gestaltung resilienter Supply Chains aus Expertensicht

Im Bereich der externen Umwelteinflüsse (Kategorie: Katastrophen) sehen die Experten vorwiegend ein gleichbleibend hohes Gefährdungspotenzial für Supply Chains durch Naturkatastrophen jeder Art. Ebenso sehen sie weiterhin eine konstante Gefahr durch internationale Terrorangriffe und politisch motivierte Kriege (Kategorie: vorsätzliche Bedrohungen), welche unvorhersehbare Auswirkungen auf die weltweiten Waren-, Informations- und Kapitalflüsse haben können.

5.3 Ergebnisse und Diskussion 189

Mit Blick auf den Zeithorizont 2025 nennen die Experten darüber hinaus die Unkenntnis über sich stetig verändernde rechtliche und politische Rahmenbedingungen (Kategorie: externer Druck) als limitierende Faktoren zur Gestaltung resilienter Supply Chains. Dadurch werden langfristige Investitionsentscheidungen zurückgehalten und strategische Projekte verzögert. Ferner stellen unklare rechtliche Rahmenbedingungen zum Datenschutz aus Sicht der Experten einen limitierenden Faktor für die Implementierung fortschrittlicher Technologien in der Unternehmenspraxis dar.

„Datenschutz kann zum Beispiel ein Hindernis sein, wenn etwa Lkw-Bewegungsdaten ausgelesen werden, denn dann kommt dies der Erfassung personenbezogener Daten des Fahrers gleich. Ebenso muss man bedenken, dass Echtzeit-Bewegungsdaten potenziell auch von Hackern ausgelesen werden können. Wenn ich zum Beispiel weiß, wo das iPhone gerade ausgeliefert wird, kann ich es als Dieb auch abfangen."
(Aussage: Studienteilnehmer, Stuttgart, 29. Juni 2017)

Im Bereich der Ressourcen (Kategorie: begrenzte Ressourcen) äußern die Experten Bedenken, dass sich die Verfügbarkeit qualifizierten Personals weiter zuspitzen wird. Sie erwarten einen zunehmend starken Wettbewerb um Talente und Professionals auf den zukünftigen Arbeitsmärkten bis 2025. Weiterhin werden kapazitive Ressourcenengpässe, sowohl auf Seiten der Zulieferer als auch auf Seiten der produzierenden Hersteller erwartet.

„Der demografische Wandel ist eine große Herausforderung für das Supply Chain Management. Wir haben ja überall Fachkräftemangel. Speziell in Westeuropa und den USA sind qualifizierte Arbeitskräfte immer schwieriger zu bekommen, insbesondere an Standorten, die nicht in Metropolregionen liegen."
(Aussage: Studienteilnehmer, Stuttgart, 29. Juni 2017)

Die zunehmende Variantenvielfalt und Produktkomplexität stellen aus Sicht der Experten zwei weitere limitierende Faktoren für den Ausbau resilienter Supply Chain Strukturen dar. Wie in Kapitel 4.4.3 bereits dargestellt wurde, steigt durch die zunehmende Komplexität der Planungs- und Steuerungsaufwand von Supply Chain Prozessen. Durch die Fortschritte in der 3D-Druck-Technologie könnte dieser Faktor teilweise abgeschwächt werden. Für die großindustrielle Anwendung erwarten die Experten bis 2025 zunächst jedoch eine Zuspitzung der Problematik.

Einen weiteren limitierenden Faktor beschreiben die Experten in Form von Informationsunsicherheiten seitens der Unternehmen über ihre eigenen Supply Chain Strukturen. Insbesondere mit Blick auf den Zeithorizont 2025 stellt Unwissen über die eigenen Waren-, Informations- und Kapitalflüsse ein Risiko sowohl für die unternehmensübergreifende Zusammenarbeit als auch für die Wettbewerbsfähigkeit der gesamten Supply Chain dar. Gleiches gilt in einigen Unternehmen für Compliance-Regelungen sowie für kartellrechtliche Rahmenbedingungen, welche aufgrund ihrer Bestimmungen hemmend auf die unternehmensübergreifende Zusammenarbeit zwischen den beteiligten Akteuren wirken können.

Letztlich bewerten die Experten kurzfristige und häufige Logistik-Dienstleisterwechsel (Lieferanten- und kundenseitige Störereignisse) als limitierenden Faktor zur Verbesserung der operativen logistischen Leistungsfähigkeit, sowohl auf Unternehmens- als auch auf Supply Chain-Ebene. Sie bewerten diesen Faktor langfristig als Hinderungsgrund für den so notwendigen Ausbau partnerschaftlicher Zusammenarbeitsmodelle zwischen den beteiligten Supply Chain Akteuren.

5.4 Evaluation und Handlungsempfehlungen

5.4.1 Zusammenfassung der empirischen Untersuchungsergebnisse

Ziel des fünften Kapitels war die empirische Plausibilisierung der in Kapitel 4.4 dargestellten, deduktiv ermittelten Erfolgsfaktoren zur Gestaltung resilienter Supply Chains sowie deren Wirkzusammenhänge. Hierfür wurden zwei Fokusgruppeninterviews durchgeführt.[175] Im Zuge der iterativen Durchführung der beiden Fokusgruppen-Interviews wurden insgesamt 13 strukturelle Ergänzungen am konzeptionellen Bezugsrahmen vorgenommen. Ebenso wurden detaillierte inhaltliche Ergänzungen zu den identifizierten zukünftigen Erfolgsfaktoren festgehalten (Kapitel 5.3.2). Schlussendlich wurden insgesamt 24 verschiedene Erfolgsfaktoren identifiziert und in proaktive und reaktive Erfolgsfaktoren unterteilt (Kapitel 5.3.3). Nach Einschätzung der Experten dienen die 24 Erfolgsfaktoren nicht nur dem Ausbau resilienter Supply Chains, sondern ebenso der Risikominimierung der im Zeithorizont bis 2025 untersuchten Supply Chain Risiken, welche in Kapitel 5.3.2 dargestellt sind.

Neben der Beantwortung der Frage, welche Erfolgsfaktoren in Zukunft für den Ausbau resilienter Supply Chains relevant sind, wurde die Frage beantwortet, welche limitierenden Faktoren den Ausbau resilienter Supply Chain Strukturen und Prozesse behindern (Kapitel 5.3.4).

Als weiterführendes Ergebnis der Fokusgruppen-Interviews wird im Folgenden zusätzlich ein vereinfachtes Managementmodell sowie Handlungsempfehlungen für die Unternehmenspraxis vorgestellt, um die Implementierung der zukünftigen Erfolgsfaktoren zur Gestaltung resilienter Supply Chains zu unterstützen.

---

[175] Inhalte zum Untersuchungskonzept, Auswahl der Erhebungsmethode sowie die Darstellung und Begründung des Studiendesigns und ihre Durchführung sind in den Kapitel 5.1 und 5.2 detailliert beschrieben.

5.4.2 Managementmodell und Handlungsempfehlungen

Das Managementmodell beinhaltet alle 24 zukünftigen Erfolgsfaktoren zur Gestaltung resilienter Supply Chains, wobei im Sinne einer besseren Lesbarkeit auf die Darstellung der Wirkzusammenhänge verzichtet wurde. Das Modell berücksichtigt, ebenso wie der plausibilisierte Bezugsrahmen, die drei Darstellungsebenen:

- Zielebene,
- Gestaltungsansatz-Ebene und
- Erfolgsfaktoren-Ebene.

Die Erfolgsfaktoren-Ebene ist hierbei noch einmal unterteilt in vier Sub-Level. Hierzu zählen das Strategie-Level, das Prozess-Level, das Unterstützungs-Level sowie das IT-Level. Die Diskussion und Unterteilung der Erfolgsfaktoren-Ebene erfolgte im Rahmen der sieben Einzeltelefonate im Nachgang der Fokusgruppen-Interviews mit den Experten.

Zusätzlich zum Managementmodell wurden einige Handlungsempfehlungen von den Experten für die Implementierung der identifizierten zukünftigen Erfolgsfaktoren zur Gestaltung resilienter Supply Chains genannt. Diese sind entsprechend der vier Level der Erfolgsfaktoren-Ebene im Managementmodell in Tabelle 11 zusammengefasst.

5.4 Evaluation und Handlungsempfehlungen 193

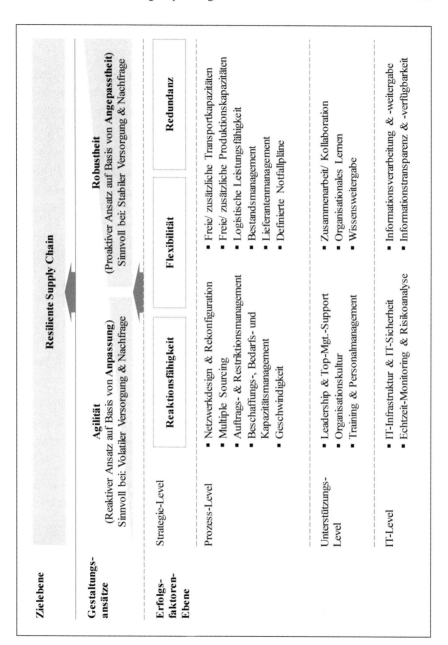

Abbildung 46: Managementmodell zur Gestaltung resilienter Supply Chains

Tabelle 11: Handlungsempfehlungen für die Praxis

Level	Handlungsempfehlungen
Strategisch	• Bildung von Organisationsstrukturen, die über Unternehmensgrenzen hinaus so gestaltet werden, dass eine aufbau- und ablauforganisatorische Zusammenarbeit zwischen den beteiligten Akteuren leichter möglich ist
	• Einführung eines funktionsübergreifenden, vollkostenbasierten Kennzahlensystems zur Erfolgsmessung, statt der Verfolgung kurzfristiger ROI -Vorgaben von wenigen Jahren
	• Klare Definition einer durchgängigen Supply Chain Strategie, die zum Produktportfolio passt
Prozess	• Etablierung szenariobasierter Risikoanalysen auf Supply Chain-Ebene
	• Gemeinsame Entwicklung und Simulation von definierten Notfallplänen mit Lieferanten und Distributionsdienstleistern
	• Planung und Steuerung der eigenen Supply Chains als Kernkompetenz begreifen und prozessual implementieren, insbesondere das Beschaffungs-, Bedarfs- und Kapazitätsmanagement
	• Verzicht auf Zentralisierung; stattdessen Schaffen von dezentralen Strukturen durch Segmentierung und Regionalisierung der Supply Chain
Unterstützend	• Schaffung einer Organisationskultur die ein Klima der Zusammenarbeit fördert
	• Verbesserung der Zusammenarbeit mit Supply Chain Partnern
	• Investitionen in die Personalentwicklung und -qualifizierung

5.4 Evaluation und Handlungsempfehlungen

Tabelle 11: Handlungsempfehlungen für die Praxis (Fortsetzung)

Betrachtungs-Level	Handlungsempfehlungen
IT	- Investitionen in IT-Infrastrukturen und IT-Sicherheit - Aufbau eines echtzeitnahen Supply Chain Monitorings - Automatisierung des unternehmensübergreifenden Datenaustausches zur schnelleren Informationsverarbeitung und Entscheidungsfindung

Die Handlungsempfehlungen erheben hierbei keinen Anspruch auf Vollständigkeit. Vielmehr stellen sie einen Ansatz dar, um die Umsetzung der zukünftigen Erfolgsfaktoren zur Gestaltung resilienter Supply Chains, in Kombination mit dem vorgestellten Managementmodell, in der Unternehmenspraxis zu erleichtern.

6 Zusammenfassung und Ausblick

Primäres Ziel der vorliegenden Arbeit ist die Ermittlung zukünftiger Erfolgsfaktoren zur Gestaltung resilienter Supply Chains sowie die Ermittlung derer wesentlichen Wirkzusammenhänge. Zu diesem Zweck wurde die wissenschaftliche Supply Chain Resilienz-Forschungslandschaft qualitativ und quantitativ analysiert und umfassend aufbereitet.[176] Die wissenschaftstheoretische Herangehensweise der Arbeit basiert dabei auf einer evolutionären Perspektive auf das Supply Chain Management sowie einem unionistischen Denkansatz.[177]

Das Kapitel 6.1 fasst die Ergebnisse der vorliegenden Arbeit zusammen und beantwortet die drei Forschungsfragen. In Kapitel 6.2 werden die Implikationen für Praxis und Wissenschaft sowie zukünftige Forschungsbedarfe aufgezeigt.

6.1 Zusammenfassung

6.1.1 Beantwortung der ersten Forschungsfrage
FF 1: Welche Theorien, Forschungsperspektiven und -schwerpunkte liegen dem aktuellen Forschungsprozess zur Supply Chain Resilienz zugrunde?

Die präsentierten Forschungsergebnisse zeichnen ein stark diversifiziertes Bild der aktuellen wissenschaftlichen Supply Chain Resilienz-Forschungslandschaft. Zunächst ist zu bemerken, dass mit der steigenden Anzahl an Veröffentlichungen in den letzten Jahren auch die Anwendungsvielfalt verschiedener wissenschaftlicher Theorien stark zugenommen hat.[178] Werden zu

---
[176] Vgl. Kapitel 3.
[177] Vgl. Kapitel 1.4.1 zum wissenschaftstheoretischen Ansatz der vorliegenden Arbeit.
[178] Vgl. Kapitel 3.2.3.

© Springer Fachmedien Wiesbaden GmbH, ein Teil von Springer Nature 2018
L. Biedermann, *Supply Chain Resilienz*, https://doi.org/10.1007/978-3-658-23516-1_6

Grunde liegende Theorien als Differenzierungsmerkmal genutzt, können entlang der 180 untersuchten Publikationen insgesamt zehn spezifische Forschungsperspektiven definiert und voneinander abgegrenzt werden.[179] Durch die quantitative Gegenüberstellung der zehn Forschungsperspektiven und der Anwendungshäufigkeit der identifizierten Theorien schafft diese Arbeit eine Übersicht über die aktuelle wissenschaftliche Forschungslandschaft und macht Forschungsschwerpunkte sichtbar. Hierbei bildet der Systemansatz auf Basis der System-, Komplexitäts- und Chaostheorien (u.a.) den am stärksten repräsentierten Forschungsschwerpunkt im Supply Chain Resilienz-Forschungsbereich, gefolgt vom logistisch beziehungsweise Transport- und Netzwerkmanagement getriebenen Forschungszugang auf Basis der Netzwerktheorie, Graphentheorie und kollaborativen Kontrolltheorie. Den drittgrößten Forschungsschwerpunkt stellt der sozialwissenschaftlich geprägte Relational Governance-Ansatz dar, welcher vorwiegend auf der Entscheidungstheorie, Sozialkapital-Theorie, Grounded Theory und Relational View basiert.

Strategisch-organisationstheoretische Aspekte sowie Forschungsansätze aus dem Bereich Operations Management, beispielsweise aus dem Lean Management, spielen aktuell eine zweitrangige Rolle im Forschungsbereich Supply Chain Resilienz. Forschungsergebnisse aus den Bereichen Desastermanagement, Lieferantenauswahl und -management, Ökologie und Psychologie können im Zuge des aktuellen Theoriebildungsprozesses als zahlenmäßig gering ausgeprägte, jedoch als innovative und vielversprechende Forschungsansätze betrachtet werden.[180] Die Darstellung der Forschungsschwerpunkte und ihrer theoretischen Bezugsgrundlagen kann als Hilfe zur Strukturierung zukünftiger Forschungsvorhaben dienen und so einen Beitrag zum Theoriebildungsprozess im Bereich Supply Chain Resilienz leisten.

Die zusätzlich durchgeführte bibliometrische Analyse der Supply Chain Resilienz-Forschungslandschaft ergänzt die Ergebnisse der inhaltlichen Literaturanalyse durch die Ermittlung der am häufigsten zitierten Autoren und wissenschaftli-

---

[179] Vgl. Kapitel 3.2.4.
[180] Vgl. Kapitel 3.2.5.

6.1 Zusammenfassung   199

chen Journals sowie inhaltlicher Forschungscluster zu übergeordneten Forschungszugängen im Bereich Supply Chain Resilienz. In diesem Zusammenhang können die vier Forschungszugänge „Supply Chain Risiko- und Desastermanagement" (Cluster 1), Resilienz in Supply Chains (Cluster 2), „Rekonfiguration, Entscheidungs- und Bewertungsmodelle" (Cluster 3) sowie „Supply Chain Verletzlichkeit" (Cluster 4) differenziert werden. Weitere Forschungsbemühungen sind notwendig, um die hier identifizierten Forschungscluster näher zu untersuchen.

6.1.2 Beantwortung der zweiten Forschungsfrage

FF 2: Was sind zukünftige Erfolgsfaktoren zur Gestaltung resilienter Supply Chains?

Der im zweiten Teil der Arbeit (Kapitel 4) entwickelte konzeptionelle Bezugsrahmen präsentiert zukünftige Erfolgsfaktoren zur Gestaltung resilienter Supply Chains und verknüpft diese anhand ihrer Wirkzusammenhänge in einem logischen Ordnungsrahmen. Hierbei setzt der Bezugsrahmen auf den gewonnenen Erkenntnissen der inhaltskritischen Literaturanalyse auf (Kapitel 3). Zusätzlich werden 13 existierenden Bezugsrahmen zur Supply Chain Resilienz inhaltlich analysiert und identifizierte Forschungslücken im Zuge der Entwicklung des konzeptionellen Bezugsrahmens berücksichtigt. In Kapitel 4.4.3 werden alle Erfolgsfaktoren detailliert differenziert und existierende Wirkzusammenhänge erläutert.

Durch seine inhaltliche Fülle stellt der konzeptionelle Bezugsrahmen ein provisorisches Erklärungsmodell und damit die Grundlage für die empirische Untersuchung dar, welche in Kapitel 5 ausführlich beschrieben wird. Im Rahmen von zwei iterativ durchgeführten Fokusgruppen-Interviews wurde der deduktiv erarbeitete, konzeptionelle Bezugsrahmen empirisch plausibilisiert und ergänzt. Zur Einhaltung wissenschaftlicher Forschungsstandards dienten die Gütekriterien zur Validität, Reliabilität und Objektivität. Darüber hinaus wurde auf die argumentative Interpretationsabsicherung, Regelgeleitetheit, Verfahrensdokumentation sowie auf eine kommunikative Validierung der qualitativen Untersuchungsergebnisse Wert gelegt.[181]

Durch das iterative Vorgehen konnten abschließend 24 zukünftige Erfolgsfaktoren zur Gestaltung resilienter Supply Chains identifiziert werden. Hierzu zählen: Reaktionsfähigkeit, Flexibilität, Redundanz, Netzwerkdesign & Rekonfiguration, Multiple Sourcing, Auftrags- & Restriktionsmanagement, Beschaffungs-, Bedarfs- und Kapazitätsmanagement, Geschwindigkeit, freie/ zusätzliche Transportkapazitäten, freie/ zusätzliche Produktionskapazitäten, logistische Leistungsfähigkeit, Bestandsmanagement, Lieferantenmanagement, definierte Notfallpläne, Leadership & Top-Management-Unterstützung, Organisationskultur, Training & Personalmanagement, Zusammenarbeit/ Kollaboration, organisationales Lernen, Wissensweitergabe, IT-Infrastruktur & IT-Sicherheit, Echtzeit-Monitoring und Risikoanalyse, Informationsverarbeitung & -weitergabe sowie Informationstransparenz und -verfügbarkeit.

Die Ergebnisse der empirischen Untersuchung zeigen, dass sich die 24 beschriebenen Erfolgsfaktoren in 18 proaktive, drei reaktive und drei sowohl reaktive als auch proaktive Erfolgsfaktoren differenzieren lassen.[182] Nach Einschätzung der Experten dienen die 24 Erfolgsfaktoren damit insbesondere der Risikominimierung der im Zeithorizont bis 2025 identifizierten Supply Chain Risiken.

6.1.3 Beantwortung der dritten Forschungsfrage

FF 3: Wie hängen die zukünftigen Erfolgsfaktoren zur Gestaltung resilienter Supply Chains zusammen?

Die Ergebnisse der vorliegenden Arbeit zeigen, dass sich entlang der 24 identifizierten zukünftigen Erfolgsfaktoren zur Gestaltung resilienter Supply Chains 53 inhaltliche Verknüpfungen und gegenseitige Wirkzusammenhänge finden lassen. Der in Kapitel 5.3.3 abschließend dargestellte Bezugsrahmen bildet diese Wirkzusammenhänge ab. Hierbei zeigt sich, dass sich die Wirkrichtungen der

---

[181] Vgl. Kapitel 5.2.4.
[182] Vgl. Kapitel 5.4.1.

6.1 Zusammenfassung

Erfolgsfaktoren in zwei übergeordneten Gestaltungsansätzen, *Agilität* und *Robustheit*, zusammenführen lassen.[183]

Agilität wird in diesem Zusammenhang als *reaktive* Handlungsstrategie charakterisiert, um sowohl auf volatile Bedarfs- als auch auf volatile Versorgungssituationen reagieren zu können. Agilität zeichnet sich durch den Aspekt der *reaktiven Anpassungsfähigkeit* (reactive adaptability) im Sinne einer schnellen Ressourcenallokation zur Bewältigung unvorhersehbarer Störereignisse aus. Eine robuste Handlungsstrategie hingegen verfolgt *proaktiv* das Ziel während und in Folge einer Supply Chain-Störung bis zu einem gewissen Grad leistungsfähig zu bleiben. Robustheit entspricht dem Konzept der *Angepasstheit* und kann daher auch als kapazitive Widerstandsfähigkeit einer Supply Chain bezeichnet werden.[184]

Die Ergebnisse dieser Arbeit legen nahe, dass ein Mix aus agilen und robusten Handlungsstrategien zur Gestaltung resilienter Supply Chains notwendig ist. Hierbei können Maßnahmen zur Erhöhung der Flexibilität und der Reaktionsfähigkeit zur Steigerung der Agilität einer Supply Chain beitragen, während Redundanz als wesentlicher Erfolgsfaktor für die Gestaltung von Robustheit angesehen werden kann.

Aus Sicht der befragten Experten sind die Handlungsstrategien Agilität und Robustheit komplementär zueinander, was sich an existierenden Mischformen in der Unternehmenspraxis beobachten lässt. In diesem Zusammenhang sind in dieser Arbeit konkrete Handlungsempfehlungen formuliert worden, die die Übertragbarkeit von Forschungsergebnissen in die Unternehmenspraxis erleichtern sollen.[185]

Weitere Forschungsbemühungen sind erforderlich, um die Ergebnisse dieser Arbeit zu erhärten. Gleichzeitig eröffnen sie Handlungsmöglichkeiten für die unternehmerische Praxis. Auf diese Aspekte wird im Folgenden eingegangen.

---

[183] Vgl. Kapitel 4.4.2.
[184] Vgl. Kapitel 4.4.2, bzw. die Ausführungen von Ponnambalam et al. (2014, S. 8), Meepetchdee & Shah (2007) und Dekker & Colbert (2004).
[185] Vgl. Kapitel 5.4.2.

6.2 Ausblick

6.2.1 Implikationen

Die Ergebnisse dieser Arbeit zeichnen ein Bild einer Supply Chain als eine organisationale Einheit, die entweder agiert oder reagiert und dadurch eine Leistung (Output) erzeugt.[186] Ähnlich beschreibt Gattorna (2015, S. 3ff.) in seinem Buch „Dynamic Supply Chains" eine Supply Chain als „lebenden Organismus". Das zugrunde liegende Konzept der „dynamischen Anpassung" (*dynamic alignment*) ist bezeichnend für einen Paradigmenwechsel von einer statischen Supply Chain-Denkweise hin zu einem dynamischen, multidimensional vernetzten Begriffsverständnis, wie er sich aktuell auch im wissenschaftlichen Diskurs zur Supply Chain Resilienz wiederfindet.

Die Untersuchungsergebnisse verdeutlichen die Vielfalt an theoretischen Herangehensweisen, Methoden und Forschungsperspektiven im aktuellen Forschungsfeld Supply Chain Resilienz. Dies erschwert insbesondere die Übertragbarkeit von Forschungsergebnissen in die Unternehmenspraxis und stellt eines der wesentlichen Handlungsfelder dar.[187]

Der entwickelte Bezugsrahmen sowie das vereinfachte Managementmodell bieten Ansätze, um dieser Herausforderung zu begegnen. Die formulierten Handlungsempfehlungen zur Implementierung von Erfolgsfaktoren sind in die vier verschiedenen Level Strategie, Prozess, Unterstützung und IT unterteilt.[188] Auf diese Weise sollen die Arbeitsergebnisse einen Mehrwert für Unternehmen liefern, neue Ansätze, Methoden und Vorgehensweisen zur Gestaltung resilienter Supply Chains entwickeln zu können.

---

[186] Ein derartiges Begriffsverständnis einer Supply Chain wird in Kapitel 2.1.1 ausführlich erläutert.
[187] Ähnliche Herausforderungen zur Übertragbarkeit von Forschungsergebnissen aus dem Supply Chain Management in die Praxis sehen Grimm et al. (2015, S. 56).
[188] Vgl. Kapitel 5.4.2.

6.2.2 Zukünftige Forschungsbedarfe

Die Betrachtung einer Supply Chain als dynamische und komplexe Struktur erfordert weiterführende Forschungsansätze. Als konkretes Forschungspotenzial werden diesbezüglich die Untersuchung der in dieser Arbeit präsentierten Erfolgsfaktoren und ihr jeweiliger Phasenbezug zur Störungsbeseitigung (Bereitschaft, Reaktion, Erholung, Wachstum) gesehen. Konkret stellen sich die Fragen, welche Erfolgsfaktoren in welcher Phase entscheidend und in welcher der vier Phasen eher vernachlässigbar sind. Ebenso ist zu prüfen, inwieweit die Wirksamkeit der Erfolgsfaktoren vom jeweiligen Systemzustand der Supply Chain oder von der Störungsreichweite abhängig ist.

Darüber hinaus ist die Untersuchung der Umsetzbarkeit der identifizierten zukünftigen Erfolgsfaktoren erforderlich. Hierfür würde sich ein fallstudienbezogener, induktiver Forschungsansatz anbieten. Ein möglicher Untersuchungsrahmen könnte Industrieunternehmen in verschiedenen Supply Chain Positionen (Zulieferer, OEM, Distributor) berücksichtigen. Insbesondere verspricht eine Analyse kontextbezogener Probleme bei der Implementierung der Erfolgsfaktoren in der Unternehmenspraxis wertvolle Erkenntnisgewinne.

Gleichzeitig stellt die Kontextabhängigkeit eine wesentliche Herausforderung dar, da sie die Messung direkter Ursache-Wirkungs-Beziehungen, im Sinne eines hypothetischen Konstruktes, zusätzlich erschwert. Es stellt sich die grundsätzliche Frage, anhand welcher Kennzahlen die Wirksamkeit der identifizierten Erfolgsfaktoren in der unternehmerischen Praxis gemessen werden kann.

Des Weiteren erscheint eine Untersuchung der limitierenden Faktoren zur Gestaltung resilienter Supply Chains vielversprechend. Kapitel 5.3.4 fasst hierfür erste Indikatoren zusammen. In der wissenschaftlichen Literatur existieren hierzu, bis auf die Veröffentlichungen von Blackhurst et al. (2005), Pettit et al. (2010) sowie Sheffi & Rice (2005), keine konkreten Untersuchungsergebnisse.

Abschließend bleibt festzuhalten, dass im Bereich der wissenschaftlichen Grundlagenarbeit weitere Forschungsanstrengungen erforderlich sind, um die im Rahmen dieser Arbeit identifizierten Forschungsschwerpunkte, -perspektiven und -cluster näher zu untersuchen. Beispielsweise könnten weitere bibliometrische

Analysen ein konkreteres Bild der aktuellen Literatur-Landschaft im Sinne von Zitations- und Kozitationsnetzwerken zeichnen. Diese Transparenz kann helfen, weitere Erkenntnisse über Denkschulen zu erhalten und prägende Autoren und Autoren-Netzwerke im noch jungen Supply Chain Resilienz-Forschungsbereich zu identifizieren. Ein weiterer Forschungsbedarf besteht in der Überprüfung der zehn identifizierten spezifischen Forschungsperspektiven zur Supply Chain Resilienz, wie sie in Kapitel 3.2.4 dargestellt sind.

Literaturverzeichnis

Agarwal, A., Shankar, R., & Tiwari, M. (2007). Modeling agility of supply chain. *Industrial Marketing Management, 36*(4), 443-457.

Albert, R., & Barabási, A.-L. (2002). Statistical mechanics of complex networks. *Review of Modern Physics, 74*(1), 47-97.

Alexander, A., Walker, H., & Naim, M. (2014). Decision theory in sustainable supply chain management: a literature review. *Supply Chain Management: An International Journal, 19*(5/6), 504-522.

Ambulkar, S., Blackhurst, J., & Grawe, S. (2015). Firm's resilience to supply chain disruptions: Scale developmentand empirical examination. *Journal of Operations Management, 33*(34), 111-122.

Andreoni, V., & Miola, A. (2015). Climate change and supply-chain vulnerability: Methodologies for resilience and impacts quantification. *International Journal of Emergency Services, 4*(1), 6-26.

Annarelli, A., & Nonino, F. (2016). Strategic and operational management of organizational resilience: Current state of research and future directions. *Omega, 62*(1), 1-18.

APICS Supply Chain Council. (2017). *Supply Chain Council - Managing Supply Chains Best.* Abgerufen am 9. Juni 2017 von www.supply-chain.org

Arlbjørn, J. S., & Halldórsson, Á. (2002). Logistics Knowledge creation: reflections on content, context and processes. *International Journal of Physical Distribution & Logistics Management, 32*(1), 22-40.

Artsiomchyk, Y., & Zhivitskaya, H. (2013). Designing Supply Chain with Robustness Analysis. *7th IFAC Conference on Manufacturing Modelling, Management, and Control* (S. 1614-1619). Saint Petersburg, Russia: International Federation of Automatic Control (IFAC).

Asbjørnslett, B. (2009). Assessing the vulnerability of supply chains. In G. Zsidisin, & B. Ritchie, *Supply Chain Risk* (S. 15-33). Berlin Heidelberg New York: Springer Verlag.

Atteslander, P., Cromm, J., Grabow, B., Klein, H., Maurer, A., & Siegert, G. (2010). *Methoden der empirischen Sozialforschung* (13. Ausg.). Berlin: Erich Schmidt Verlag.

Atwater, C., Gopalan, R., Lancioni, R., & Hunt, J. (2010). To change or not to change: how motor carriers responded following 9/11. *Journal of Business Logistics, 31*(2), 129-155.

Auto Zeitung. (31. März 2017). *Autozeitung*. Abgerufen am 24. August 2017 von http://www.autozeitung.de/mercedes-rueckruf-181809.html#

Autry, C., & Bobbitt, L. (2008). Supply chain security orientation: conceptual development and a proposed framework. *The International Journal of Logistics Management, 19*(1), 42-64.

Azadeh, A., Atrchin, N., Salehi, V., & Shojaei, H. (2014). Modelling and improvement of supply chain with imprecise transportation delays and resilience factors. *International Journal of Logistics Research and Applications, 17*(4), 269-282.

Azevedo, S., Carvalho, H., & Cruz-Machado, V. (2016). LARG index: A benchmarking tool for improving the leanness, agility, resilience and greenness of the automotive supply chain. *Benchmarking: An International Journal, 23*(6), 1472-1499.

Azevedo, S., Govindan, K., Carvalho, H., & Cruz-Machado, V. (2013). Ecosilient Index to assess the greenness and resilience of the upstream automotive supply chain. *Journal of Cleaner Production, 56*, 131-146.

Backhaus, H.-G. (2006). *Dialektik der Wertform. Untersuchungen zur Marxschen Ökonomiekritik* (2. Ausg.). Freiburg: ça ira-Verlag.

Badinelli, R. (2000). An optimal, dynamic policy for hotel yield management. *European Journal of Operations Research, 121*(1), 476-503.

Bahke, A. (2013). *Outsourcing von Kontraktdienstleistungen - Probleme der Implementierung und ihre Ursachen.* Vallendar: Stiftung WHU.

Bakshi, N., & Kleindorfer, P. (2009). Co-opetition and Investment for Supply-Chain Resilience. *Production and Operations Management, 18*(6), 583-603.

Bales, R., Maull, R., & Radnor, Z. (2004). The development of supply chain management within the aerospace manufactoring sector. *Supply Chain Management: An International Journal, 9*(3), 250-255.

Ballou, R. H. (2007). The evolution and future of logistics and supply chain management. *European Business Review, 19*(4), 332 - 348.

Bamberger, P., & Pratt, M. (2010). Moving foreward by looking back: reclaiming unconventional research contexts and samples in organizational scholarships. *Academy of Management Journal, 53*(4), 665-671.

Baramichai, M., Zimmers, E. J., & Marangos, C. (2007). Agile supply chain transformation matrix: an integrated tool for creating an agile enterprise. *Supply Chain Management: An International Journal, 12*(5), 334-348.

Barratt, M., & Oke, A. (2007). Antecedents of supply chain visibility in retail supply chains: a resource-based theory perspective. *Journal of Operations Management, 25*(6), 1217-1233.

Barroso, A. P., Machado, V. H., & Cruz Machado, V. (2008). A Supply Chain Disturbances Classification. *IEEE International Conference on Industrial Engineering and Engineering Management* (S. 1870-1874). Singapur: IEEE Engineering Management Society.

Barroso, A., Machado, V., & Cruz Machado, V. (2011a). Supply Chain Resilience Using the Mapping Approach. In L. Pengzhong, *Supply Chain Management* (S. 161-184). InTech. Abgerufen am 27. Oktober 2016 von http://www.intechopen.com/books/supply-chain-management/supply-chain-resilience-using-the-mapping-approach

Barroso, A., Machado, V., & Cruz Machado, V. (2011b). The Resilience Paradigm in the Supply Chain Management: A Case Study. *2011 IEEE*

International Conference on Industrial Engineering and Engineering Management (IEEM) (S. 928-932). Singapur, Singapur: IEEE.

Barroso, A., Machado, V., Barros, A., & Cruz Machado, V. (2010). Toward a Resilient Supply Chain with Supply Disturbances. *Proceedings of the 2010 IEEE* (S. 245-249). Singapur: IEEE.

Barry, J. (2004). Supply chain risk in an uncertain global supply chain environment. *International Journal of Physical Distribution & Logistics Management, 34*(9), 695-697.

Basel Committee on Banking Supervision. (2004). *International Convergence of Capital Measurement and Capital Standards.* Basel, Schweiz: Bank for International Settlements.

Bechtel, C., & Jayaram, J. (1997). Supply Chain Management. A Strategic Perspective. *The International Journal of Logistics Management, 1997*(1), 15-34.

Berle, Ø., Asbjørnslett, B., & Rice, J. (2011). Formal Vulnerability Assessment of a maritime transportation system. *Reliability Engineering and System Safety, 96*, 696-705.

Berle, Ø., Norstad, I., & Asbjørnslett, B. (2013). Optimization, risk assessment and resilience in LNG transportation systems. *Supply Chain Management: An International Journal, 18*(3), 253-264.

Bernardes, E., & Hanna, M. (2009). A theoretical review of flexibility, agility and responsiveness in the operations management literature: toward a conceptual definition of customer responsiveness. *International Journal of Operations & Production Management, 29*(1), 30-53.

Bertalanffy, L. (1965). General Systems Theory. *General Systems: Yearbook of the Society for the Advancement of General Systems Research, 1*, 1-10.

Bhamra, R., Dani, S., & Burnard, K. (15. 09 2011). Resilience: the concept, a literature review and future directions. *International Journal of Production Research, 49*(18), 5375-5393.

Binder, C. (2006). *Die Entwicklung des Controlling als Teildisziplin der Betriebswirtschaftslehre - Eine explorativ-deskriptive Untersuchung.* Wiesbaden: Deutscher Universitätsverlag.

Birkie, S. E. (2016). Operational resilience and lean: in search of synergies and trade-offs. *Journal of Manufacturing Technology Management, 27*(2), 185-207.

Bitran, G., & Gilbert, S. (1996). Managing hotel reservations with uncertain arrivals. *Operations Research, 44*(1), 35-49.

Black, S. (2001). Computing ripple effect for software maintenance. *Journal of Software Maintenance and Evolution: Research and Practice, 13*(4), 263-279.

Blackhurst, J., Craighead, C., Elkins, D., & Handfield, R. (2005). An empirically derived agenda of critical research issues for managing supply-chain disruptions. *International Journal of Production Research, 43*(19), 4067-4081.

Blackhurst, J., Kaitlin, S., & Graighead, C. (2011). An empirically derived framework of global supply resiliency. *Journal of Business Logistics, 32*(4), 374-391.

Blecken, A. (2010). Supply chain process modelling for humanitarian organizations. *International Journal of Physical Distribution & Logistics Management, 40*(8), 675-692.

Böcker, F., & Dichtl, E. (1975). *Erfolgskontrolle im Marketing* (1. Ausg.). Berlin: Duncker & Humblot Verlag.

Bogataj, D., Aver, B., & Bogataj, M. (2016). Supply chain risk at simultaneous robust perturbations. *International Journal of Production Economics, 181*(Part A), 68-78.

Borgatti, S., & Li, X. (2009). On social network analysis in a supply chain context. *Journal of Supply Chain Management, 45*(2), 5-22.

Borge, D. (2001). *The Book of Risk.* New York: John Wiley & Sons.

Bornmann, L., & Daniel, H.-D. (2008). What do citation counts measure? A review of studies on citing behavior. *Journal of Documentation, 64*(1), 45-80.

Bortz, J., & Döring, N. (2009). *Forschungsmethoden und Evaluation – Für Human- und Sozialwissenschaftler* (4. überarbeitete Auflage Ausg.). Heidelberg: Springer Verlag.

Bothe, K. (1989). *Strategic Supply Chain. A Blueprint for revitalising the manufacturer-supplier-partnership* (1. Ausg.). Amacon Verlag.

Boyer, E. (1990). *Scholarship Reconsidered: Priorities of the Professoriate.* Princeton, NJ, USA: Carnegie Foundation for the Advancement of Teaching.

Boynton, A., & Zmund, R. (1984). An assessment of critical success factors. *Sloan Management Review, 25*(4), 17-27.

Brandon-Jones, E., Squire, B., Autry, C., & Petersen, K. (2014). A Contingent Resource-Based Perspective of Supply Chain Resilience and Robustness. *Journal of Supply Chain Management, 50*(3), 55-73.

Braun, D. (2012). *Von welchen Supply-Chain-Management-Maßnahmen profitieren Automobilzulieferer?* (1. Ausg.). Wiesbaden: Gabler Verlag.

Braun, M. (2016). Netzwerkplanung in der Inbound-Logistik - Innovationen für das Materialstrommanagement. *AKJ 2016 - Internationales Forum für Logistik und Produktionsmanagement* (S. 1-22). Saarbrücken: AKJ Automotive.

Braunscheidel, M., & Suresh, N. (2009). The organizational antecedents of a firm's supply chain agility for risk mitigation and response. *Journal of Operations Management, 27*(2), 119-140.

Braziotis, C., Bourlakis, M., Rogers, H., & Tannock, J. (2013). Supply chains and supply networks: distinctions and overlaps. *Supply Chain Management: An International Journal, 18*(6), 644-652.

Brindley, C. (2004). *Supply Chain Risk.* Aldershot, England: Ashgate Publishing Ltd.

Brusset, X., & Teller, C. (2017). Supply Chain Capabilities, Risks, and Resilience. *International Journal of Production Economics, 184*, 59-68.

Brynjolfsson, E., & McAfee, A. (2016). *The Second Machine Age: Work, Progress, and Prosperity in a Time of Brilliant Technologies.* New York: W.W. Norton & Company.

Bundesvereinigung Logistik (BVL) e.V. (4. Februar 2016). *Resilienz in der Ersatzteillogistik: Zukunft durch Anpassung.* Abgerufen am 4. April 2017 von https://www.bvl.de/presse/meldungen/archiv-2016/forum-ersatzteillogistik-2016

Burell, G., & Morgan, G. (1994). *Sociological Paradigms and Organizational Analysis.* Hants, England: Ashgate Publishing Ltd.

Butner, K. (2010). The smarter supply chain of the future. *Strategy & Leadership, 38*(1), 22-31.

Cachon, G. (2004). The allocation of inventory risk in a supply chain: push, pull, and advanced purchase discount contracts. *Management Science, 50*(2), 222-238.

Caddy, I., & Helou, M. (2007). Supply chains and their management: Application of general systems theory. *Journal of Retailing and Consumer Services, 14*, 319-327.

Cantor, E., Blackhurst, J., Pan, M., & Crum, M. (2014). Examining the role of stakeholder pressure and knowledge management on supply chain risk and demand responsiveness. *International Journal of Logistics Management, 25*(1), 202-223.

Cao, M., & Zhang, Q. (2011). Supply chain collaboration: impact on collaborative advantage and firm performance. *Journal of Operations Management, 29*(3), 163-180.

Cao, M., Vonderembse, M., Zhang, Q., & Ragu-Nathan, T. (2010). Supply chain collaboration: conceptualisation and instrument development. *International Journal of Production Research, 48*(2), 6613-6635.

Cardoso, S. R., Barbosa-Póvoa, A. P., Susana, R., & Novais, A. Q. (2015). Resilience metrics in the assessment of complex supply-chains performance operating under demand uncertainty. *Omega, 56*, 53-73.

Cardoso, S., Barbosa-Póvoa, A., Relvas, S., & Novais, A. (2014a). Network Design and Planning of Resilient Supply Chains. *Proceedings of the 24th European Symposium on Computer Aided Process Engineering – ESCAPE 24* (S. 1219-1224). Budapest, Ungarn: Elsevier.

Cardoso, S., Barbosa-Póvoa, A., Relvas, S., & Novais, A. (2014b). Resilience assessment of supply chains under different types of disruption. In J. D. Mario R. Eden (Hrsg.), *Proceedings of the 8th International Conference on Foundations of Computer-Aided Process Design – FOCAPD 2014* (S. 759-764). Cle Elum, Washington, USA: Elsevier B.V.

Carvalho, H., Azevedo, S., & Cruz-Machado, V. (2012). Agile and resilient approaches to supply chain management: influence on performance and competitiveness. *Logistics Research, 48*(22), 49-62.

Carvalho, H., Barroso, A., Machado, V., Azevedo, S., & Cruz-Machado, V. (2012b). Supply chain redesign for resilience using simulation. *Computers & Industrial Engineering, 62*, 329-341.

Carvalho, H., Duarte, S., & Cruz-Machado, V. (2011). Lean, agile, resilient and green: divergencies and synergies. *International Journal of Lean Six Sigma, 2*(2), 151 - 179.

Catalan, M., & Kotzab, H. (2003). Assessing the responsiveness in the Danish mobile phone supply chain. *International Journal of Physical Distribution & Logistics Management, 33*(8), 668-685.

Cavicchi, A. (2012). Shopper Marketing. How to Increase Purchase Decisions at the Point of Sale. *Journal of Consumer Marketing, 29*(1), 74-75.

Chang, W., Ellinger, A., & Blackhurst, J. (2015). A contextual approach to supply chain risk mitigation. *The International Journal of Logistics Management, 26*(3), 642-656.

Chen, S., Tai, K., & Li, Z. (2016). Evaluation of Supply Chain Resilience Enhancement with Multi-Tier Supplier Selection Policy Using Agent-

Based Modeling. In IEEE (Hrsg.), *Proceedings of the 2016 IEEE IEEM* (S. 124-128). Bali, Indonesien: IEEE.

Chicksand, D., Watson, G., Walker, H., Radnor, Z., & Johnston, R. (2012). Theoretical perspectives in purchasing and supply chain management: an analysis of the literature. *Supply Chain Management: An International Journal, 17*(4), 454-472.

Chiu, M.-C., & Lin, Y.-H. (2016). Simulation based method considering design for additive manufacturing and supply chain: An empirical study of lamp industry. *Industrial Management & Data Systems, 116*(2), 322-348.

Chopra, S., & Meindl, P. (2013). *Supply Chain Management - Strategy, Planning, and Operation* (5. Ausg.). Harlow: Pearson Education Ltd.

Chopra, S., & Sodhi, M. (Spring 2014). Reducing the risk of supply chain disruption. *MIT Sloan Management Review, 55*(3), S. 72-80.

Chopra, S., & Sodhi, M. S. (Fall 2004). Managing Risk To Avoid Supply Chain Breakdown. (M. I. Technology, Hrsg.) *MIT Sloan Management Review, Reprint 46109*, S. 53-61.

Chowdhury, M., & Quaddus, M. (2016). Supply chain readiness, response and recovery for resilience. *Supply Chain Management: An International Journal, 21*(6), 709-731.

Christopher, M. (2000). The agile supply chain, competing in volatile markets. *Industrial Marketing Management, 29*, 37-44.

Christopher, M. (2004). *Logistics and Supply Chain Management. Creating Value-Adding Networks.* (Bd. 3). New York: Financial Times/ Prentice Hall.

Christopher, M. (2005). Managing risk in the supply chain. In M. Christopher, *Logistics and Supply Chain Management: Creating Value-* (3. Ausg.). Harlow: FT Prentice-Hall.

Christopher, M., & Holweg, M. (2011). "Supply Chain 2.0": managing supply chains in the era of turbulence. *International Journal of Physical Distribution and Logistics Management, 41*(1), 63-82.

Christopher, M., & Holweg, M. (2017). Supply chain 2.0 revisited: a framework for managing volatility-induced risk in the supply chain. *International Journal of Physical Distribution & Logistics Management, 47*(1), 2-17.

Christopher, M., & Lee, H. (2004). Mitigating supply chain risk through improved confidence. *International Journal of Physical Distribution and Logistics Management, 34*(5), 388-396.

Christopher, M., & Peck, H. (2004). Building the resilient supply chain. *The International Journal of Logistics Management, 15*(2), 1-13.

Christopher, M., & Rutherford, C. (June/Aug 2004). Creating supply chain resilience through agile six sigma. *Ciritcal Eye*, S. 24-28.

Christopher, M., & Tatham, P. (2011). *Humanitarian Logistics: Meeting the Challenge of Preparing for and Responding to Disasters* (1. Ausg.). London: Kogan Page.

Christopher, M., & Towill, D. (2001). An integrated model for the design of agile supply chains. *International Journal of Physical Distribution and Logistics Management, 31*(4), 235-246.

Christopher, M., Mena, C., Khan, O., & Yurt, O. (2011). Approaches to managing global sourcing risk. *Supply Chain Management: An International Journal, 16*(2), 67-81.

Christopher, M., Peck, H., & Towill, D. (2006). A taxonomy for selecting global supply chain. *The International Journal of Logistics Management, 17*(2), 277-287.

Chugani, N., Kumar, V., Garza-Reyes, J., Rocha-Lona, L., & Upadhyay, A. (2017). Investigating the green impact of Lean, Six Sigma and Lean Six Sigma: A systematic literature review. *International Journal of Lean Six Sigma, 8*(1), 7-32.

Clapham, W. J. (1971). *Natural Ecosystems.* New York, NY: Macmillan.

Colicchia, C., & Strozzi, F. (2012). Supply chain risk management: a new methodology for a systematic literature review. *Supply Chain Management: An International Journal, 17*(4), 403-418.

Colicchia, C., Dallari, F., & Melacini, M. (6. 7 2010). Increasing supply chain resilience in a global sourcing context. *Increasing supply chain resilience in a global sourcing context, 21*(7), 680-694.

Collier, Z., Linkov, I., DiMase, D., Walters, S., Tehranipoor, M., & Lambert, J. (September 2014). Cybersecurity Standards: Managing Risk and Creating Resilience. *IEEE Computer Society*, S. 70-76.

Collins, R. (1986). *Weberian Sociological Theory.* Cambridge: Cambridge University Press.

Cooper, M. C., Lambert, D. M., & Pagh, J. D. (1997). Supply Chain Manamgement: More Than a New Name for Logistics. *International Journal of Logistics Management, 8*(1), 1-14.

Coule, T. (2013). Theories of knowledge and focus groups in organization and management research. *Qualitative Research in Organizations and Management: An International Journal, 8*(2), 148-162.

Cox, A., Prager, F., & Rose, A. (2011). Transportation security and the role of resilience: A foundation for operational metrics. *Transport Policy, 18*, 307-317.

Craighead, C., Blackhurst, J., Rungtusanatham, M., & Handfield, R. (Februar 2007). The severity of supply chain disruptions: design characteristics and mitigation capabilities. *Decision Sciences, 38*(1), S. 131-156.

Crandall, R. E., Crandall, W. R., & Chen, C. C. (2010). *Principles of Supply Chain Management* (1. Ausg.). Boca Raton, FL (u.a.): CRC Press Inc.

Croom, S., Romano, P., & Giannakis, M. (2000). Supply chain management: an analitical framework for critical literature review. *European Journal of Purchasing & Supply chain Management, 6*(1), 67-83.

CSCMP. (9. Juni 2017). *Council of Supply Chain Management Professionals.* Von www.cscmp.org abgerufen.

Dabhilkar, M., Birkie, S., & Kaulio, M. (2016). Supply-side resilience as practice bundles: a critical incident study. *International Journal of Operations & Production Management, 36*(8), 948-970.

Dahms, H. (2013). *Social Theories of History and Histories of Social Theory.* Emerald Group Publishing.

Dana, J. (1999). Using yield management to shift demand when the peak time is unknown. *Rand Journal of Economics, 30*(1), 456-474.

Dani, S., & Deep, A. (2010). Fragile food supply chains: reacting to risks. *International Journal of Logistics Research and Applications, 13*(5), 395-410.

Datta, P., Christopher, M., & Allen, P. (2007). Agent-based modeling of complex production/distribution systems to improve resilience. *International Journal of Logistics Research and Applications, 10*(3), 187-203.

Davis, T. (1993). Effective Supply Chain Management. *Sloan Management Review, 1993*(4), 35-46.

De Nardo, M., Hurschler, P., Bücheler, H., & Boutellier, R. (2010). Eine Portfolio-Methodik zur Unterstützung der systematischen Entscheidungsfindung in der Beschaffung. In R. Bogaschewsky, M. Eßig, R. Lasch, & W. Stölzle, *Supply Management Research* (S. 221-246). Wiesbaden: Gabler Verlag.

Defee, C. C., Williams, B., & Randall, W. S. (2010). An inventory of theory in logistics and SCM research. *The International Journal of Logistics Management, 21*(3), 404-489.

Dekker, A., & Colbert, B. (2004). Network robustness and graph topology. *Proceedings of the Twenty-Seventh Australasian Computer Science Conference (ACSC2004), Dunedin, New Zealand* (S. 359-368). Sydney: Australian Computer Society.

Dellana, S., & West, D. (2016). Survival analysis of supply chain financial risk. *The Journal of Risk Finance, 17*(2), 130-151.

Denyer, D., & Tranfield, D. (2009). Producing a systematic review. In D. Buchanan, & A. Bryman, *The Sage Handbook of Organizational Research Methods* (S. 671-689). London: Sage Publications.

Dickman, S. (2009). *Schlanker Materialfluss* (2. Ausg.). Berlin: Springer Verlag.

Dixit, V., Seshadrinath, N., & Tiwari, M. (2016). Performance measures based optimization of supply chain network resilience: A NSGA-II + Co-Kriging approach. *Computers & Industrial Engineering, 93*, 205-214.

Domsch, M. (1988). Zur Messung des personalen Unternehmenserfolgs. In M. Domsch, & e. al., *Unternehmenserfolg* (S. 107-125). Wiesbaden: Springer.

Dong, D., Liu, J., & Zhou, H. (2016). Influence factor analysis of supply chain resilience using ISM. *2016 13th International Conference on Service Systems and Service Management (ICSSSM)*. Kunming, China: IEEE .

Doukas, H., Karakosta, C., Flamos, A., Flouri, M., & Psarras, J. (2011). Graph theory-based approach for energy corridors network to Greece. *International Journal of Energy Sector Management, 5*(1), 60-80.

Dreachslin, J. L. (1999). Focus groups as a quality improvement technique: a case example from health administration education. *Quality Assurance in Education, 7*(4), 224-233.

Dubois, D., & Prade, H. (2002). Possibility Theory, Probability Theory and Multiple-valued Logics: A Clarification. *Annals of Mathematics and Artificial Intelligence, 32*, 35-66.

Duden. (17. 11 2016). *Duden.de* (2. Bibliographisches Institut GmbH, Herausgeber) von http://www.duden.de/rechtschreibung/Modus_Operandi abgerufen.

Duden. (10. April 2017). *Duden.de* von http://www.duden.de/rechtschreibung/Resilienz abgerufen.

Dunn, S., Seaker, R., & Waller, M. (1994). Latent variables in business logistics research: scale development and validation. *Journal of Business Logistics, 15*(2), 145-173.

Durach, C., Wieland, A., & Machuca, J. (2015). Antecedents and dimensions of supply chain robustness: a systematic literature review. *International Journal of Physical Distribution & Logistics Management, 45*(1/2), 118-137.

Dynes, S., Johnson, M., Andrijcic, E., & Horowitz, B. (2007). Economic costs of firm-level information infrastructure failures: Estimates from field studies in manufacturing supply chains. *The International Journal of Logistics Management, 18*(3), 420-442.

Edgeman, R., & Wu, Z. (2016). Supply Chain Criticality in Sustainable and Resilient Enterprises. *Journal of Modelling in Management, 11*(4), -.

Eggers, F., Kraus, S., & Filser, M. (2009). Entrepreneurial Marketing - Zum Bedarf eines modifizierten Marketingansatzes für junge wachstumsorientierte Unternehmen. *ZFfKE - Zeitschrift für KMU und Entrepreneurship, 57*(3-4), 187-217.

Eisenhardt, K. (1989). Building Theories from Case Study Research. *Academy of Management Review, 14*(4), 532-550.

Eisenhardt, K., & Graebner, M. (2007). Theory Building from Cases – Opportunities and Challenges. *Academy of Management Journal, 50*(1), 25-32.

Ekström, T., Johnsson, C., Stenius, O., Urciuoli, L., & Näslund, D. (2009). A framework for case study research design - Highlighting the Reviewers' Perspectives. *Proceedings of The 21st Annual Nofoma Conference 2009* (S. 159-174). Jönköping Schweden: Hertz, Jönköping International Business School.

Elleuch, H., Dafaoui, E., Elmhamedi, A., & Chabchoub, H. (2016). Resilience and Vulnerability in Supply Chain: Literature review. *8th IFAC Conference on Manufacturing Modelling, Management and Control MIM 2016. 49*, S. 1448-1453. Troyes, France: IFAC-PapersOnLine.

Ellram, L. (1996). The use of case study method in logistics research. *Journal of Business Logistics, 17*(2), 93-138.

Ellram, L., & Cooper, M. (1990). Supply Chain Management, Partnership, and the Shipper - Third Party Relationship. *The International Journal of Logistics Management, 1*(2), 1-10.

Ellram, L., & Cooper, M. (1993). The Relationship between Supply Chain Management and Keiretsu. *The International Journal of Logistics Management, 4*(1), 1-12.

Eriksson, D. (2015). Lessons on knowledge creation in supply chain management. *European Business Review, 27*(4), 346-368.

Erlach, K. (2007). *Wertstromdesign - Der Weg zur schlanken Fabrik.* Berlin: Springer Verlag.

Etkin, D. (2015). *Disaster Theory* . Amsterdam, Boston, u.a.: Butterworth-Heinemann (Elsevier).

Fahimnia, B., & Jabbarzadeh, A. (2016). Marrying supply chain sustainability and resilience: A match made in heaven. *Transportation Research Part E, 91*, 306-324.

Faisal, M., Banwet, D., & Shankar, R. (2006a). Supply chain risk mitigation: modeling the enablers. *Business Process Management, 12*(4), 535-552.

Faisal, M., Banwet, D., & Shankar, R. (2006b). Mapping supply chains on risk and customer sensitivity dimensions. *Industrial Management & Data Systems, 106*(10), 878-895.

Faisal, M., Banwet, D., & Shankar, R. (2007). Information risk management in supply chains: an assessment and mitigation framework. *Journal of Enterprise Information Management, 20*(6), 677-699.

Falasca, M., Zobel, C., & Cook, D. (2008). A decision support framework to assess supply chain resilience. *Proceedings of the 5th International ISCRAM Conference* (S. 596-605). Washington: Friedrich, F.; Van de Walle, B.

Falkowski, J. (2015). Resilience of farmer-processor relationships to adverse shocks: the case of dairy sector in Poland. *British Food Journal, 117*(10), 2465-2483.

Fawcett, S. E., Ellram, L., & Ogoen, K. (2006). *Supply Chain Management. From Vision to Implementation. An Integrative Approach.* (1. Ausg.). Boston: Prentice Hall.

Fayezi, S., O'Loughlin, A., & Zutshi, A. (2012). Agency theory and supply chain management: a structured literature review. *Supply Chain Management: An International Journal, 17*(5), 556-570.

FAZ. (23. August 2016). *Frankfurter Allgemeine Wirtschaft.* Abgerufen am 15. Juli 2017 von Frankfurter Allgemeine Zeitung: http://www.faz.net/aktuell/wirtschaft/unternehmen/vw-bindet-sich-weiter-an-zulieferer-der-prevent-group-14402680.html

Ferdows, K., & de Meyer, A. (1990). Lasting improvements in manufacturing performance: in search of new theory. *Journal of Operations Management, 9*(2), 168-184.

Fessmann, K.-D. (1980). *Organisatorische Effizienz in Unternehmungen und Unternehmensteilbereichen.* Düsseldorf.

Fiksel, J. (2003). Designing Resilient, Sustainable Systems. *Environmental Science & Technology, 37*, 5330-5339.

Fiksel, J. (2006). Sustainability and resilience: toward a systems approach. *Sustainability: Science, Practice & Policy, 2*(2), 14-21.

Fischer, M. (1997a). *Michael Fischer: Paradigmen. Facetten einer Begriffskarriere* (Bd. 17). (P. Hoyningen-Huene, Hrsg.) Frankfurt am Main ; Berlin ; Bern ; New York ; Paris ; Wien: Peter Lang.

Fisher, M. L. (1997). What is the right Supply Chain for your Product. *Harvard Business Review, 5*, S. 105-116.

Forrester, J. (1958). Industrial dynamics: a major breakthrough for decision makers. *Harvard Business Review*, S. 37-66.

Forrester, J. (1961). *Industrial Dynamics* (1. Ausg.). New York: Wiley.

Francis, V. (2008). Supply chain visibility: lost in translation? *Supply Chain Management: An International Journal, 13*(3), 180-184.

Frankel, R., Bolumole, Y., Eltantawy, R., Paulraj, A., & Gundlach, G. (2008). The Domain and Scope of SCM's Foundation Disciplines—Insights and Issues to Advance Research. *Journal of Business Logistics, 29*(1), 1-30.

Frazer, M. (1995). *Risk and Resilience in Childhood* (1. Ausg.). Washington DC: NASW Press.

Fritz, W. (1993). *Die empirische Erfolgsfaktorenforschung und ihr Beitrag zum Marketing.* Abgerufen am 12. Juni 2017 von Technische Universität Braunschweig: www.wiwi.tu-bs.de/marketing/publikationen/ap/download/AP93-12.pdf

Gallopin, C. (2006). Linkages between vulnerability, resilience, and adaptive capacity. *Global Environmental Change, 16,* 293-303.

Gammelgaard, B. (1997). The system approach in logistics. *Proceedings of the 8th Nordic Logistics Conference* (S. 9-18). Copenhagen Business School: Institute for Logistics and Transport.

Gao, L. (2015). Collaborative forecasting, inventory hedging and contract coordination in dynamic supply risk management. *European Journal of Operational Research, 245,* 133-145.

Gaonkar, R., & Viswanadham, N. (2007). Analytical Framework for the Management of Risk in Supply Chains. *IEEE Transactions on Automation Science and Engineering, 4*(2), 265-273.

Garmezy, N. (1993). Children in poverty: resilience despite risk. *Psychiatry, 56,* 127-136.

Garver, M., & Mentzer, J. (1999). Logistics research methods: employing structural equotation modeling to test for construct validity. *Journal of Business Logistics, 20*(1), 33-57.

Gattorna, J. (2015). *Dynamic Supply Chains - How to design, build and manage people-centric value networks* (3. Ausg.). Harlow, UK: Pearson Education Ltd.

Gebauer, J., & Shaw, M. (2004). Success factors and impacts of mobile business applications: results from a mobile e-procurement study. *International Journal of Electronic Commerce, 8*(3), 19-41.

Gehr, F., & Hellingrath, B. (2007). *Logistik in der Automobilindustrie: Innovatives Supply Chain Management für wettbewerbsfähige Zulieferstrukturen.* Berlin Heidelberg: Springer Verlag.

Gerwin, D. (1993). Manufacturing flexibility: a strategic perspective. *Management Science, 39*(4), 395-410.

Ghadge, A., Dani, S., & Kalawsky, R. (2012). Supply chain risk management: present and future scope. *International Journal of Logistics Management, 23*(3), 313-339.

Gmür, M. (2003). Co-citation analysis and the search for invisable colleges: A methodological evaluation. *Scientometrics, 57*(1), 27-57.

Golgeci, I., & Ponomarov, S. (2015). How does firm innovativeness enable supply chain resilience? The moderating role of supply uncertainty and interdependence. *Technology Analysis & Strategic Management, 27*(3), 267-282.

Golgeci, I., & Ponomarov, S. Y. (2013). Does firm innovativeness enable effective responses to supply chain disruptions? An empirical study. *Supply Chain Management: An International Journal, 18*(6), 604-617.

Göpfert, I. (2004). Einführung, Abgrenzung und Weiterentwicklung des Supply Chain Managements. In A. Busch, & W. Dangelmaier (Hrsg.), *Integriertes Supply Chain Management. Theorie und Praxis effektiver unternehmensübergreifender Geschäftsprozesse* (2. Ausg., S. 25-44). Wiesbaden: Gabler Verlag.

Goranson, H. (1999). *The Agile Virtual Enterprise: Cases, Metrics, Tools.* Westport, CT: Greenwood Publishing Group.

Gosh, S., & Tan, K. (2007). The mediator effect of supply chain agility on firm performance. *9th International DSI Conference jointly held with the 12th APDSI Conference*, (S. 48). Bangkok.

Gourc, D. (2006). Vers un modèle général du risque pour le pilotage et la conduite des activités de biens et de services. *Habilitation à Diriger les Recherches*. Frankreich: Ecole des Minesd'Albi-Carmaux.

Govindan, K., Azevedo, S., Carvalho, H., & Cruz-Machado, V. (2014). Impact of supply chain management practices on sustainability. *Journal of Cleaner Production, 85*, 212-225.

Grabatin, G. (1981). *Effizienz von Organisationen.* Berlin, New York: Springer Verlag.

Grégoire, D., Noel, M., Déry, R., & Bénchard, J.-P. (2006). Is There Conceptual Convergence in Entrepreneurship Research? A Co-Citation Analysis of Frontiers of Entrepreneurship Research, 1981-2004. *Entrepreneurship Theory and Practice, 30*, 333-373.

Grimm, C., Knemeyer, M., Polyviou, M., & Ren, X. (2015). Supply chain management research in management journals: A review of recent literature. *International Journal of Physical Distribution & Logistics Management, 45*(5), 404-458.

Grunert, K., & Ellegaard, C. (1993). The Concept of Key Success Factors: Theory and Method. In M. Baker, *Perspectives on Marketing Management* (S. 245-274). New York (u.a.): John Wiley & Sons Ltd.

Grüne-Yanoff, T. (2012). Paradoxes of Rational Choice Theory. In S. Roeser, R. Hillerbrand, P. Sandin, & M. Peterson, *Handbook of Risk Theory - Epistemology, Decision Theory, Ethics, and Social Implications of Risk* (S. 499-516). Amsterdam, New York: Springer Verlag.

Gua, K., Yolles, M., Fink, G., & Iles, P. (2016). *The Changing Organisation: Agency Theory in a Cross-cultural Context.* Cambridge, UK: Cambridge University Press.

Gualandris, J., & Kalchschmidt, M. (2015). Supply risk management and competitive advantage: a misfit model. *The International Journal of Logistics Management, 26*(3), 459-478.

Guba, E. (1990). *The Paradigm Dialog.* London: Sage Publications.

Gunasekaran, A., Lai, K., & Edwin Cheng, T. (2008). Responsive supply chain: a competitive strategy in a networked economy. *Omega, 36*(4), 549-564.

Gunasekaran, A., Subramanian, N., & Rahman, S. (2015). Supply chain resilience: role of complexities and strategies. *International Journal of Production Research, 53*(22), 6809-6819.

Guoping, C. (2010). Research on resilient supply chain on the basis of Hooke's law. *2010 International Conference on E-Product E-Service and E-Entertainment (ICEEE).* Henan, China: IEEE.

Guttman, L. (1954). Some necessary conditions for common factor analysis. *Psychometrika, 19*, 149-161.

Gzuk, R. (1975). *Messung der Effizienz von Entscheidungen.* Tübingen: Mohr Verlag.

Haldar, A., Banerjee, D., Ray, A., & Ghosh, S. (2012). An integrated approach for supplier selection. *Procedia Engineering, 38*, 2087-2102.

Hale, T., & Moberg, C. (2005). Improving Supply chain disaster preparedness - a decision process for secure site location. *International Journal of Physical Distribution & Logistics Management, 35*(3), 195-207.

Halldórsson, Á., Hsuan, J., & Kotzab, H. (2015). Complementary theories to supply chain management revisited - from borrowing theories to theorizing. *Supply Chain Management: An International Journal, 20*(6), 574-586.

Halldórsson, Á., Kotzab, H., Mikkola, J. H., & Skjøtt-Larsen, T. (2007). Complementary theories to supply chain management. *Supply Chain Management: An International Journal, 12*(4), 284-296.

Hamel, G., & Valikangas, L. (September 2003). The quest for resilience. *Harvard Business Review*, S. 52-63.

Handelsblatt. (31. 3 2017). *handelsblatt.de.* Von http://www.handelsblatt.com/unternehmen/industrie/china-mercedes-und-audi-rufen-fast-eine-million-autos-zurueck/19585626.html abgerufen.

Hanif, S., Waheed, A., & Aslam, U. (2012). Understanding responses to supply chain disruptions: insights from information processing and resource dependence perspectives. *International Journal of Operations and Logistics Management, 1*(3), 1-16.

Harland, C., Lamming, R., Walker, H., Philips, W., Caldwell, N., Johnsen, T., . . . Zheng, J. (2006). Supply Management: is it a discipline? *International Journal of Operations and Production Management, 26*(7), 730-753.

Harrington, L. (1995). Logistics, Agent for Change: Shaping the Integrated Supply Chain. *Journal of Transportation & Distribution, 2,* 30-34.

Hartmann, E., Hohenstein, N.-O., & Feisel, E. (2014). Der Innovationswürfel - Strategien zum erfolgreichen Umgang mit Supply Chain Störungen. In C. Schultz, & K. Hölzle, *Motoren der Innovation* (S. 97-114). Wiesbaden: Springer Fachmedien.

Hauschildt, J. (1983). Die Effizienz von Führungsentscheidungen und Ihre Ursachen. In J. Hauschildt, H. Gemünden, S. Grotz-Martin, & U. Haidle, *Entscheidungen der Geschäftsführung: Typologie, Informationsverhalten, Effizienz.* (S. 211-261). Tübingen: Mohr Verlag.

Havemann, F. (2009). *Einführung in die Bibliometrie.* Berlin: Gesellschaft für Wissenschaftsforschung.

Hearnshaw, E., & Wilson, M. (2013). A complex network approach to supply chain network theory. *International Journal of Operations & Production Management, 33*(4), 442-469.

Heckmann, I., Comes, T., & Nickel, S. (2015). A critical review on supply chain risk - Definition, measure and modeling. *Omega, 52,* 119-132.

Hendricks, K., & Singhal, V. (2003). The effect of supply chain glitches on shareholder wealth. *Journal of Operations Management, 21*(5), 501-522.

Hendricks, K., & Singhal, V. (Januar 2005a). *The Effect of Supply Chain Disruptions on Long-Term.* Von http://supplychainmagazine.fr/TOUTE-INFO/ETUDES/singhal-scm-report.pdf abgerufen.

Hendricks, K., & Singhal, V. (2005b). An Empirical Analysis of the Effect of Supply Chain Disruptions on Long-Run Stock Price Performance and Equity Risk of the Firm. *Production and Operations Management, 14*(1), 35-52.

Hendricks, K., & Singhal, V. (2005c). Association Between Supply Chain Glitches and Operating Performance. *Management Science, 51*(5), 695-711.

Hendricks, K., & Singhal, V. (2008). The effect of supply chain disruptions on shareholder value. *Total Quality Management, 19*(7-8), 777-791.

Hentze, J., Brose, P., & Kammel, A. (1993). *Unternehmensplanung*. Bern, u.a.: Haupt.

Herrera, A., & Janczewski, L. (2015). Cloud Supply Chain Resilience: A Coordination Approach. *2015 Information Security for South Africa (ISSA)* (S. -). Johannesburg, Südafrika: IEEE.

Herrera, A., & Janczewski, L. (2016). Cloud Supply Chain Resilience Model: Development and Validation. *49th Hawaii International Conference on System Sciences* (S. -). Koloa, Hawaii, USA: IEEE.

Hewitt, F. (1994). Supply Chain Redesign. *The International Journal of Logistics Management, 1994*(5), 1-9.

Hildebrandt, L. (1986). Erfolgsfaktorenforschung im Handel. In V. Trommsdorff, *Handelsforschung* (S. 37-52). Heidelberg, Berlin: Springer.

Hildebrandt, L. (1988). Store Image and the Prediction of Performance in Retailing. *Journal of Business Research, 17*(1), 91-100.

Hildebrandt, L. (1992). Erfolgsfaktoren. In H. Diller, *Vahlens großes Marketinglexikon* (S. 272-274). München: Vahlen.

Hoffmann, F. (1980). *Führungsorganisation, Band 1 - Stand der Forschung und Konzeption*. Tübingen: Mohr Siebeck.

Hohenstein, N.-O., Feisel, E., Hartmann, E., & Giunipero, L. (2015). Research on the phenomenon of supply chain resilience - A systematic review and paths for further investigation. *International Journal of Physical Distribution & Logistics Management, 45*(1/2), 90-117.

Holling, C. (1973). Resilience and stability of ecological systems. *Annual Review of Ecology and Systematics, 4*(1), 1-23.

Horn, J. (1965). A rationale and test for the number of factors in factor analysis. *Psychometrika, 30*, 179-185.

Hosseini, S., & Barker, K. (2016). A Bayesian network model for resilience-based supplier selection. *International Journal of Production Economics, 180*, 68-87.

Hosseini, S., Al Khaled, A., & Sarder, M. (2016). A general framework for assessing system resilience using Bayesian networks: A case study of sulfuric acid manufacturer. *Journal of Manufacturing Systems, 41*, 211-227.

Ismail, H., & Sharifi, H. (2006). A balanced approach to building agile supply chains. *International Journal of Physical Distribution & Logistics Management, 36*(6), 431-444.

ISO/IEC Guide 73. (2009). Risk management - Vocabulary.

Ivanov, D., & Sokolov, B. (2013). Control and system-theoretic identification of the supply chain dynamics domain for planning, analysis and adaptation of performance under uncertainty. *European Journal of Operational Research, 224*, 313-323.

Ivanov, D., Dolgui, A., & Sokolov, B. (2012). Applicability of optimal control theory to adaptive supply chain planning and scheduling. *Annual Reviews in Control, 36*, 73-84.

Ivanov, D., Dolgui, A., & Sokolov, B. (2015). Supply Chain Design With Disruption Considerations: Review of Research Streams on the Ripple Effect in the Supply Chain. *IFAC-PapersOnLine, 48*(3), 1700-1707.

Ivanov, D., Sokolov, B., & Dolgui, A. (2014). The Ripple effect in supply chains: trade-off 'efficiency-flexibility-resilience' in disruption management. *International Journal of Production Research, 52*(7), 2154-2172.

Ivanov, D., Sokolov, B., Solovyeva, I., Dolgui, A., & Jie, F. (2015). Ripple Effect in the Time-Critical Food Supply Chains and Recovery Policies. *IFAC-PapersOnLine, 48*(3), 1682-1687.

Jæger, B., & Hjelle, H. (2015). Handling multi-party complexities in container flows in the upstream oil and gas supply chain. *2015 International Conference on Transportation Information and Safety (ICTIS)* (S. 661-668). Wuhan, P. R. China: IEEE.

Jain, V., Benyoucef, L., & Deshmukh, S. (2008). A new approach for evaluating agility in supply chains using fuzzy association rules mining. *Engineering Applications of Artificial Intelligence, 21*(3), 367-385.

Jarneving, B. (2005). A comparison of two bibliometric methods for mapping of the research front. *Scientometrics, 65*(2), 245-263.

Johnson, N., Elliott, D., & Drake, P. (2013). Exploring the role of social capital in facilitating supply chain resilience. *Supply Chain Management: An International Journal, 18*(3), 324-336.

Jung, R., Bruck, J., & Quarg, S. (2006). *Allgemeine Managementlehre: Lehrbuch für die angewandte Unternehmens- und Personalführung* (2. Ausg.). München: Erich Schmidt Verlag.

Jüttner, U. (2005). Supply chain risk management: understanding the business requirements from a practioner perspective. *The International Journal of Logistics Management, 16*(1), 120-141.

Jüttner, U., & Maklan, S. (2011). Supply chain resilience in the global financial crisis: an empirical study. *Supply Chain Management: An International Journal, 16*(4), 246-259.

Jüttner, U., Peck, H., & Christopher, M. (2003). Supply chain risk management: outlining an agenda for future research. *Int. J. Logistics, 6*(4), 197-210.

Kaiser, H., & Dickman, K. (1959). Analytic determination of common factors. *American Psychologist, 14*, 425 (Abstract).

Kajüter, P. (2003). Risk Management in Supply Chains. In S. Seuring, M. Müller, M. Goldbach, & U. Schneidewind, *Strategy and Organization in Supply Chains* (S. 321-336). Heidelberg: Physica-Verlag.

Kallhoff, C., & Kotzab, H. (2015). Lieferanten-Qualitätsmanagement an internationalen Niedriglohnstandorten der Automobilbranche. In R. Bogaschewsky, M. Eßig, R. Lasch, & W. Stölzle, *Supply Chain Management Research - Aktuelle Forschungsergebnisse 2015* (S. 257-272). Wiesbaden: Springer Gabler Verlag.

Kamalahmadi, M., & Mellat-Parast, M. (2016a). Developing a resilient supply chain through supplier flexibility and reliability assessment. *International Journal of Production Research, 54*(1), 302-321.

Kamalahmadi, M., & Mellat-Parast, M. (2016b). A review of the literature on the principles of enterprise and supply chain resilience: Major findings and directions for future research. *International Journal of Production Economics, 117*, 116-133.

Kappelhoff, P. (2001). (U. W. Lehrstuhl für Methoden der empirischen Wirtschafts- und Sozialforschung, Hrsg.) Abgerufen am 24. Juli 2017 von Multidimensionale Skalierung: Beispieldatei zur Datenanalyse: https://kappelhoff.wiwi.uni-wuppertal.de/fileadmin/kappelhoff/Downloads/Vorlesung/mds.pdf

Katz, D., & Kahn, R. (1987). *The Social Psychology of Organizations* (2. Ausg.). New York: John Wiley.

Kauffmann, R., & Mohtadi, H. (2004). Proprietary and open systems adoption in e-procurement: a risk-augmented transaction cost perspective. *Journal of Management Information Systems, 21*(1), 137-166.

Khan, O., Christopher, M., & Creazza, A. (2012). Aligning product design with the supply chain: a case study. *Supply Chain Management: An International Journal, 17*(3), 323-336.

Kilubi, I. (2016). Investigating current paradigms in supply chain risk management - a bibliometric study. *Business Process Management Journal, 22*(4), 662-692.

Kim, Y., Chen, Y.-S., & Linderman, K. (2015). Supply network disruption and resilience: A network structural perspective. *Journal of Operations Management, 33*(34), S. 43–59.

Kirsch, W. (1984). Bezugsrahmen, Modelle und explorative Forschung. *Wissenschaftliche Unternehmensführung oder Freiheit vor der Wissenschaft, Band 2*, 751-772.

Kivioja, K. (2017). Impact of point-of-purchase olfactory cues on purchase behaviour. *Journal of Consumer Marketing, 34*(2), 119-131.

Klaus, P. (2009). Logistics research: a 50 years' march of ideas. *Logistics Research, 1*(1), 53-65.

Kleindorfer, P., & Saad, G. (2005). Managing disruption risks in supply chains. *Production and Operations Management, 14*(1), 53-68.

Kleiner, M. (2011). *Strategisches entscheiden in Unternehmen.* Berlin: Logos Verlag.

Klibi, W., Martel, A., & Guitouni, A. (2010). The design of robust value-creating supply chain networks: A critical review. *European Journal of Operational Research, 203*, 283-293.

Knemeyer, A., Zinn, W., & Eroglu, C. (2009). Proactive planning for catastrophic events in supply chains. *Journal of Operations Management, 27*(2), 141-153.

Köhler, R. (1993). Produktpolitik - Strategische Stoßrichtung und Erfolg von Produktinnovationen. In J. Hauschildt, & O. Grün, *Ergebnisse empirischer betriebswirtschaftlicher Forschung* (S. 255-293). Stuttgart: Schäffer-Poeschel Verlag.

Kong, X.-y., & Li, X.-y. (2008). Creating the Resilient Supply Chain: The Role of Knowledge Management Resources. *4th International Conference on Wireless Communications, Networking and Mobile Computing (WiCOM)* (S. 1-4). Dalian, China: The Institute of Electrical and Electronics Engineers, Inc. (IEEE).

Kouvelis, P., Chambers, C., & Wang, H. (2006). Supply chain management research and production and operations management: review, trends, and opportunities. *Production and Operations Management, 15*(3), 449-469.

Kovács, G., & Spens, K. (2005). Abductive reasoning in logistics research. *International Journal of Physical Distribution & Logistics Management, 35*(2), 132-144.

Kraus, S., Eggers, F., Harms, R., Hills, G., & Hultman, C. (2011). Diskussionslinien der Entrepreneurial Marketing-Forschung: Ergebnisse einer Zitationsanalyse. *Zeitschrift für Betriebswirtschaft, 81*(6), 27-58.

Kristianto, Y., Gunasekaran, A., Helo, P., & Hao, Y. (2014). A model of resilient supply chain network design: A two-stage programming with fuzzy shortest path. *Expert Systems with Applications, 41,* 39-49.

Krüger, R. (1994). *Focus Groups: A Practical Guide for Applied Research.* Thousand Oaks, CA: Sage Publications.

Krupp, M. (2005). Kooperatives Verhalten auf der sozialen Ebene einer Supply Chain. *1.* Lohmar [u.a.]: Eul Verlag.

Kruschke, G. (22. August 2016). *Produktion.de.* Abgerufen am 4. April 2017 von https://www.produktion.de/nachrichten/unternehmen-maerkte/volkswagen-unterbricht-fertigung-in-mehreren-werken-113.html

Kruse, P. (2004). *nect practice - Erfolgreiches Management von Instabilität* (1. Ausg.). Offenbach: Gabal Verlag.

Kubicek, H. (1977). Heuristische Bezugsrahmen und heuristisch angelegte Forschungsdesigns als Elemente einer Konstruktionsstrategie empirischer Forschung. In R. Köhler, *Empirische und handlungstheoretische Forschungskonzeptionen in der Betriebswirtschaftslehre: Bericht über die Tagung in Aachen, März 1976* (S. 3-36). Stuttgart: Poeschel Verlag.

Kubicek, H. (1979). Informationstechnologie und Organisationsforschung - Eine kritische Bestandsaufnahme der Forschungsergebnisse. In H. Hansen, K.

Schröder, & H. Weihe, *Mensch und Computer* (S. 53-79). München, Wien: Oldenbourg Verlag.

Kuhn, T. (1962). *The Structure of Scientific Revolution.* Chicago, IL, USA: Chicago University Press.

Kumar, R., & Kumar Singh, R. (2017). Coordination and responsiveness issues in SME supply chains: a review. *Benchmarking: An International Journal, 24*(3), 635-650.

Kumar, S., Himes, K. J., & Kritzer, C. P. (2014). Risk assessment and operational approaches to managing risk in global supply chains. *Journal of Manufacturing Technology Management, 25*(6), 873-890.

Kuntz, J. R., Näswall, K., & Malinen, S. (2016). Resilient Employees in Resilient Organizations: Flourishing Beyond Adversity. *Industrial and Organizational Psychology, 9*(2), 456-462.

L'Hermitte, C., Tatham, P., & Bowles, M. (2014). Classifying logistics-relevant disasters: conceptual model and empirical illustration. *Journal of Humanitarian Logistics and Supply Chain Management, 4*(2), 155-178.

Lakatos, I. (1970). Falsification and the methodology of scientific research programmes. In I. Lakatos, & A. Musgrave, *Criticism and the Growth of Knowledge* (S. 91-196). Cambridge, England: Cambridge University Press.

Lam, J., & Bai, X. (2016). A quality function deployment approach to improve maritime supply chain resilience. *Transportation Research Part E, 92*, 16-27.

Lambert, D. M. (2008). *Supply chain management: processes, partnerships, performance* (1. Ausg.). Jacksonville: The Hartley Press.

Lambert, D. M., Cooper, M. C., & Pagh, J. C. (1998). Supply Chain Management: Implementation Issues and Research Opportunities. *The International Journal of Logistics Management , 9*(2), 1-19.

Larson, P., & Halldórsson, Á. (2004). Logistics versus supply chain management: an international survey. *International journal of Logistics: Research and Application, 7*(1), 17-31.

Leat, P., & Revoredo-Giha, C. (2013). Risk and resilience in agri-food supply chains: the case of the ASDA PorkLink supply chain in Scotland. *Supply Chain Management: An International Journal, 18*(2), 219-231.

Lee, A. V., Vargo, J., & Seville, E. (2013). Developing a Tool to Measure and Compare Organizations' Resilience. *Natural Hazards Review, 14*(1), 29-41.

Lee, H. (2002). Aligning supply chain strategies with product uncertainties. *California Management Review, 44*(3), 105-119.

Lee, H. (1. 10 2004). The triple-A supply chain. *Harvard Business Review*, S. 2-12. Abgerufen am 27. 10 2016 von https://hbr.org/2004/10/the-triple-a-supply-chain

Lee, S., & Rha, J. (2016). Ambidextrous supply chain as a dynamic capability: building a resilient supply chain. *Management Decision, 54*(1), 2-23.

Lefevre, A. S., & Laurence, J. (12. September 2012). *Thomson Reuters*. Abgerufen am 8. November 2016 von Thomson Reuters: http://www.reuters.com/article/us-thailand-floods-idUSBRE88B0F620120912

Leidecker, J., & Bruno, A. (1984). Iditifying and Using Critical Success Factors. *Long Range Planning, 17*, 23-32.

Levalle, R., & Nof, S. (2015). A resilience by teaming framework for collaborative supply networks. *Computers & Industrial Engineering, 90*, 67-85.

Levesque, P. J. (2012). Building Resilience and Sustainability Into the Chinese Supply Chain. In P. J. Levesque, *The Shipping Point: The Rise of China and The Future of Retail Supply Chain Management* (S. 135-161). Hoboken, NJ, USA: John Wiley & Sons.

Levy, D. L. (1997). Lean Production in an International Supply Chain. *Sloan Management Review*, 127-128.

Li, G., Li, Y., Wang, S., & Yan, H. (2006). Enhancing agility by timely sharing of supply information. *Supply Chain Management: An International Journal, 11*(5), 425-435.

Li, H., Lee, L., Chew, E., & Long, Y. (2015). A Three-Echelon System Dynamics Model on Supply Chain Risk Mitigation through Information Sharing. *Proceedings of the 2015 Winter Simulation Conference* (S. 2045-2056). Huntington Beach, CA, USA: IEEE Press Piscataway, NJ, USA.

Li, X., Chung, C., Goldsby, T., & Holsapple, C. (2008). A unified model of supply chain agility: the work-design perspective. *The International Journal of Logistics Management, 19*(3), 408-435.

Li, Z., Tan, P., Gabriel, Y., & Xianshun, C. (2013). A Review of Complex Systems Technologies for Supply Chain Risk Management. *2013 IEEE International Conference on Systems, Man, and Cybernetics* (S. 2783 - 2789). Manchester, UK: IEEE.

Light, R., & Pillemer, D. (1984). *Summing Up: The Science of Reviewing Research.* Camebridge, MA: Harvard University Press.

Lindgren, G., & Rootzen, H. (1987). Extreme values: Theory and technical applications. *Scandinavian Journal of Statistics, Theory and Applications, 14*, 241-279.

Lockamy III, A., & McCormack, K. (2010). Analysing risks in supply networks to facilitate outsourcing decisions. *International Journal of Production Research, 48*(2), 593-611.

Longo, F., & Ören, T. (26. September 2008). *Supply Chain Vulnerability and Resilience: A State of the Art Overview.* Von http://engineering.uottawa.ca/eecs/: http://www.site.uottawa.ca/~oren/pubs-pres/2008/pub-0806-supplyChain-Italy.pdf abgerufen.

Low, M., & MacMillan, I. (1988). Entrepreneurship: Past Research and Future Challenges. *Journal of Management, 14*(2), 138-161.

Lummus, R., Duclos, L., & Vokurka, R. (2003). Supply chain flexibility: building a new model. *Global Journal of Flexible Systems Management, 4*(4), 1-13.

Maaloee, E. (1997). *Case Studier – af og om Mennesker i Organisationer.* Aarhus: Akademisk Forlag.

Macbeth, D., & Ferguson, N. (1993). *An Integrated Supply Chain Management Approach* (1. Ausg.). London: Financial Times Management.

Macdonald, J. R. (2008). *Supply Chain Disruption Management: A Conceptual Framework and Theoretical Model.* College Park, Maryland (USA): Graduate School of the University of Maryland. Von http://drum.lib.umd.edu/bitstream/handle/1903/8803/umi-umd-5824.pdf?sequence=1&isAllowed=y abgerufen.

Macfadyen, S., Tylianakis, J., Letourneau, D., Benton, T., Tittonell, P., Perring, M., . . . Smith, H. (2015). The role of food retailers in improving resilience in global food supply. *Global Food Security, 7*, 1-8.

Malone, T., & Crowston, K. (1990). What is Coordination Theory and How Can It Help Design Cooperative Work Systems? *Proceedings of the 1990 ACM conference on Computer-supported cooperative work* (S. 357-370). Los Angeles, CA, USA: ACM.

Maltz, A. (1999). The Value of Information in the Electronics Supply Chain. *Global Supply Chain, 1*(6), 30-33.

Mandal, S. (2012). An empirical investigation into supply chain resilience. *IUP Journal of Supply Chain Management, 9*(4), 46-61.

Mandal, S. (2014). Supply chain resilience: a state-of-the-art review and research directions. *International Journal of Disaster Resilience in the Built Environment, 6*(4), 427-453.

Mandal, S., Sarathy, R., Rao Korasiga, V., Bhattacharya, S., & Ghosh Dastidar, S. (2016). Achieving supply chain resilience: The contribution of logistics and supply chain capabilities. *International Journal of Disaster Resilience in the Built Environment, 7*(5), 544-562.

Manning, L., & Soon, J. M. (2016). Building strategic resilience in the food supply chain. *British Food Journal, 118*(6), 1477-1493.

Manuj, I., & Mentzer, J. (2008a). Global supply chain risk management strategies. *International Journal of Physical Distribution & Logistics Management, 38*(3), 192-223.

Manuj, I., & Mentzer, J. (2008b). Global Supply Chain Risk Management. *Journal of Business Logistics, 29*(1), 133-155.

March, J., & Shapira, Z. (1987). Managerial perspectives on risk and risk taking. *Management Science* (33), 1404-1418.

Marley, K., Ward, P., & Hill, J. (2014). Mitigating supply chain disruptions – a normal accident perspective. *Supply Chain Management: An International Journal, 19*(2), 142-152.

Marr, R., & Stitzel, M. (1979). *Personalwirtschaft: ein konfliktorientierter Ansatz*. Landsberg/Lech: Verlag Moderne Industrie.

Masterman, M. (1965). The Nature of a Paradigm. In I. Lakatos, & A. Musgrave, *Criticism and the Growth of Knowledge* (S. 59-90). Cambridge, England: Cambridge University Press.

Matook, S., Lasch, R., & Tamaschke, R. (2009). Supplier development with benchmarking as part of a comprehensive supplier risk management framework. *International Journal of Operations and Production Management, 29*(3), 241-267.

Matsuo, H. (2015). Implications of the Tohoku earthquake for Toyota's coordination mechanism: Supply chain disruption of automotive semiconductors. *International Journal of Production Economics, 61*, 217-227.

Mayring, P. (2002). *Einführung in die qualitative Sozialforschung* (5. Ausg.). Weinheim: Beltz Verlag.

Mayring, P. (2003). *Qualitative Inhaltanalyse – Grundlagen und Techniken* (8. Ausg.). Weinheim: Beltz Verlag.

Mayring, P. (2010). *Qualitative Inhaltsanalyse: Grundlagen und Techniken* (11. Ausg.). Weinheim: Beltz Verlag.

McAfee, R., Glassman, M., & Honeycutt, E. J. (2002). The effects of culture and human resource management policies on supply chain management. *Journal of Business Logistics, 23*(1), 1-17.

McKinnon, A. (2014). *Building Supply Chain Resilience: a Review of Challenges and Strategies*. OECD, Inaternational Transport Forum. Paris: OECD - International Transport Forum. Abgerufen am 24.. Januar 2017 von http://www.itf-oecd.org/building-supply-chain-resilience-review-challenges-and-strategies

MDR. (23. August 2016). *MDR*. Abgerufen am 4. April 2017 von http://www.mdr.de/nachrichten/wirtschaft/inland/vw-zulieferer-streit-politische-debatte-100.html

Mears-Young, B., & Jackson, M. (1997). Integrated Logistics - call in the revolutionaries. *Omega - International Journal of Management Science, 25*(6), 605-618.

Meepetchdee, Y., & Shah, N. (2007). Logistical network design with robustness and complexity considerations. *International Journal of Physical Distribution & Logistics Management, 37*(2), 201-222.

Melnyk, S., Closs, D., Griffis, S., Zobel, C., & Macdonald, J. (2014). Understanding supply chain resilience. *Supply Chain Management Review, 18*(1), 34-41.

Mensah, P., & Merkurye, Y. (2014). Developing a resilient supply chain. *Procedia - Social and Behavioral Sciences, 110*, 309-319.

Mentzer, J. (2008). Rigor vs. relevance: why would we choose only one? *Journal of Supply Chain Management, 44*(2), 72-77.

Mentzer, J., & Flint, D. (1997). Validity in logistics research. *Journal of Business Logistics, 18*(2), 199-216.

Mentzer, J., & Kahn, K. (1995). A framework for logistics research. *Journal of Business Logistics, 16*(1), 231-250.

Mills, C. (1959). *The sociological imagination.* Oxford: Oxford University Press.

Minnich, D., & Maier, F. H. (2006). Supply Chain Responsiveness and Efficiency – Complementing or Contradicting Each Other? *Proceedings of the 24th International Conference of the System Dynamics Society* (S. 1-16). Nijmegen: System Dynamics Society.

Mitesser, O. (2008). *Latente semantische Analyse zur Messung der Diversität von Forschungsgebieten.* Berlin: Institut für Bibliotheks- und Informationswissenschaft.

Mitra, K., Gudi, R., Patwardhan, S., & Sardar, G. (2009). Towards resilient supply chains: Uncertainty analysis using fuzzy mathematical programming. *Chemical Engineering Research and Design, 87*, 967-981.

Moed, H. (2005). *Citation Analysis in Research Evaluation.* Dodrecht: Springer.

Mohapatra, P., & Nanda, S. (2015). Resilience Measurement of A Global Supply Chain Network. *IEEE Sponsored 9th International Conference on Intelligent Systems and Control (ISCO)2015.* Coimbatore, Indien: IEEE.

Moore, S., & Manring, S. (2009). Strategy development in small and medium sized enterprises for sustainability and increased value creation. *Journal of Cleaner Production, 17*, 276-282.

Morana, J., & Gonzalez-Feliu, J. (2015). A sustainable urban logistics dashboard from the perspective of a group of operational managers. *Management Research Review, 38*(10), 1068-1085.

More, D., & Subash Babu, A. (2009). Supply chain flexibility: a state of the art survey. *International Journal of Services and Operations Management, 5*(1), 29-65.

Morgan, D. L. (1997). *Focus groups as qualitative research* (2. Ausg.). Thousand Oaks, CA: Sage Publications.

Morgan, D. L. (1998). *The focus group guidebook (Focus Group Kit, vol.1)*. Thousand Oaks, CA: Sage Publications.

Muckstadt, J. A., Murray, D. H., Rappold, J. A., & Collins, D. E. (2001). Guidelines for Collaborative Supply Chain System Design and Operation. *Information Systems Frontiers 3:4*, 427-453.

Munoz, A., & Dunbar, M. (2015). On the quantification of operational supply chain resilience. *International Journal of Production Research, 53*(22), 6736-6751.

Nasarimhan, R., & Talluri, S. (2009). Perspectives on risk management in supply chains. *Journal of Operations Management, 27*(2), 114-118.

New, S. (1997). The scope of supply chain management research. *Supply Chain Management: An International Journal, 2*(1), 15-22.

Nguyen, Q., Kuntz, J. R., Näswall, K., & Malinen, S. (2016). Employee resilience and leadership styles: The moderating role of proactive personality and optimism. *New Zealand Journal of Psychology, 45*(2), 13-21.

Nilakant, V., Walter, B., van Heugten, K., Baird, R., & de Vries, H. (2015). Conceptualising Adaptive Resilience using Grounded Theory. *New Zealand Journal of Employment Relations, 39*(1), 1-8.

Nonaka, T., Miki, K., Odajima, R., & Mizuyama, H. (2016). Analysis of dynamic decision making underpinning supply chain resilience: A serious game approach. *IFAC-PapersOnLine, 49*(19), 474-479.

Norrman, A., & Jansson, U. (2004). Ericsson's proactive supply chain risk management approach after a serious sub-supplier accident. *International Journal of Physical Distribution & Logistics Management, 34*(5), 434-456.

Nowack, M., Endrikat, J., & Guenther, E. (2011). Review of Delphi-based scenario studies: quality and design considerations. *Technological Forecasting and Social Change, 78*(9), 1603-1615.

Olhager, J. (2013). Evolution of operations planning and control: from production to supply chains. *International Journal of Production Research, 51*(23-24), 6836-6843.

Oliver, R. K., & Webber, M. (1992). Supply Chain Management; logistics catches up with strategy. In M. G. Christopher (Hrsg.), *Logistics: The Strategic Issues* (S. 63-75). London: Chapman & Hall.

Otto, A. (2002). *Management und Controlling von Supply Chains* (1. Ausg.). Wiesbaden: Deutscher Universitätsverlag.

Otto, A., & Kotzab, H. (1999). How Supply Chain Management contributes to the Management of supply chains, Preliminary thoughts on an unpopular question. In E. Larsson, & U. Paulsson (Hrsg.), *Building new Bridges in Logistics, Proceedings of the 11th Annual Conference for Nordic Researches in Logistics* (S. 213-236). Lund University.

Ouabouch, L. (Juli 2015). Supply Chain Resilience. *Materials Management Review*, S. 16-18.

Pal, R., Torstensson, H., & Mattila, H. (2014). Antecedents of organizational resilience in economic crises - an empirical study of Swedish textile and clothing SMEs. *International Journal of Production Economics, 147*, 410-428.

Papadopoulos, T., Gunasekaran, A., Dubey, R., Altay, N., Childe, S. J., & Fosso-Wamba, S. (2016). The role of Big Data in explaining disaster resilience in supply chains for sustainability. *Journal of Cleaner Production*, 1-11.

Parsons, M., Glavac, S., Hastings, P., Marshall, G., McGregor, J., McNeill, J., . . . Stayner, R. (2016). Top-down assessment of disaster resilience: A conceptual framework using coping and adaptive capacities. *International Journal of Disaster Risk Reduction, 19*, 1-11.

Paulsson, U. (2004). Supply chain risk management. In C. Brindley, *Supply chain risk* (S. 79-99). Burlington, England: Ashgate Publishing Ltd.

Peck, H. (2005). Drivers of supply chain vulnerability: an integrated framework. *International Journal of Physical Distribution & Logistics Management, 35*(4), 210-232.

Peck, H. (2006a). Reconciling supply chain vulnerability, risk and supply chain management. *International Journal of Logistics Research and Applications, 9*(2), 127-142.

Peck, H. (2006b). *Resilience in the Food Chain: A Study of Business Continuity Management in the Food and Drink Industry.* Shrivenham, UK: The Resilience Centre - Department of Defence Management & Security Analysis.

Peirce, C. (1902). A Definition of Pragmatic and Pragmatism. *Collected Papers 5.1-4, 5.171*, 315-318.

Pereira, C. R., Christopher, M., & Da Silva, A. L. (2014). Achieving supply chain resilience: the role of procurement. *Supply Chain Management: An International Journal, 19*(5/6), 626-642.

Petit, F. (2009). *Concepts d'analyse de la vulnérabilité des infrastructures essentielles-prise en compte de la cybernétique.* Montreal: Montreal Polytechnic Thesis.

Pettit, T. J., Croxton, K. L., & Fiksel, J. (2013). Ensuring Supply Chain Resilience: Development and Implementation of an Assessment Tool. *Journal of Business Logistics, 34*(1), 46-76.

Pettit, T. J., Fiksel, J., & Croxton, K. L. (2010). Ensuring Supply Chain Resilience: Development of a Conceptual Framework. *Journal of Business Logistics, 31*(1), 1-21.

Pilbeam, C., Alvarez, G., & Wilson, H. (2012). The governance of supply networks: a systematic literature review. *Supply Chain Management: An International Journal, 17*(4), 358-376.

Ponis, S., & Koronis, E. (2012). Supply chain resilience: definition of concept and its formative elements. *The Journal of Applied Bussiness Research, 28*(5), 921-930.

Ponnambalam, L., Long, D., Sarawgi, D., Fu, X., & Goh, R. S. (2014). Multi-Agent Models to Study the Robustness and Resilience of Complex Supply Chain Networks. *2014 International Conference on Intelligent*

Autonomous Agents, Networks and Systems (S. 7-12). Bandung, Indonesia: IEEE.

Ponomarov, S. (30. 5 2012). *Trace: Tennessee Research and Creative Exchange.* (K. University of Tennessee, Hrsg.) Abgerufen am 8. August 2015 von http://trace.tennessee.edu/utk_graddiss/1338

Ponomarov, S., & Holcomb, M. (2009). Understanding the concept of supply chain resilience. *The International Journal of Logistics Management, 20*(1), 124-143.

Ponzi, L. (2002). The intellectual structure and interdisciplinary breadth of knowledge management: a bibliometric study of its early stage of development. *Scientometrics, 55*(2), 259-272.

Popper, K. (1959). *The Logic of Scientific Discovery.* New York, NY, USA: Harper Torchbooks.

Porteus, E. (2002). *Foundations of Stochastic Inventory Theory.* Stanford: Stanford Business Books.

Pournader, M., Rotaru, K., Kach, A. P., & Hajiagha, S. H. (2016). An analytical model for system-wide and tier-specific assessment of resilience to supply chain risks. *Supply Chain Management: An International Journal, 21*(5), 589-609.

Prockl, G. (2001). *Supply-Chain-Management als Gestaltung überbetrieblicher Versorgungsnetzwerke.* Hamburg: Deutscher Verkehrs-Verlag.

Pujawan, N., & Geraldin, L. (2009). House of risk: a model for proactive supply chain risk management. *Business Process Management Journal, 15*(6), 953-967.

Purpura, P. P. (2013). Resilience, Risk Management, Business Continuity, and Emergency Management. In P. P. Purpura, *Security and Loss Prevention* (6. Ausg., S. 321-362). Kidlington, Oxford, UK: Butterworth-Heinemann.

Purvis, L., Spall, S., Naim, M., & Spiegler, V. (2016). Developing a resilient supply chain strategy during 'boom' and 'bust'. *Production Planning & Control, 27*(7-8), 579-590.

Puschmann, T., & Alt, R. (2005). Successful use of e-procurement in supply chains. *Supply Chain Management: An International Journal, 10*(2), 122-133.

Putcha, C., & Potter, J. (2004). *Focus Group Practice*. Thousand Oaks, CA: Sage Publications.

Qi, J., Qu, Q., & Zhou, Y. (2014). How does customer self-construal moderate CRM value creation chain? *Electronic Commerce Research and Applications, 13*(5), 295-304.

Rabiee, F. (2004). Focus-group interview and data analysis. *Proceedings of the Nutrition Society, 63*, 655-660.

Rajesh, R. (2016). Forecasting supply chain resilience performance using grey prediction. *Electronic Commerce Research and Applications, 20*, 42-58.

Rajesh, R., & Ravi, V. (2015a). Supplier selection in resilient supply chains: a grey relational analysis approach. *Journal of Cleaner Production, 86*, 343-359.

Rajesh, R., & Ravi, V. (2015b). Modeling enablers of supply chain risk mitigation in electronic supply chains: A Grey–DEMATEL approach. *Computers & Industrial Engineering, 87*, 126-139.

Ramakrishnan, R. (2002). Performance measurement of supply chain management. *DILF Orientering, 39*(2), 16-18.

Ramsey, J. (1999). Some problems with assumptions, models and data validity and reliability in empirical purchasing research. *Conference Proceeding of the 8th International Annual IPSERA Conference*, (S. 655-665). Belfast-Dublin.

Randall, W., & Mello, J. (2012). Grounded theory: an inductive method for supply chain research. *International Journal of Physical Distribution & Logistics Management, 42*(8/9), 863-880.

Ratick, S., Meacham, B., & Aoyama, Y. (2008). Locating Backup Facilities to Enhance Supply Chain Disaster Resilience. *Growth and Change, 39*(4), 642-666.

Redding, G. (1976). Contingency theory in management. *Education + Training, 18*(7), 199-202.

Refai, D., Klapper, R., & Thompson, J. (2015). A holistic social constructionist perspective to enterprise education. *International Journal of Entrepreneurial Behavior & Research, 21*(3), 316-337.

Reichhart, A., & Holweg, M. (2007). Creating the customer-responsive supply chain: a reconciliation of concepts. *International Journal of Operations & Production Management, 27*(11), 1144-1172.

Rice, J., & Caniato, F. (2003). Building a secure and resilient supply network. *Supply Chain Management Review, 7*(5), 22-30.

Richardson, G. (2001). System dynamics. In S. Gass, & C. Harris, *Encyclopedia of Operations Research and Management Science* (S. 807-810). New York: Springer. Von http://www.systemdynamics.org/what-is-s/#approach abgerufen.

Richey, R. J. (2009). The supply chain crisis and disaster pyramid: a theoretical framework for understanding preparedness and recovery. *International Journal of Physical Distribution and Logistics Management, 39*(7), 619-628.

Ritchie, B., & Brindley, C. (2007a). An Emergent Framework for Supply Chain Risk Management and Performance Measurement. *The Journal of the Operational Research Society, 58*(11), 1398-1411.

Ritchie, B., & Brindley, C. (2007b). Supply chain risk management and performance: a guiding framework for future development. *International Journal of Operations and Production Management, 27*(3), 303-322.

Rodrigues, V. S., Piecyk, M., Potter, A., & McKinnon, A. (2010). Assessing the application of focus groups as a method for collecting data in logistics.

International Journal of Logistics Research and Applications, 13(1), 75-94.

Ross, A. (2004). Economic resilience to disasters: toward a consistent and comprehensive formulation. In D. Paton, & D. Johnston, *Disaster resilience: An Integrated Approach* (S. 226-248). Springfield: Charles C. Thomas.

Ross, D. F. (2011). *Introduction to Supply Chain Management* (2. Ausg.). Boca Raton: CRC Press.

Rousseau, D. (2006). Is there such a thing as evidence-based management? *Academy of Management Review, 31*(2), 256-269.

Sachan, A., & Datta, S. (2005). Review of supply chain management and logistics research. *International Journal of Physical Distribution and Logistics Management, 35*(9), 664-705.

Sadghiani, N., Torabi, S., & Sahebjamnia, N. (2015). Retail supply chain network design under operational and disruption risks. *Transportation Research Part E, 75*, 95-114.

Sáenz, M., & Revilla, E. (2014). Creating more resilient Supply Chains. *MIT Sloan Management Review, 55*(4), 22-24.

Saghafian, S., & van Oyen, M. (2012). The value of flexible backup suppliers and disruption risk information: newsvendor analysis with recourse. *IIE Transactions, 44*, 834-867.

Sahu, A. K., Datta, S., & Mahapatra, S. (2016). Evaluation and selection of resilient suppliers in fuzzy environment: Exploration of fuzzy-VIKOR. *Benchmarking: An International Journal, 23*(3), 651-673.

Sahu, A. K., Datta, S., & Mahapatra, S. S. (2017). Evaluation of performance index in resilient supply chain: a fuzzy-based approach. *Benchmarking: An International Journal, 24*(1), 118-142.

Sambasivan, M., Mohamed, Z. A., & Nandan, T. (2009). Performance measures and metrics for e-supply chains. *Journal of Enterprise Information Management, 22*(3), 346-360.

Sapsford, D. (1982). The Theory of Bargaining and Strike Activity. *International Journal of Social Economics, 9*(2), 3-31.

Saunders, M., Lewis, P., & Thornhill, A. (2003). *Research Methods for business students* (3. Ausg.). Harlow: Prentice Hall.

Sauvage, T. (2003). The relationship between technology and logistics third-party providers. *International Journal of Physical Distribution and Logistics Management, 33*(3), 236-253.

Sawik, T. (2013). Selection of resilient supply portfolio under disruption risks. *Omega, 41*(2), 259-269.

Schäffer, U., Binder, C., & Gmür, M. (2006). Struktur und Entwicklung der Controllingforschung - Eine Zitations- und Kozitatinosanalyse von Controllingbeiträgen in deutschsprachigen wissenschaftlichen Zeitschriften von 1970 bis 2003. *Zeitschrift für Betriebswirtschaft, 76*(4), 395-440.

Scherm, E. (1999). *Internationales Personalmanagement.* Berlin: Oldenbourg Wissenschaftsverlag.

Schlegel, G. L., & Trent, R. J. (2012). Risk Management: Welcome to the new normal. *Supply Chain Management Review*(Jan/Feb), S. 12-21.

Schmalen, C., Kunert, M., & Weindlmaier, H. (2006). Erfolgsfaktorenforschung : theoretische Grundlagen, methodische Vorgehensweise und Anwendungserfahrungen in Projekten für die Ernährungsindustrie. In E. Bahrs, & S. Ander (Hrsg.), *Unternehmen im Agrarbereich vor neuen Herausforderungen : 45. Jahrestagung der Gesellschaft für Wirtschafts- und Sozialwissenschaften des Landbaues* (S. 351-362). Göttingen: Landwirtschaftsverlag (Münster).

Schmidt, K.-J. (2016). Neue Herausforderungen, Handlungsfelder und Strategien für die Zukunft. *AKJ 2016 - Internationales Forum für Logistik und Produktionsmanagement* (S. 1-3). Saarbrücken: AKJ Automotive.

Schmitt, A., & Singh, M. (2012). A quantitative analysis of disruption risk in a multi-echelon supply chain. *International Journal of ProductionEconomics, 139*, 22-32.

Schnell, R., Hill, P., & Esser, E. (2011). *Methoden der empirischen Sozialforschung*. München: Oldenbourg Verlag.

Scholten, K., & Schilder, S. (2015). The role of collaboration in supply chain resilience. *Supply Chain Management: An International Journal, 20*(4), 471 - 484.

Scholten, K., Sharkey, P., & Fynes, S. B. (2014). Mitigation processes - antecedents for building supply chain resilience. *Supply Chain Management: An International Journal, 19*(2), 211-228.

Schweizer, L., Rogbeer, S., & Michaelis, B. (2015). The dynamic capabilities perspective: from fragments to meta-theory. *Management Research Review, 38*(7), 662-684.

Scott, C., & Westbrook, R. (1991). New Strategic Tools for Supply Chain Management. *International Journal of Physical Distribution and Logistics Management, 21*(1), 23-33.

Seuring, S. (2008). Assessing the rigor of case study research in supply chain management. *Supply Chain Management: An International Journal, 13*(2), 128-137.

Seuring, S., & Müller, M. (2008). From a literature review to a conceptual framework for sustainable supply chain management. *Journal of Cleaner Production, 16*(15), 1699-1710.

Shapira, Z. (1987). Risk in managerial decision making. In J. March, Z. Shapira, & H. U. Unpublished manuscript (Hrsg.), *Managerial perspectives on risk and risk taking* (Bd. 33, S. 1404–1418). Management Science.

Sheffi, Y. (2001). Supply Chain Management under the Threat of International Terrorism. *The International Journal of Logistics Management, 12*(2), 1-11.

Sheffi, Y. (2005a). Preparing for the big one. *IEE Manufacturing Engineer*, S. 12-15.

Sheffi, Y. (August 2005b). *The Resilient Enterprise: Overcoming Vulnerability for Competitive Advantage* (Bd. 2). Cambridge, MA, USA: Mit University Press Group Ltd.

Sheffi, Y. (2005c). Building a Resilient Supply Chain. (H. B. Publishing, Hrsg.) *Harvard Business Review*, 1-4.

Sheffi, Y. (2006). Resilience reduces risk. *The Official Magazine of The Logistics Institute, 12*(1), 13-14.

Sheffi, Y., & Rice, J. (2005). A supply chain view of the resilient enterprise. *MIT Sloan Management Review, 47*(1), 41-48.

Sheu, C., Yen, H., & Chae, B. (2006). Determinants of supplier–retailer collaboration: evidence from an international study. *International Journal of Operations and Production Management, 26*(1), 24-49.

Shuai, Y., Wang, X., & Zhao, L. (2011). Research on Measuring Method of Supply Chain Resilience Based on Biological Cell Elasticity Theory. *Proceedings of the 2011 IEEE IEEM* (S. 264-268). Singapur: IEEE.

Siggelkow, N. (2007). Persuasion with case studies. *Academy of Management Journal, 50*(1), 20-24.

Simchi-Levi, D., Kaminsky, P., & Simchi-Levi, E. (2009). *Designing and managing the supply chain* (3. Ausg.). Singapur: McGraw-Hill.

Simikin, M., & Roychowdhury, V. (2003). Read before you cite! *Complex Systems, 14*, 269-274.

Singh, M. (2004). A Review of the Leading Opinions on the Future of Supply Chains. (S. C. Paper, Hrsg.) Zaragoza: MIT Center for Transportation and Logistics.

Singhal, V., & Hendricks, K. (2002). How Supply Chain Glitches Torpedo Shareholder Value. *Supply Chain Management Review, 6*(1), 18-24.

Skipper, J., & Hanna, J. (2009). Minimizing supply chain disruption risk through enhanced flexibility. *International Journal of Physical Distribution & Logistics Management, 39*(5), 404-427.

Skipper, J., Craighead, C., Byrd, T., & Rainer, K. (2008). Towards a Theoretical Foundation of Supply Network Interdependence and Technology-Enabled Coordination Strategies. *International Journal of Physical Distribution and Logistics Management, 38*(1), 39-56.

Slack, N. (1987). The flexibility of manufacturing systems. *International Journal of Operations & Production Management, 7*(4), 35-45.

Slack, N., Chambers, S., & Johnston, R. (2010). *Operations Management* (6. Ausg.). Harlow: Pearson Education Limited.

Small, H. G. (1980). Co-citation Context Analysis and the Structure of Paradigms. *Journal of Documentation, 36*, 183-196.

Smith, A. (2005). Complexity theory for organisational futures studies. *Foresight, 7*(3), 22-30.

Smith, R. (2004). Operational capabilities for the resilient supply chain. *Supply Chain Practice, 6*(2), 24-35.

Sodhi, M., & Lee, S. (1. 11 2007). An analysis of sources of risk in the consumer electronics industry. *Journal of the Operational Research Society, 58*(11), S. 1430–1439. Von http://link.springer.com/article/10.1057/palgrave.jors.2602410 abgerufen.

Sodhi, M., & Tang, C. (2012). *Managing Supply Chain Risk.* New York: Springer Verlag.

Soni, U., & Jain, V. (2011). Minimizing the vulnerabilities of supply chain: a new framework for enhancing the resilience. *Proceeding of the 2011 IEEE (IEEM)* (S. 933–939.). Singapur: IEEE.

Soni, U., Jain, V., & Kumar, S. (2014). Measuring supply chain resilience using a deterministic modeling approach. *Computers & Industrial Engineering, 74*, 11-25.

Sparrow, P., & Cooper, C. (2014). Organizational effectiveness, people and performance: new challenges, new research agendas. *Journal of Organizational Effectiveness: People and Performance, 1*(1), 2-13.

Speckmann, R. E., Kamauff, J. W., & Myhr, N. (1998). An empirical investigation into supply chain management - A perspective on partnerships. *International Journal of Physical Distribution and Logisics Management, 28*(8), 630-650.

Spiegel Online. (30. März 2017). *Spiegel Online*. Abgerufen am 4. April 2017 von http://www.spiegel.de/auto/aktuell/takata-airbags-toyota-ruft-2-9-millionen-autos-zurueck-a-1141080.html

Spiegler, V., Naim, M., & Wikner, J. (2012). A control engineering approach to the assessment of supply chain resilience. *International Journal of Production Research, 50*(21), 6162-6187.

Spiegler, V., Potter, A., Naim, M., & Towill, D. (2016). The value of nonlinear control theory in investigating the underlying dynamics and resilience of a grocery supply chain. *International Journal of Production Research, 54*(1), 265-286.

Staberhofer, F., & Rohrhofer, E. (2007). Ganzheitliches Supply Chain Management - Das Steyr Netzwerk Modell (SNM) als neuer Managementansatz. In P. Klaus, *Steuerung von Supply Chains* (1. Ausg., S. 27-72). Wiesbaden: Gabler Verlag.

Stapleton, D., Hanna, J., & Ross, J. (2006). Enhancing supply chain solutions with the application of chaos theory. *Supply Chain Management: An International Journal, 11*(2), 108-114.

Stevens, G. C. (1989). Integrating the Supply Chain. *International Journal of Physical Distribution and Logistics Management, 19*(8), 3-8.

Stevenson, M., & Busby, J. (2015). An exploratory analysis of counterfeiting strategies: Towards counterfeit-resilient supply chains. *International Journal of Operations & Production Management, 35*(1), 110-144.

Stevenson, M., & Spring, M. (2007). Flexibility from a supply chain perspective: definition and review. *International Journal of Operations & Production Management, 27*(7), 685-713.

Stewart, G., Kolluru, R., & Smith, M. (2009). Leveraging public-private partnerships to improve community resilience in times of disaster.

International Journal of Physical Distribution & Logistics Management, 39(5), 343-364.

Stock, J. (1997). Applying theories from other disciplines to logistics. *International Journal of Physical Distribution & Logistics Management, 27*(9/10), 515-539.

Storey, J., Emberson, C., Godsell, J., & Harrison, A. (2006). Supply chain management: theory, practice and future challenges. *International Journal of Operations & Production Management, 26*(7), 754-774.

Svensson, G. (2000). A conceptual framework for the analysis of vulnerability in supply chains. *International Journal of Physical Distribution & Logistics Management, 30*(9), 731-750.

Svensson, G. (2002). A conceptual framework of vulnerability in firms' inbound and outbound logistics flows. *International Journal of Physical Distribution and Logistics Management, 32*(2), 110-134.

Svensson, G. (2004). Key areas, causes and contingency planning of corporate vulnerability in supply chains. *International Journal of Physical Distribution & Logistics Management, 34*(9), 728-748.

Swafford, P., Gosh, S., & Murthy, N. (2006). The antecedents of supply chain agility of a firm: scale development and model testing. *Journal of Operations Management, 24*(2), 170-188.

Swedberg, R. (2012). Theorizing in sociology and social science: turning to the context of discovery. *Theory and Society, 41*(1), 1-40.

Sweeney, E. (2005). Perspectives on Supply Chain Management and Logistics Definitions. *Logistics Solutions, the Journal of the National Institute for Transportation and Logistics, 7*(3), 7.

Taleb, N. N. (2014). *Antifragilität - Anleitung für eine Welt, die wir nicht verstehen* (3. Ausg.). New York: RandomHouse, Inc.

Talluri, K., & Van Ryzin, G. (2005). *The Theory and Practice of Revenue Management.* Dordrecht: Kluwer Publisher.

Tan, C., & Pan, S. (2002). ERP success: the search for a comprehensive framework. *AMCIS 2002 Proceedings* (S. 925-933). Dallas, TX: AIS Electronic Library.

Tan, K., Kannan, K., & Handfield, R. (1998). Supply chain management: supplier performance and firm performance. *International Journal of Purchasing & Materials Management, 34*(3), 2-9.

Tan, W., Cai, W., & Li, Z. (2016). Adaptive Resilient Strategies for Supply Chain Networks. *2016 IEEE International Conference on Big Data* (S. 3779-3784). Washington D.C.,USA: IEEE.

Tang, C. (2006a). Perspectives in supply chain risk management. *International Journal of Production Economics, 103*(2), 451-488.

Tang, C. (2006b). Robust strategies for mitigation supply chain disruptions. *International Journal of Logistics: Research & Applications, 9*(1), 33-45.

Tang, C., & Tomlin, B. (2008). The power of flexibility for mitigating supply chain risks. *International Journal of Production Economics*, 12-27.

Tang, O., & Musa, S. (2011). Identifying risk issues and research advancements in supply chain risk management. *International Journal of Production Economics, 133*(1), 25-34.

Tanimoto, J. (2015). *Fundamentals of Evolutionary Game Theory and its Applications.* Tokyo: Springer Japan.

Teichert, T. (2010). Investigating research streams of conjoint analysis: a bibliometric study. *Business Research, 3*(1), 49-68.

Terhart, E. (1981). Intuition - Interpretation - Argumentation. *Zeitschrift für Pädagogik, 27*(1), 769-793.

Thomas, L., MacMillan, J., McColl, E., Hale, C., & Bond, S. (1995). Comparison of focus group and individual interview methodology in examining patient satisfaction with nursing care. *Social Sciences in Health, 1*, 206-219.

Thomé, A. M., Scavarda, L. F., Scavarda, A., & de Souza Thomé, F. E. (2016). Similarities and contrasts of complexity, uncertainty, risks, and resilience in supply chains and temporary multi-organization projects. *International Journal of Project Management, 34*, 1328-1346.

Thun, J.-H., & Hoenig, D. (2011). An empirical analysis of supply chain risk management in the German automotive industry. *International Journal of Production Economics, 131*, 242–249.

Tomlin, B. (1. 5 2006). On the Value of Mitigation and Contingency Strategies for Managing Supply Chain Disruption Risks. *Management Science*, S. 639-657.

Torabi, S., Baghersad, M., & Mansouri, S. (2015). Resilient supplier selection and order allocation under operational and disruption risks. *Transportation Research Part E, 79*, 22-48.

Tortorella, G. L., Viana, S., & Fettermann, D. (2015). Learning cycles and focus groups: A complementary approach to the A3 thinking methodology. *The Learning Organization, 22*(4), 229-240.

Toutenburg, H., & Knöfel, P. (2009). *Six Sigma - Methoden und Statistik für die Praxis* (2. Ausg.). Berlin: Springer Verlag.

Towill, D. R. (1996). Time compression and supply chain management a. *Supply Chain Management, 1996*(1), 15-27.

Towill, D., Naim, M., & Wikner, J. (1992). Industrial Dynamics Simulation Models in the Design of Supply Chains. *International Journal of Physical Distribution and Logistics Management, 22*(5), 3-14.

Tranfield, D., Denyer, D., & Smart, P. (2003). Towards a methodology for developing evidence-informed management knowledge by means of systematic review. *British Journal of Management, 14*(3), 207-222.

Trkman, P., & Mccormack, K. (2009). Supply chain risk in turbulent environments – a conceptual model for managing supply chain network risk. *International Journal of Production Economics, 119*(2), 247-258.

Tukamuhabwa, B. R., Stevenson, M., Busby, J., & Zorzini, M. (2015). Supply chain resilience: definition, review and theoretical foundations for further study. *International Journal of Production Research, 53*(18), 5592-5623.

Urciuoli, L., Mohanty, S., Hintsa, J., & Boekesteijn, E. G. (2014). The resilience of energy supply chains: a multiple case study approach on oil and gas supply chains to Europe. *Supply Chain Management: An International Journal, 19*(1), 46-63.

Van Wassenhove, L. (2006). Humanitarian aid logistics: supply chain management in high gear. *The Journal of the Operational Research Society, 57*(5), 475-489.

VanVactor, J. (2011). Cognizant healthcare logistics management: ensuring resilience during crisis. *International Journal of Disaster Resilience in the Built Environment, 2*(3), 245-255.

Vaughn, S., Schumm, J., & Sinagub, J. (1996). *Focus group interviews in education and psychology.* Thousand Oaks, CA: Sage Publications.

Verbeek, A., Debackere, K., Luwel, M., & Zimmermann, E. (2002). Measuring progress and evolution in science and technology-I: the multiple uses of bibliometric indicators. *International Journal of Management Reviews, 4*(2), 179-211.

Vickery, S., Calantone, R., & Droge, C. (1999). Supply chain flexibility: an empirical study. *Journal of Supply Chain Management: A Global Review of Purchasing & Supply, 35*(3), 16-23.

Viswanadham, N., & Gaonkar, R. (2008). Risk Management in Global Supply Chain Networks. In C. Tang, C.-P. Teo, & K.-K. Wei, *Supply Analysis* (S. 201-222). New York: Springer.

Vlajic, J., van der Vorst, J., & Haijema, R. (2012). A framework for designing robust food supply chains. *International Journal of Production Economics, 137*(1), 176-189.

Vogel, R. (2012). The visible colleges of management and organization studies: a bibliometric analysis of academic journals. *Organization Studies, 33*(8), 1015-1043.

Vokurka, R., & O'Leary-Kelly, S. (2000). A review of empirical research on manufacturing flexibility. *Journal of Operations Management, 18*(4), 485-501.

von der Gracht, H., & Darkow, I.-L. (2010). Corporate foresight and innovation management: a portfolio - approach in evaluating organizational development. *Futures, 42*, 380-393.

von der Gracht, H., & Darkow, I.-L. (2013). The future role of logistics for global wealth – scenarios and discontinuities until 2025. *Foresight, 15*(5), 405-419.

Vugrin, E., & Warren, D. (2011). A resilience assessment framework for infrastructure and economic systems: Quantitative and qualitative resilience analysis of petrochemical supply chains to a hurricane. *Process Safety Progress, 30*(3), 280-290.

Wadhwa, S., & Rao, K. (2004). A unified framework for manufacturing and supply chain flexibility. *Global Journal of Flexible Systems Management, 5*(1), 15-22.

Wagenknecht, T., Filpe, R., & Weinhardt, C. (2017). Towards a design theory of computer-supported organizational participation. *Journal of Enterprise Information Management, 30*(1), 188-202.

Wagner, S., & Bode, C. (2006). An empirical investigation into supply chain vulnerability. *Journal of Purchasing and Supply Management, 12*(6), 301-312.

Wagner, S., & Bode, C. (2008). An empirical examination of supply chain performance along several dimensions of risk. *Journal of Business Logistics, 29*(1), 307-325.

Wagner, S., & Neshat, N. (2012). A comparison of supply chain vulnerability indices for different categories of firms. *International Journal of Production Research, 50*(11), 2877–2891.

Wang, J., Muddada, R., Wang, H., Ding, J., Lin, Y., Liu, C., & Zhang, W. (2016). Toward a Resilient Holistic Supply Chain Network System: Concept, Review and Future Direction. *IEEE Systems Journal, 10*(2), 410-421.

Wang, M., Jie, F., & Abareshi, A. (2015). Evaluating logistics capability for mitigation of supply chain uncertainty and risk in the Australian courier firms. *Asia Pacific Journal of Marketing and Logistics, 27*(3), 486-498.

Wang, Y., & Xiao, R. (2016). An ant colony based resilience approach to cascading failures in cluster supply network. *Physica A, 462*, 150-166.

Wankhade, P., & Murphy, P. (2012). Bridging the theory and practice gap in emergency services research: a case for a new journal. *International Journal of Emergency Services, 1*(1), 4-9.

Wannenwetsch, H. (2005). *Vernetztes Supply Chain Management.* Berlin, Heidelberg, New York: Springer Verlag.

Waters, D. (2011). *Supply Chain Risk Management: Vulnerability and Resilience in Logistics.* London, UK: Kogan Page.

Wedawatta, G., Ingirige, B., & Amaratunga, D. (2010). Building up resilience of construction sector SMEs and their supply chains to extreme weather events. *International Journal of Strategic Property Management, 14*(4), 362-375.

Wei, H. L., & Wang, E. T. (2010). The strategic value of supply chain visibility: increasing the ability to reconfigure. *European Journal of Information Systems, 19*(2), 238-249.

Welge, M. (1980). *Management in deutschen multinationalen Unternehmungen: Ergebnisse einer empirischen Untersuchung.* Stuttgart.

Weltwirtschaftsforum. (2013). Building Resilience in Supply Chains. (S. 1-44). Davos: World Economic Forum/ Accenture.

Werner, H. (2013). *Supply Chain Management - Grundlagen, Strategien, Instrumente und Controlling* (5. Ausg.). Wiesbaden: Springer Gabler Verlag.

Wicher, P., & Lenort, R. (7.-9.. November 2012). The ways of creating resilient supply chains. Jeseník, Tschechien. Abgerufen am 31. Oktober 2016 von http://clc2012.tanger.cz/files/proceedings/09/reports/792.pdf

Wieland, A. (2013). Selecting the right Supply Chain based on risks. *Journal of Manufacturing Technology Management, 24*(5), 652-668.

Wieland, A., & Wallenburg, C. (2012). Dealing with supply chain risks – linking risk management practices and strategies to performance. *International Journal of Physical Distribution & Logistics Management, 42*(10), 887-905.

Wieland, A., & Wallenburg, C. (2013). The influence of relational competencies on supply chain resilience: a relational view. *International Journal of Physical Distribution & Logistics Management, 43*(4), 300-320.

Wilding, R. (2013). Supply chain temple of resilience. *Logistics and Transportation Focus, 15*(11), 54-59.

Wilkinson, S. (1998). Focus groups in health research: Exploring the meanings of health and illness. *Journal of Health Psychology, 3*(3), 323-342.

Williams, Z., Lueg, J. E., & LeMay, S. A. (2008). Supply chain security: an overview and research agenda. *The International Journal of Logistics Management, 19*(2), 254-281.

Williams, Z., Ponder, N., & Autry, C. W. (2009). Supply chain security culture: measure development and validation. *The International Journal of Logistics Management, 20*(2), 243-260.

Witte, E. (1987). Effizienz der Führung. In A. Kieser, G. Reber, & R. Wunderer, *Handwörterbuch der Führung* (S. 163-175). Stuttgart: Schäffer-Poeschel Verlag.

Wolf, M. (2008). *Organisation, Management, Unternehmensführung: Theorie Praxisbeispiele und Kritik* (3. Ausg.). Wiesbaden: Gabler Verlag.

Wrigley, N., Warm, D., Margetts, B., & Lowe, M. (2004). The Leeds "food deserts" intervention study: what the focus groups reveal. *International Journal of Retail & Distribution Management, 32*(2), 123-136.

Wu, B., & Knott, A. (2006). Entrepreneurial risk market and entry. *Management Science, 52*(9), 1315-1330.

Wu, C.-W., Reuer, J., & Ragozzino, R. (2013). Insights of Signaling Theory for Acquisitions Research. In C. Cooper, *Advances in Mergers and Acquisitions (Advances in Mergers and Acquisitions, Volume 12* (S. 173-191). Sydney: Finkelstein.

Xu, J. (2008). Managing the Risk of Supply Chain Disruption: Towards a Resilient Approach of Supply Chain Management. *2008 ISECS International Colloquium on Computing, Communication, Control, and Management* (S. 3-7). Guangzhou, China: IEEE.

Xu, M., Wang, X., & Zhao, L. (2014). Predicted supply chain resilience based on structural evolution against random supply disruptions. *International Journal of Systems Science: Operations & Logistics, 1*(2), 105-117.

Yang, B., & Yang, Y. (4 2010). Postponement in supply chain risk management: a complexity perspective. *International Journal of Production Research, 48*(7), 1901–1912.

Yen, B.-C., & Zeng, B. (2011). Modeling and Analysis of Supply Chain Risk System under the Influence of Partners' Collaboration. *Proceedings of the 44th Hawaii International Conference on System Sciences - 2011* (S. 1-10). Kauai, HI, USA: IEEE.

Yim, B., & Leem, B. (2013). The effect of the supply chain social capital. *Industrial Management & Data Systems, 113*(3), 324-349.

Yin, R. (2009). *Case Study Research: Design and Methods* (4. Ausg.). Thousand Oaks, USA: Sage Publications.

Zeballos, L., Gomes, M., Barbosa-Povoa, A., & Novais, A. (2012). Optimum Design and Planning of Resilient and Uncertain Closed-Loop Supply Chains. *Proceedings of the 22nd European Symposium on Computer Aided Process Engineering* (S. 407-411). London: Elsevier B.V.

Zelenovic, D. (1982). Flexibility – a condition for effective production systems. *International Journal of Production Research, 20*(3), 319-337.

Zhao, X., Xie, J., & Leung, J. (2002). The impact of forecasting model selection on the value of information sharing in a supply chain. *European Journal of Operational Research, 142*, 321–344.

Zhou, H., & Benton Jr, W. C. (2007). Supply chain practice and information sharing. *Journal of Operations Management, 25*(6), 1348-1365.

Zhu, J., & Ruth, M. (2013). Exploring the resilience of industrial ecosystems. *Journal of Environmental Management, 122*, 65-75.

Zikmund, W. (2008). *Business Research Methods.* Fort Worth: Thomson/South-Wester.

Zimmermann, H. (1991). *Fuzzy Set Theory and its Applications* (2. Ausg.). Dordrecht: Kluwer Academic Publishers.

Zinn, W., & Charnes, J. (2005). A Comparison of the Economic Order Quantity and Quick Response Inventory Replenishment Methods. *Journal of Business Logistics, 26*(2), 119-141.

Zsidisin, G. (2003). Managerial perception of risk. *Journal of Supply Chain Management, 39*(1), 14-25.

Zsidisin, G., & Ritchie, B. (2008). *Supply Chain Risk* (Bd. 124). (I. S. Science, Hrsg.) New York: Springer Verlag.

Zsidisin, G., & Smith, M. (2005). Managing supply risk with early supplier involvement: a case study and research propositions. *Journal of Supply Chain Management, 41*(4), 44-57.

Zsidisin, G., & Wagner, S. (2010). Do perceptions become reality? The moderating role of supply chain resiliency on disruption occurence. *Journal of Business Logistics, 31*(2), 1-20.

Zsidisin, G., Ellram, L., Carter, J., & Cavinato, X. (2004). An analysis of supply risk assessment techniques. *International Journal of Physical Distribution & Logistics Management, 34*(5), 397-413.

Anhang

Anhang A: Supply Chain Management und verwandte Konzepte im Überblick

Managementkonzept	Beschreibung
Supply Chain Management (SCM)	Supply Chain Management umfasst das Design, die Planung und Steuerung sowie die kontinuierliche Verbesserung unternehmensübergreifender Material-, Informations- und Kapitalflüsse. Seine Ziele liegen zum einen in der effizienten und gleichzeitig flexiblen Gestaltung der unternehmensinternen Prozesse, der Organisationsstruktur und Infrastrukturen. Zum anderen steht die integrative Gestaltung unternehmensübergreifender Aktivitäten, im Kontext vertikal alliierter Unternehmensnetzwerke, im Fokus der langfristig ausgelegten Ziele zur Erhöhung des Kundennutzens.
Wertschöpfungskette	Wertschöpfungsketten berücksichtigen Faktoren die zur Wertsteigerung und -vernichtung beitragen. Dazu zählen mit Image und Design Größen, welche für eine Supply Chain nur sekundäre Bedeutung besitzen.
Logistikkette	Eine Logistikkette erstreckt sich auf physische Tätigkeiten zur Raum- und Zeitüberbrückung. Im Gegensatz zum SCM werden Geldflüsse kaum berücksichtigt. Während eine Logistikkette primär auf die Verzahnung tradierter Unternehmungsbereiche zielt, umspannt ein SCM komplette organisatorische Netzwerke.
Demand Chain Management (DCM)	DCM bildet eine Integration von Aktivitäten in Richtung Kunde ab (Pull-Orientierung). Im Gegensatz zum SCM berücksichtigt DCM Lieferantenattribute kaum.

Managementkonzept	Beschreibung
Customer Relationship Management (CRM)	CRM stellt die Planung, Steuerung und Kontrolle sämtlicher auf Marktpartner gerichteten Maßnahmen einer Unternehmung zur Intensivierung der Kundenbeziehungen dar. Anders als ein SCM, umfasst das CRM keine Lieferantenströme.
Beziehungsmanagement	Beziehungsmanagement kennzeichnet die Abstimmung von Leitbildern und Maßnahmen vertikal kooperierender Akteure, verbunden mit dem Anspruch, Beziehungen aufrechtzuerhalten und zum gegenseitigen Nutzen auszubauen. Der Schwerpunkt richtet sich auf die Sozialebene (psychologische und emotionale Faktoren).
Supply Chain Relationship Management	Supply Chain Relationship Management basiert auf dem SCM und auf dem Beziehungsmanagement. Untersuchungsfelder des Supply Chain Relationship Managements sind soziale Beziehungen (und nicht Material-, Informations- und Geldflüsse). Der Ansatz stellt somit einen beziehungsaffinen Teil des SCM dar.

Quelle: (Werner, 2013, S. 24)

Anhang 263

Anhang B: Zuordnung der Veröffentlichungen zu spezifischen Supply Chain Resilienz-Forschungsperspektiven

Autor	Jahr	Titel	Journal/ Book/ Publication/ Institute/ Organization	Inhaltliche SCRes Perspektive	Methodik	Verknüpfte Theorien (grand/medium/small)
Fiksel	2003	Designing Resilient, Sustainable Systems	Environmental Science & Technology	System-Ansatz	- keine -	Systemtheorie
Hamel & Valikangas	2003	The quest for resilience	Harvard Business Review	Strategie & Organisation	kausalanalytisch, theoretische Forschung	-
Rice & Caniato	2003	Building a Secure and Resilient Supply Network	Supply Chain Management Review	Strategie & Organisation	empirisch, qualitative Erhebung	-
Christopher & Peck	2004	Building the Resilient Supply Chain	The International Journal of Logistics Management	Strategie & Organisation	kausalanalytisch, theoretische Forschung	-
Christopher & Rutherford	2004	Creating Supply Chain Resilience Through Agile Six Sigma	criticaleye.net	Operations Management	kausalanalytisch, konzeptioneller Bezugsrahmen	Lean-Six-Sigma
Peck	2005	Drivers of supply chain vulnerability: an integrated framework	International Journal of Physical Distribution & Logistics Management	Multi-Disciplinary	empirisch, Fallstudien	Network theory, complex system theory
Sheffi & Rice	2005	A Supply Chain View of the Resilient Enterprise	MIT Sloan Management Review	Strategie & Organisation	empirisch, qualitative Erhebung	-
Gallopin	2006	Linkages between vulnerability, resilience, and adaptive capacity	Global Environmental Change	System-Ansatz	kausalanalytisch, konzeptioneller Bezugsrahmen	Systemtheorie
Minnich & Maier	2006	Supply Chain Responsiveness and Efficiency – Complementing or Contradicting Each Other?	Research Publication (Faculty)	System-Ansatz	kausalanalytisch, mathematische Methoden	Systemtheorie
Craighead et al.	2007	The Severity of Supply Chain Disruptions: Design Characteristics and Mitigation Capabilities	Decision Sciences	Strategie & Organisation	empirisch, gemischte Methoden	Network theory, theory sampling

Autor	Jahr	Titel	Journal/ Book/ Publication/ Institute/ Organization	Inhaltliche SCRes Perspektive	Methodik	Verknüpfte Theorien (grand/medium/small)
Datta et al.	2007	Agent-based modelling of complex production/ distribution systems to improve resilience	International Journal of Logistics Research and Applications	Operations Management	empirisch, Fallstudien	Principal agent theory,
Dynes et al.	2007	Economic costs of firm-level information infrastructure failures: Estimates from field studies in manufacturing supply chains	The International Journal of Logistics Management	Operations Management	empirisch, qualitative Erhebung	Economic theory
Gaonkar & Viswanadham	2007	Analytical Framework for the Management of Risk in Supply Chains	IEEE Transactions on Automation Science and Engineering	Disastermanagement	kausalanalytisch, mathematische Methoden	-
Reichhart & Holweg	2007	Creating the customer-responsive supply chain: a reconciliation of concepts	International Journal of Operations & Production Management	Operations Management	kausalanalytisch, konzeptioneller Bezugsrahmen	Literaturübersicht
Barroso et al.	2008	A Supply Chain Disturbances Classification	UNIDEMI, Faculty of Sciences & Technology, University Nova de Lisboa, Portugal	Systemansatz	kausalanalytisch, konzeptioneller Bezugsrahmen	-
Falascal, Zobel & Cook	2008	A Decision Support Framework to Assess Supply Chain Resilience	Proceedings of the 5th International ISCRAM Conference – Washington, DC, USA	Strategie & Organisation	kausalanalytisch, mathematische Methoden	Entscheidungstheorie
Kong & Li	2008	Creating the Resilient Supply Chain: The Role of Knowledge Management Resources	School of Economics and Management, Harbin Institute of Technology (HIT), Harbin,	- keine -	kausalanalytisch, konzeptioneller Bezugsrahmen	-
Longo & Ören	2008	Supply Chain Vulnerability and Resilience: A State of the Art Overview	Research Publication (Faculty)	Multi-Disciplinary	kausalanalytisch, theoretische Forschung	Literaturübersicht
Macdonald	2008	Supply Chain Disruption Management: A Conceptual Framework and Theoretical Model	Dissertation (manuscript)	Disastermanagement	empirisch, qualitative Erhebung	Grounded theory, literature review, decision theory

Anhang

Autor	Jahr	Titel	Journal/ Book/ Publikation/ Institute/ Organization	Inhaltliche SCRes Perspektive	Methodik	Verknüpfte Theorien (grand/medium/small)
Ratick et al.	2008	Locating Backup Facilities to Enhance Supply Chain Disaster Resilience	Growth and Change	Logistik-, Transport- & Netzwerk-Management	kausalanalytisch, mathematische Methoden	-
Williams et al.	2008	Supply chain security: an overview and research agenda	The International Journal of Logistics Management	Strategie & Organisation	kausalanalytisch, theoretische Forschung	Literaturübersicht
Xu	2008	Managing the Risk of Supply Chain Disruption: Towards a Resilient Approach of Supply Chain Management	2008 ISECS International Colloquium on Computing, Communication, Control and Management	Disastermanagement	kausalanalytisch, theoretische Forschung	-
Bakshi & Kleindorfer	2009	Co-opetition and Investment for Supply Chain Resilience	Research Publication (Faculty)	Disastermanagement	kausalanalytisch, mathematische Methoden	game theory, bargaining theory
Mitra et al.	2009	Towards resilient supply chains: Uncertainty analysis using fuzzy mathematical programming	Chemical Engineering Research and Design	Logistik-, Transport- & Netzwerk-Management	kausalanalytisch, mathematische Methoden	fuzzy set theory
Moore & Manring	2009	Strategy development in small and medium sized enterprises for sustainability and increased value creation	Journal of Cleaner Production	System-Ansatz	kausalanalytisch, theoretische Forschung	Literaturübersicht, game theory
Ponomarov & Holcomb	2009	Understanding the concept of supply chain resilience	The International Journal of Logistics Management	Multi-Disciplinary	kausalanalytisch, konzeptioneller Bezugsrahmen	Literaturübersicht
Stewart et al.	2009	Leveraging public-private partnerships to improve community resilience in times of disaster	International Journal of Physical Distribution & Logistics Management	Disastermanagement	kausalanalytisch, konzeptioneller Bezugsrahmen	-
Williams et al.	2009	Supply chain security culture: measure development and validation	The International Journal of Logistics Management	Strategie & Organisation	kausalanalytisch, theoretische Forschung	Organizational behavior theory
Atwater et al.	2010	To change or not to change: How motor carriers responded following 9/11	Journal of Business Logistics	Strategie & Organisation	empirisch, qualitative Erhebung	-

Autor	Jahr	Titel	Journal/ Book/ Publication/ Institute/ Organization	Inhaltliche SCRes Perspektive	Methodik	Verknüpfte Theorien (grand/medium/small)
Barroso et al.	2010	Toward a Resilient Supply Chain with Supply Disturbances	UNIDEMI, Faculty of Sciences & Technology, University Nova de Lisboa, Portugal	Strategie & Organisation	kausalanalytisch, theoretische Forschung	-
Butner	2010	The smarter supply chain of the future	Strategy & Leadership	- keine -	empirisch, qualitative Erhebung	-
Colicchia et al.	2010	Increasing supply chain resilience in a global sourcing context	Production Planning & Control	Strategie & Organisation	kausalanalytisch, mathematische Methoden	Network theory, quantitative modelling
Guoping	2010	Research on Resilient Supply Chain on the Basis of Hooke's Law	2010 International Conference on E-Product E-Service and E-Entertainment	Strategie & Organisation	kausalanalytisch, theoretische Forschung	-
Klibi et al.	2010	The design of robust value-creating supply chain networks: A critical review	European Journal of Operational Research	Strategie & Organisation	kausalanalytisch, theoretische Forschung	Literaturübersicht
Pettit et al.	2010	Ensuring Supply Chain Resilience: Development of a Conceptual Framework	Journal of Business Logistics	Multi-Disciplinary	kausalanalytisch, konzeptioneller Bezugsrahmen	Grounded theory, literature review
Yang & Yang	2010	Postponement in supply chain risk management: a complexity perspective	International Journal of Production Research	System-Ansatz	kausalanalytisch, theoretische Forschung	Komplexitätstheorie, normal accident theory
Berle et al.	2011	Formal Vulnerability Assessment of a maritime transportation system	Reliability Engineering and System Safety	Logistik-, Transport- & Netzwerk-Management	kausalanalytisch, theoretische Forschung	normal accident theory, autonomous agency theory,
Bhamra et al.	2011	Resilience: the concept, a literature review and future directions	International Journal of Production Research	Multi-Disciplinary	kausalanalytisch, theoretische Forschung	Literaturübersicht
Blackhurst et al.	2011	An Empirically Derived Framework of Global Supply Resiliency	Journal of Business Logistics	Strategie & Organisation	kausalanalytisch, konzeptioneller Bezugsrahmen	System theory

Anhang

Autor	Jahr	Titel	Journal/Book/Publication/Institute/Organization	Inhaltliche SCRes Perspektive	Methodik	Verknüpfte Theorien (grand/medium/small)
Carvalho et al.	2011	Lean, agile, resilient and green: divergencies and synergies	International Journal of Lean-Six-Sigma	Multi-Disciplinary	kausalanalytisch, theoretische Forschung	Systemtheorie
Cox et al.	2011	Transportation security and the role of resilience: A foundation for operational metrics	Transport Policy	Operations Management	kausalanalytisch, konzeptioneller Bezugsrahmen	-
Jüttner & Maklan	2011	Supply chain resilience in the global financial crisis: an empirical study	Supply Chain Management: An International Journal	Strategie & Organisation	empirisch, Fallstudien	-
Shuai et al.	2011	Research on Measuring Method of Supply Chain Resilience Based on Biological Cell Elasticity Theory	Proceedings of the 2011 IEEE IEEM	Ökologie	kausalanalytisch, mathematische Methoden	biological cell elasticity theory (stress relaxation time of material mechanics)
Soni & Jain	2011	Minimizing the Vulnerabilities of Supply Chain: A new Framework for Enhancing the Resilience	Proceedings of the 2011 IEEE IEEM	Ökologie	kausalanalytisch, konzeptioneller Bezugsrahmen	Literaturübersicht, fitness landscape theory
Thun & Hoenig	2011	An empirical analysis of supply chain risk management in the German automotive industry	International Journal of Production Economics	Operations Management	empirisch, qualitative Erhebung	-
VanVector	2011	Cognizant healthcare logistics management: ensuring resilience during crisis	International Journal of Disaster Resilience in the Built Environment	Logistik-, Transport- & Netzwerk-Management	kausalanalytisch, theoretische Forschung	-
Vugrin et al.	2011	A Resilience Assessment Framework for Infrastructure and Economic Systems: Quantitative and Qualitative Resilience Analysis of Petrochemical Supply Chains to a Hurricane	Process Safety Progress	Disastermanagement	empirisch, Fallstudien	system theory
Wedawatta et al.	2011	Building up resilience of construction sector SMEs and their supply chains to extreme weather events	International Journal of Strategic Property Management	Strategie & Organisation	kausalanalytisch, theoretische Forschung	-

Autor	Jahr	Titel	Journal/ Book/ Publication/ Institute/ Organization	Inhaltliche SCRes Perspektive	Methodik	Verknüpfte Theorien (grand/medium/small)
Yen & Zeng	2011	Modeling and Analysis of Supply Chain Risk System under the Influence of Partners' Collaboration	Proceedings of the 44th Hawaii International Conference on System Sciences (2011)	System-Ansatz	kausalanalytisch, mathematische Methoden	Literaturübersicht SCRM
Colicchia & Strozzi	2012	Supply chain risk management: a new methodology for a systematic literature review	Supply Chain Management: An International Journal	Multi-Disciplinary	kausalanalytisch, theoretische Forschung	Literaturübersicht (Systematic Literature Review (SLR) and Citation Network Analysis (CNA))
Haldar et al.	2012	An integrated approach for supplier selection	Procedia Engineering	Lieferantenauswahl & -management	empirisch, qualitative Erhebung	-
Ivanov et al.	2012	Applicability of optimal control theory to adaptive supply chain planning and scheduling	Annual Reviews in Control	Operations Management	kausalanalytisch, theoretische Forschung	Control theory, decision theory,
Khan et al.	2012	Aligning product design with the supply chain: a case study	Supply Chain Management: An International Journal	Strategie & Organisation	empirisch, Fallstudien	"Design centric approach"
Levesque	2012	Building Resilience and Sustainability into the Chinese Supply Chain	The Shipping Point (book chapter)	Operations Management	kausalanalytisch, theoretische Forschung	-
Ponis & Koronis	2012	Supply Chain Resilience: definition of concept and its formative elements	The Journal of Applied Business Research	Multi-Disciplinary	kausalanalytisch, theoretische Forschung	Literaturübersicht
Ponomarov	2012	Antecedents and Consequences of Supply Chain Resilience: A Dynamic Capabilities Perspective	Dissertation (manuscript)	Strategie & Organisation	kausalanalytisch, konzeptioneller Bezugsrahmen	combination of survey methodology and structural equation modeling
Saghafian & van Oyen	2012	The value of flexible backup suppliers and disruption risk information: news vendor analysis with recourse	IIE Transactions	Disastermanagement	kausalanalytisch, mathematische Methoden	-

Autor	Jahr	Titel	Journal/ Book/ Publication/ Institute/ Organization	Inhaltliche SCRes Perspektive	Methodik	Verknüpfte Theorien (grand/ medium/small)
Schlegel & Trent	2012	Risk Management: Welcome to the new normal	Supply Chain Management Review	Operations Management	empirisch, Fallstudien	-
Schmitt & Singh	2012	A quantitative analysis of disruption risk in a multi-echelon supply chain	International Journal of Production Economics	Logistik-, Transport- & Netzwerk-Management	kausalanalytisch, mathematische Methoden	inventory theory, back-up placement
Spiegler et al.	2012	A control engineering approach to the assessment of supply chain resilience	International Journal of Production Research	System-Ansatz	kausalanalytisch, mathematische Methoden	-
Wagner & Neshat	2012	A comparison of supply chain vulnerability indices for different categories of firms	International Journal of Production Research	Strategie & Organisation	empirisch, qualitative Erhebung	Normal Accident Theory; High Reliability Theory, Graph modelling
Zeballos et al.	2012	Optimum Design and Planning of Resilient and Uncertain Closed-Loop Supply Chains	Proceedings of the 22nd European Symposium on Computer Aided Process Engineering	Logistik-, Transport- & Netzwerk-Management	kausalanalytisch, statistische Methodik	Graph theory
Artsiomchyk & Zhivi-	2013	Designing Supply Chain with Robustness Analysis	7th IFAC Conference on Manufacturing Modelling, Management, and Control	Operations Management	kausalanalytisch, mathematische Methoden	Literaturübersicht
Azevedo et al.	2013	Ecoresilient Index to assess the greenness and resilience of the upstream automotive supply chain	Journal of Cleaner Production	Multi-Disciplinary	empirisch, gemischte Methoden	Delphi technique, case study approach
Berle et al.	2013	Optimization, risk assessment and resilience in LNG transportation systems	Supply Chain Management: An International Journal	Logistik-, Transport- & Netzwerk-Management	kausalanalytisch, statistische Methodik	-
Braziotis et al.	2013	Supply chains and supply networks: distinctions and overlaps	Supply Chain Management: An International Journal	Logistik-, Transport- & Netzwerk-Management	kausalanalytisch, theoretische Forschung	Literaturübersicht
Golgeci & Ponomarov	2013	Does firm innovativeness enable effective responses to supply chain disruptions? An empirical	Supply Chain Management: An International Journal	Strategie & Organisation	empirisch, gemischte Methoden	dynamic capability theory

Autor	Jahr	Titel	Journal/ Book/ Publication/ Institute/ Organization	Inhaltliche SCRes Perspektive	Methodik	Verknüpfte Theorien (grand/ medium /small)
Hearnshaw & Wilson	2013	A complex network approach to supply chain network theory	International Journal of Operations & Production Management	System-Ansatz	kausalanalytisch, theoretische Forschung	Network Theory; Literaturübersicht
Ivanov & Sokolov	2013	Control and system-theoretic identification of the supply chain dynamics domain for planning, analysis and adaptation of performance under uncertainty	European Journal of Operational Research	System-Ansatz	kausalanalytisch, mathematische Methoden	Systemtheorie
Johnson et al.	2013	Exploring the role of social capital in facilitating supply chain resilience	Supply Chain Management: An International Journal	Relational Governance	empirisch, Fallstudien	social capital theory
Leat & Revoredo-Giha	2013	Risk and resilience in agri-food supply chains: the case of the ASDA PorkLink supply chain in Scotland	Supply Chain Management: An International Journal	Operations Management	empirisch, Fallstudien	-
Lee et al.	2013	Developing a Tool to Measure and Compare Organizations' Resilience	Natural Hazards Review	Strategie & Organisation	kausalanalytisch, theoretische Forschung	reffering to high reliability organization (HRO) and normal accident theory
Pettit et al.	2013	Ensuring Supply Chain Resilience: Development and Implementation of an Assessment Tool	Journal of Business Logistics	Strategie & Organisation	empirisch, qualitative Erhebung	network theory, grounded theory, system theory, u.a.
Purpura	2013	Resilience, Risk Management, Business Continuity, and Emergency Management	Book Chapter (Security and Loss Prevention, pp.321-362)	Multi-Disciplinary	- keine -	emergency mgmt theory, risk perception theory, risk communication theory, game theory, system theory, chaos theory, decision theory, organizational behaviour theory, social constructionist theory, Weberian theory, Marxist theory

Anhang

Autor	Jahr	Titel	Journal/ Book/ Publication/ Institute/ Organization	Inhaltliche SCRes Perspektive	Methodik	Verknüpfte Theorien (grand/ medium/ small)
Weltwirt-	2013	Building Resilience in Supply Chains	World Economic Forum	- keine -	- keine -	-
Wieland	2013	Selecting the right supply chain based on risks	Journal of Manufacturing Technology Management	Strategie & Organisation	kausalanalytisch, mathematische Methoden	-
Wieland & Wallenburg	2013	The influence of relational competencies on supply chain resilience: a relational view	International Journal of Physical Distribution & Logistics Management	Relational Governance	empirisch, gemischte Methoden	relational view, -
Zhu & Ruth	2013	Exploring the resilience of industrial ecosystems	Journal of Environmental Management	Ökologie	kausalanalytisch, theoretische Forschung	network theory, complex system theory
Azadeh et al.	2014	Modelling and improvement of supply chain with imprecise transportation delays and resilience factors	International Journal of Logistics Research and Applications	Strategie & Organisation	kausalanalytisch, mathematische Methoden	-
Brandon-Jones et al.	2014	A Contigent Resource-based Perspective of Supply Chain Resilience and Robustness	Journal of Supply Chain Management	Strategie & Organisation	empirisch, qualitative Erhebung	Komplexitätstheorie, netzwerktheorie
Cardoso et al.	2014	Network Design and Planning of Resilient Supply Chains	Proceedings of the 24th European Symposium on Computer Aided Process Engineering	Logistik-, Transport- & Netzwerk-Management	kausalanalytisch, mathematische Methoden	social capital theory, network theory, graph theory
Chopra & Sodhi	2014	Reducing the Risk of Supply Chain Disruptions	MIT Sloan Management Review	Logistik-, Transport- & Netzwerk-Management	kausalanalytisch, mathematische Methoden	-
Collier et al.	2014	Cybersecurity Standards: Managing Risk and Creating Resilience	IEEE Computer Society	Strategie & Organisation	kausalanalytisch, theoretische Forschung	-
Govindan et al.	2014	Impact of supply chain management practices on sustainability	Journal of Cleaner Production	Multi-Disciplinary	empirisch, Fallstudien	-
Hartmann et al.	2014	Der Innovationswürfel: Strategien zum erfolgreichen Umgang mit Supply Chain Störungen	Motoren der Innovation	Strategie & Organisation	kausalanalytisch, theoretische Forschung	-

Autor	Jahr	Titel	Journal/ Book/ Publication/ Institute/ Organization	Inhaltliche SCRes Perspektive	Methodik	Verknüpfte Theorien (grand/ medium /small)
Ivanov et al.	2014	The Ripple effect in supply chains: trade-off 'efficiency-flexibility-resilience' in disruption management	International Journal of Production Research	Multi-Disciplinary	kausalanalytisch, mathematische Methoden	complexity theory, control theory, graph theory, system theory
Kristianto et al.	2014	A model of resilient supply chain network design: A two-stage programming with fuzzy shortest path	Expert Systems with Applications	Logistik-, Transport- & Netzwerk-Management	kausalanalytisch, mathematische Methoden	Network theory,
Kumar et al.	2014	Risk assessment and operational approaches to managing risk in global supply chains	Journal of Manufacturing Technology Management	Operations Management	kausalanalytisch, konzeptioneller Bezugsrahmen	principal agent theory, grounded theory
L'Hermitte et al.	2014	Classifying logistics-relevant disasters: conceptual model and empirical illustration	Journal of Humanitarian Logistics and Supply Chain Management	Logistik-, Transport- & Netzwerk-Management	kausalanalytisch, konzeptioneller Bezugsrahmen	Systemtheorie
Mandal	2014	Supply chain resilience: a state-of-the-art review and research directions	International Journal of Disaster Resilience in the Built Environment	Multi-Disciplinary	kausalanalytisch, theoretische Forschung	Literaturrecherche
McKinnon	2014	Building Supply Chain Resilience: a Review of Challenges and Strategies	OECD - International Transport Forum	Multi-Disciplinary	kausalanalytisch, theoretische Forschung	-
Mensah & Merkuryev	2014	Developing a resilient supply chain	Procedia - Social and Behavioral Sciences	Strategie & Organisation	kausalanalytisch, theoretische Forschung	Lean Management, Lean-Six-Sigma,
Pal et al.	2014	Antecedents of organizational resilience in economic crises — an empirical study of Swedish textile and clothing SMEs	International Journal of Production Economics	Strategie & Organisation	kausalanalytisch, konzeptioneller Bezugsrahmen	dynamic capability theory
Pereira et al.	2014	Achieving supply chain resilience: the role of procurement	Supply Chain Management: An International Journal	Strategie & Organisation	kausalanalytisch, konzeptioneller Bezugsrahmen	Literaturübersicht; dynamic capability approach;

Anhang

Autor	Jahr	Titel	Journal/ Book/ Publication/ Institute/ Organization	Inhaltliche SCRes Perspektive	Methodik	Verknüpfte Theorien (grand/ medium /small)
Pereira et al.	2014	Achieving supply chain resilience: the role of procurement	Supply Chain Management: An International Journal	Strategie & Organisation	kausalanalytisch, konzeptioneller Bezugsrahmen	Literaturübersicht; dynamic capability approach;
Ponnambalam et al.	2014	Multi-Agent Models to Study the Robustness and Resilience of Complex Supply Chain Networks	2014 International Conference on Intelligent Autonomous Agents, Networks and Systems	Logistik-, Transport- & Netzwerk-Management	kausalanalytisch, theoretische Forschung	Systemtheorie, Netzwerktheorie, Komplexitätstheorie
Scholten et al.	2014	Mitigation processes – antecedents for building supply chain resilience	Supply Chain Management: An International Journal	System-Ansatz	kausalanalytisch, konzeptioneller Bezugsrahmen	Disaster theory,
Soni et al.	2014	Measuring supply chain resilience using a deterministic modeling approach	Computers & Industrial Engineering	Logistik-, Transport- & Netzwerk-Management	kausalanalytisch, konzeptioneller Bezugsrahmen	Graph theory,
Sparrow & Cooper	2014	Organizational effectiveness, people and performance: new challenges, new research agendas	Journal of Organizational Effectiveness: People and Performance	Strategie & Organisation	kausalanalytisch, theoretische Forschung	Organization theory
Urciuoli et al.	2014	The resilience of energy supply chains: a multiple case study approach on oil and gas supply chains to Europe	Supply Chain Management: An International Journal	Disaster-management	empirisch, Fallstudien	rational choice theory, decision theory
Xu et al.	2014	Predicted supply chain resilience based on structural evolution against random supply disruptions	International Journal of Systems Science: Operations & Logistics	Multi-Disciplinary	kausalanalytisch, mathematische Methoden	cell theory
Ambulkar et al.	2015	Firm's resilience to supply chain disruptions: Scale development and empirical examination	Journal of Operations Management	Operations Management	kausalanalytisch, theoretische Forschung	Management Theory
Andreoni & Miola	2015	Climate change and supply-chain vulnerability: Methodologies for resilience and impacts quantification	International Journal of Emergency Services	Ökologie	kausalanalytisch, theoretische Forschung	-

Autor	Jahr	Titel	Journal/ Book/ Publication/ Institute/ Organization	Inhaltliche SCRes Perspektive	Methodik	Verknüpfte Theorien (grand/ medium /small)
Cardoso et al.	2015	Resilience metrics in the assessment of complex supply-chains performance operating under demand uncertainty	Omega	Logistik-, Transport- & Netzwerk-Management	empirisch, Fallstudien	network theory
Durach et al.	2015	Antecedents and dimensions of supply chain robustness: a systematic literature review	International Journal of Physical Distribution & Logistics Management	Multi-Disciplinary	kausalanalytisch, konzeptioneller Bezugsrahmen	Literaturübersicht
Falkowski	2015	Resilience of farmer-processor relationships to adverse shocks: the case of dairy sector in Poland	British Food Journal	Disastermanagement	empirisch, Fallstudien	-
Gao	2015	Collaborative forecasting, inventory hedging and contract coordination in dynamic supply risk management	European Journal of Operational Research	Operations Management	kausalanalytisch, mathematische Methoden	graph theory,
Gölgeci & Ponomarov	2015	How does firm innovativeness enable supply chain resilience? The moderating role of supply uncertainty and interdependence	Technology Analysis & Strategic Management	Multi-Disciplinary	empirisch, gemischte Methoden	network theory, relational view
Gualandris & Kalchschmitd	2015	Supply risk management and competitive advantage: a misfit model	The International Journal of Logistics Management	Strategie & Organisation	empirisch, qualitative Erhebung	contingency theory (organizational theory)
Gunasekaran et al.	2015	Supply chain resilience: role of complexities and strategies	International Journal of Production Research	System-Ansatz	kausalanalytisch, konzeptioneller Bezugsrahmen	complexity theory, control theory
Heckmann et al.	2015	A critical review on supply chain risk – Definition, measure and modeling	Omega	Strategie & Organisation	kausalanalytisch, theoretische Forschung	decision theory
Herrera & Janczewski	2015	Cloud Supply Chain Resilience: A Coordination Approach	Information Security for South Africa (ISSA), 2015	Strategie & Organisation	kausalanalytisch, konzeptioneller Bezugsrahmen	inventory theory

Anhang

Autor	Jahr	Titel	Journal/ Book/ Publication/ Institute/ Organization	Inhaltliche SCRes Perspektive	Methodik	Verknüpfte Theorien (grand/ medium /small)
Hohenstein et al.	2015	Research on the phenomenon of supply chain resilience: A systematic review and paths for further investigation	International Journal of Physical Distribution & Logistics Management	Multi-Disciplinary	kausalanalytisch, theoretische Forschung	
Ivanov et al.	2015	Supply Chain Design With Disruption Considerations: Review of Research Streams on the Ripple Effect in the Supply Chain	15th IFAC Symposium on Information Control Problems in Manufacturing	Multi-Disciplinary	kausalanalytisch, theoretische Forschung	Literaturübersicht; ripple effect (computer sciences)
Ivanov et al.	2015	Ripple Effect in the Time-Critical Food Supply Chains and Recovery Policies	15th IFAC Symposium on Information Control Problems in Manufacturing	Operations Management	kausalanalytisch, mathematische Methoden	decision theory, control theory (attainable sets and positional control)
Jæger & Hjelle	2015	Handling multi-party complexities in container flows in the upstream oil and gas supply chain	The 3rd International Conference on Transportation Information and Safety	Logistik-, Transport- & Netzwerk-Management	empirisch, Fallstudien	design theory, complexity theory
Kim et al.	2015	Supply network disruption and resilience: A network structural perspective	Journal of Operations Management	Logistik-, Transport- & Netzwerk-Management	kausalanalytisch, theoretische Forschung	graph theory, grey theory, complex system theory
Levalle & Nof	2015	A resilience by teaming framework for collaborative supply networks	Computers & Industrial Engineering	Logistik-, Transport- & Netzwerk-Management	kausalanalytisch, mathematische Methoden	Collaborative Control Theory
Li et al.	2015	A Three-Echelon System Dynamics Model on Supply Chain Risk Mitigation through Information Sharing	Proceedings of the 2015 Winter Simulation Conference, Singapore	System-Ansatz	kausalanalytisch, mathematische Methoden	System Dynamics, Literaturübersicht
Macfadyen et al.	2015	The role of food retailers in improving resilience in global food supply	Global Food Security	Ökologie	- keine -	-

Autor	Jahr	Titel	Journal/ Book/ Publication/ Institute/ Organization	Inhaltliche SCRes Perspektive	Methodik	Verknüpfte Theorien (grand/ medium /small)
Matsuo	2015	Implications of the Tohoku earthquake for Toyota's coordination mechanism: Supply chain disruption of automotive semiconductors	International Journal of Production Economics	Disastermanagement	empirisch, Fallstudien	game theory
Mohapatra et al.	2015	Resilience Measurement of A Global Supply Chain Network	2015 IEEE 9th International Conference on Intelligent Systems and Control (ISCO)	Strategie & Organisation	kausalanalytisch, konzeptioneller Bezugsrahmen	decision theory
Munoz & Dunbar	2015	On the quantification of operational supply chain resilience	International Journal of Production Research	Multi-Disciplinary	kausalanalytisch, mathematische Methoden	Systemtheorie, Netzwerktheorie, Komplexitätstheorie
Nilakant et al.	2015	Research Note: Conceptualising Adaptive Resilience using Grounded Theory	Environmental Science & Technology	Relational Governance	- keine -	Grounded theory
Ouabouch	2015	Supply Chain Resilience	IIMM - Material Management Review	Relational Governance	kausalanalytisch, theoretische Forschung	Literaturübersicht
Sadghiani et al.	2015	Retail supply chain network design under operational and disruption risks	Transportation Research Part E	Logistik-, Transport- & Netzwerk-Management	kausalanalytisch, mathematische Methoden	Network Theory, Design Theory
Scholten & Schilder	2015	The role of collaboration in supply chain resilience	Supply Chain Management: An International Journal	Relational Governance	empirisch, Fallstudien	-
Stevenson & Busby	2015	An exploratory analysis of counterfeiting strategies: Towards counterfeit-resilient supply chains	International Journal of Operations & Production Management	Strategie & Organisation	empirisch, Fallstudien	signalling theory and resource-based view
Torabi et al.	2015	Resilient supplier selection and order allocation under operational and disruption risks	Transportation Research Part E	Lieferantenauswahl & -management	kausalanalytisch, statistische Methodik	probability theory, possibility theory
Tukamuhabwa et al.	2015	Supply chain resilience: definition, review and theoretical foundations for further study	International Journal of Production Research	System-Ansatz	kausalanalytisch, theoretische Forschung	literature review, system theory

Anhang

Autor	Jahr	Titel	Journal/ Book/ Publication/ Institute/ Organization	Inhaltliche SCRes Perspektive	Methodik	Verknüpfte Theorien (grand/ medium /small)
Annarelli & Nonino	2016	Strategic and operational management of organizational resilience: Current state of research and future directions	Omega	Strategie & Organisation	kausalanalytisch, theoretische Forschung	Literaturübersicht; Co-citation
Azevedo et al.	2016	LARG index: A benchmarking tool for improving the leanness, agility, resilience and greenness of the automotive supply chain	Benchmarking: An International Journal	Strategie & Organisation	empirisch, Fallstudien	Lean Management, complexity theory
Birkie	2016	Operational resilience and lean: in search of synergies and trade-offs	Journal of Manufacturing Technology Management	Operations Management	kausalanalytisch, theoretische Forschung	Lean Management
Bogataj et al.	2016	Supply chain risk at simultaneous robust perturbations	International Journal of Production Economics	System-Ansatz	kausalanalytisch, mathematische Methoden	Marginal Revenue Product Theory; Extreme Value Theory
Chen et al.	2016	Evaluation of supply chain resilience enhancement with multi-tier supplier selection policy using agent-based modeling	2016 IEEE International Conference on Industrial Engineering and Engineering Management (IEEM)	Lieferantenauswahl & -management	empirisch, Fallstudien	-
Chiu & Lin	2016	Simulation based method considering design for additive manufacturing and supply chain: An empirical study of lamp industry	Industrial Management & Data Systems	Operations Management	empirisch, qualitative Erhebung	-
Chowdhury & Quaddus	2016	Supply chain readiness, response and recovery for resilience	Supply Chain Management: An International Journal	Multi-Disciplinary	empirisch, qualitative Erhebung	-
Dabhilkar et al.	2016	Supply-side resilience as practice bundles: a critical incident study	International Journal of Operations & Production Management	Operations Management	empirisch, qualitative Erhebung	-
Dellana & West	2016	Survival analysis of supply chain financial risk	The Journal of Risk Finance	Operations Management	empirisch, gemischte Methoden	-

Autor	Jahr	Titel	Journal/ Book/ Publication/ Institute/ Organization	Inhaltliche SCRes Perspektive	Methodik	Verknüpfte Theorien (grand/ medium /small)
Dixit et al.	2016	Performance measures based optimization of supply chain network resilience: A NSGA-II + Co-Kriging approach	Computers & Industrial Engineering	Disastermanagement	kausalanalytisch, statistische Methodik	complexity theory
Dong et al.	2016	Influence Factor Analysis of Supply Chain Resilience using ISM	13th International Conference on Service Systems and Service Management (ICSSSM)	System-Ansatz	kausalanalytisch, mathematische Methoden	-
Edgeman & Wu	2016	Supply Chain Criticality in Sustainable and Resilient Enterprises	Journal of Modelling in Management	Multi-Disciplinary	kausalanalytisch, theoretische Forschung	-
Elleuch et al.	2016	Resilience and Vulnerability in Supply Chain: Literature review	8th IFAC Conference on Manufacturing Modelling, Management and Control (MIM 2016)	Multi-Disciplinary	kausalanalytisch, theoretische Forschung	Literaturübersicht
Fahimnia & Jabbarzadeh	2016	Marrying supply chain sustainability and resilience: A match made in heaven	Transportation Research Part E	Strategie & Organisation	kausalanalytisch, mathematische Methoden	sustainability science
Herrera & Janczewski	2016	Cloud Supply Chain Resilience Model: Development and Validation	49th Hawaii International Conference on System Sciences (2016)	Strategie & Organisation	empirisch, qualitative Erhebung	coordination theory, system theory, organizational theory
Hosseini & Barker	2016	A Bayesian network model for resilience-based supplier selection	International Journal of Production Economics	Lieferantenauswahl & -management	kausalanalytisch, mathematische Methoden	Bayesiannetworktheory, grey theory, game theory
Hosseini et al.	2016	A general framework for assessing system resilience using Bayesian networks: A case study of sulfuric acid manufacturer	Journal of Manufacturing Systems	Logistik-, Transport- & Netzwerk-Management	kausalanalytisch, konzeptioneller Bezugsrahmen	bayesian network theory
Kuntz et al.	2016	Resilient Employees in Resilient Organizations: Flourishing Beyond Adversity	Industrial and Organizational Psychology	Psychologie	kausalanalytisch, theoretische Forschung	-

Anhang 279

Autor	Jahr	Titel	Journal/ Book/ Publikation/ Institute/ Organization	Inhaltliche SCRes Perspektive	Methodik	Verknüpfte Theorien (grand/ medium /small)
Lam & Bai	2016	A quality function deployment approach to improve maritime supply chain resilience	Transportation Research Part E	Logistik-, Transport- & Netzwerk-Management	empirisch, qualitative Erhebung	-
Lee & Rha	2016	Ambidextrous supply chain as a dynamic capability: building a resilient supply chain	Management Decision	Strategie & Organisation	kausalanalytisch, konzeptioneller Bezugsrahmen	organizational ambidexterity
Mandal et al.	2016	Achieving supply chain resilience: The contribution of logistics and supply chain capabilities	International Journal of Disaster Resilience in the Built Environment	Strategie & Organisation	empirisch, qualitative Erhebung	social network theory
Manning & Soon	2016	Building strategic resilience in the food supply chain	British Food Journal	Strategie & Organisation	kausalanalytisch, konzeptioneller Bezugsrahmen	Literaturübersicht, marginal gains theory
Nguyen et al.	2016	Employee resilience and leadership styles: The moderating role of proactive personality and optimism	New Zealand Journal of Psychology	Psychologie	empirisch, qualitative Erhebung	contingency theory (organizational theory)
Nonaka et al.	2016	Analysis of dynamic decision making underpinning supply chain resilience- A serious game approach	IFAC PapersOnLine	Multi-Disciplinary	empirisch, qualitative Erhebung	game theory
Papadopoulos et al.	2016	The role of Big Data in explaining disaster resilience in supply chains for sustainability	Journal of Cleaner Production	Multi-Disciplinary	empirisch, gemischte Methoden	complexity theory, system theory
Parsons et al.	2016	Top-down assessment of disaster resilience: A conceptual framework using coping and adaptive capacities	International Journal of Disaster Risk Reduction	Disastermanagement	kausalanalytisch, theoretische Forschung	resilience theory (social theory)
Pournader et al.	2016	An analytical model for system-wide and tier-specific assessment of resilience to supply chain risks	Supply Chain Management: An International Journal	Logistik-, Transport- & Netzwerk-Management	empirisch, gemischte Methoden	fuzzy set theory

Autor	Jahr	Titel	Journal/ Book/ Publication/ Institute/ Organization	Inhaltliche SCRes Perspektive	Methodik	Verknüpfte Theorien (grand/ medium /small)
Purvis et al.	2016	Developing a resilient supply chain strategy during 'boom' and 'bust'	Production Planning & Control	Strategie & Organisation	empirisch, Fallstudien	Management Theory
Rajesh	2016	Forecasting supply chain resilience performance using grey prediction	Electronic Commerce Research and Applications	System-Ansatz	kausalanalytisch, mathematische Methoden	grey theory
Sahu et al.	2016	Evaluation and selection of resilient suppliers in fuzzy environment: Exploration of fuzzy-VIKOR	Benchmarking: An International Journal	Lieferantenauswahl & -management	kausalanalytisch, mathematische Methoden	decision theory (fuzzy set theory)
Spiegler et al.	2016	The value of nonlinear control theory in investigating the underlying dynamics and resilience of a grocery supply chain	International Journal of Production Research	System-Ansatz	empirisch, Fallstudien	control theory
Tan et al.	2016	Adaptive resilient strategies for supply chain networks	2016 IEEE International Conference on Big Data (Big Data)	Strategie & Organisation	kausalanalytisch, mathematische Methoden	-
Thomé et al.	2016	Similarities and contrasts of complexity, uncertainty, risks, and resilience in supply chains and temporary multi-organization projects	International Journal of Project Management	Multi-Disciplinary	kausalanalytisch, konzeptioneller Bezugsrahmen	Literaturübersicht, Co-citation,
Wang & Xiao	2016	An ant colony based resilience approach to cascading failures in cluster supply network	Physica A	System-Ansatz	kausalanalytisch, mathematische Methoden	social theory, system theory
Wang et al.	2016	Toward a Resilient Holistic Supply Chain Network System: Concept, Review and Future Direction	IEEE Systems Journal	System-Ansatz	kausalanalytisch, theoretische Forschung	network theory, system theory
Brusset & Teller	2017	Supply Chain Capabilities, Risks, and Resilience	International Journal of Production Economics	Strategie & Organisation	empirisch, qualitative Erhebung	social theory

Anhang 281

Autor	Jahr	Titel	Journal/ Book/ Publication/ Institute/ Organization	Inhaltliche SCRes Perspektive	Methodik	Verknüpfte Theorien (grand/ medium /small)
Sheffi	2005 a	Preparing for the Big One	IEE Manufacturing Engineer	Strategie & Organisation	- keine -	-
Sheffi	2005 c	Building a Resilient Supply Chain	Harvard Business Review	Strategie & Organisation	- keine -	-
Peck	2006 a	Reconciling supply chain vulnerability, risk and supply chain management	International Journal of Logistics Research and Applications	Multi-Disciplinary	kausalanalytisch, theoretische Forschung	decision theory, game theory, macroeconomic theory,
Tang	2006 a	Perspectives in supply chain risk management	International Journal of Production Economics	Multi-Disciplinary	kausalanalytisch, theoretische Forschung	inventory theory
Peck	2006 b	Resilience in the Food Chain: A Study of Business Continuity Management in the Food and Drink Industry	Report (to the Department for Environment, Food and Rural Affairs, UK)	System-Ansatz	empirisch, qualitative Erhebung	system theory
Tang	2006 b	Robust strategies for mitigating supply chain disruptions	International Journal of Logistics Research and Applications	Strategie & Organisation	kausalanalytisch, theoretische Forschung	-
Barroso et al.	2011 a	Supply Chain Resilience Using the Mapping Approach	UNIDEMI, Faculty of Sciences & Technology, University Nova de Lisboa, Portugal	Operations Management	kausalanalytisch, theoretische Forschung	Wertstrommethode, Visualisierung
Barroso et al.	2011 b	The resilience paradigm in the supply chain management: A case study	Proceedings of the 2011 IEEE IEEM	Strategie & Organisation	empirisch, Fallstudien	-
Carvalho et al.	2012 a	Agile and resilient approaches to supply chain management: influ-	Logistics Research (Springer)	Strategie & Organisation	kausalanalytisch, konzeptioneller	-
Carvalho et al.	2012 b	Supply chain redesign for resilience using simulation	Computers & Industrial Engineering	Strategie & Organisation	empirisch, Fallstudien	multiple theories, e.g. fuzzy theory and chaos theory

Autor	Jahr	Titel	Journal/ Book/ Publication/ Institute/ Organization	Inhaltliche SCRes Perspektive	Methodik	Verknüpfte Theorien (grand medium /small)
Cardoso et al.	2014 b	Resilience assessment of supply chains under different types of disruption	Proceedings of the 8th International Conference on Foundations of Computer Aided Process Design (FOCAPD 2014)	Relational Governance	kausalanalytisch, mathematische Methoden	social capital theory, network theory, graph theory, complexity theory
Rajesh & Ravi	2015 a	Supplier selection in resilient supply chains: a grey relational analysis approach	Journal of Cleaner Production	Lieferantenauswahl & -management	kausalanalytisch, mathematische Methoden	Systemtheorie (grey theory); Decision-making trial and evaluation laboratory (DEMATEL) method
Rajesh & Ravi	2015 b	Modeling enablers of supply chain risk mitigation in electronic supply chains: A Grey–DEMATEL approach	Computers & Industrial Engineering	System-Ansatz	kausalanalytisch, mathematische Methoden	Systemtheorie (grey theory); Decision-making trial and evaluation laboratory (DEMATEL) method
Kamalahmadi & Mellat-Parast	2016 a	Developing a resilient supply chain through supplier flexibility and reliability assessment	International Journal of Production Research	Lieferantenauswahl & -management	kausalanalytisch, mathematische Methoden	-
Kamalahmadi & Mellat-Parast	2016 b	A review of the literature on the principles of enterprise and supply chain resilience: Major findings and directions for future research	International Journal of Production Economics	Multi-Disciplinary	kausalanalytisch, konzeptioneller Bezugsrahmen	Literaturübersicht

Im Sinne der Übersichtlichkeit und der Möglichkeit zur individuellen Datenanalyse steht Anhang B ebenfalls als Excel-Tabelle online zur Verfügung. Bitte nutzen Sie folgenden kostenlosen Link, um die Datei einzusehen:
https://www.dropbox.com/sh/5vfm310o9s6szcg/AACP2Rp0CcL1UDwnO61fdoxua?dl=0

Anhang 283

Anhang C: Methodische Forschungszugänge zu Supply Chain Resilienz im Zeitraum 2003-2016

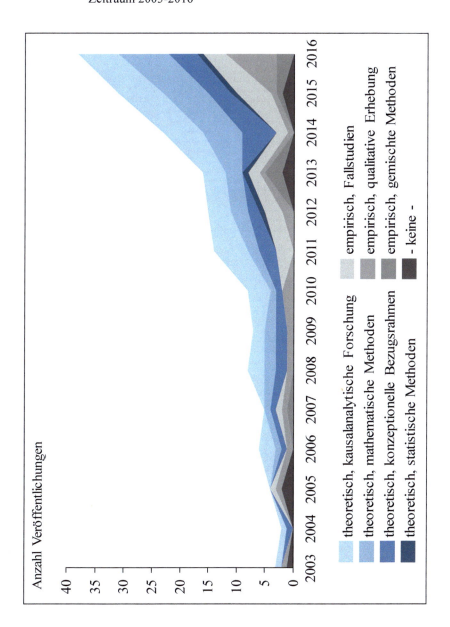

Anhang D: Zuordnung der identifizierten Theorien zu Theorie-Ebenen

Kategorie	Theorien	Häufigkeit	Coding-Quellen (Autoren)
Übergeordnete Theorien (14)	Systemtheorie	21	Caddy & Helou (2007)
	Netzwerktheorie	16	Hearnshaw & Wilson (2013)
	Entscheidungstheorie	10	Alexander et al. (2014)
	Lean Management	4	Birkie (2016)
	Complexe Systemtheorie	3	Li et al. (2013), Kim et al. (2015)
	Sozialtheorie	3	Dahms (2013)
	Wirtschaftstheorie	2	Dynes et al. (2007)
	Managementtheorie/ Managementlehre	2	Jung et al. (2006)
	Organisationale Verhaltenstheorie	2	Williams et al. (2009)
	Organisationstheorie	2	Sparrow & Cooper (2014)
	Koordinationslehre (*coordination theory*)	1	Malone & Crowston (1990)
	Katastrophentheorie	1	Etkin (2015)
	Marxistische Theorie	1	Backhaus (2006)
	Weber'sche Theorie (*weberian theory*)*	1	Collins (1986)
Breit gefächerte Theorien (20)	Komplexitätstheorie	11	Smith (2005)
	Graphentheorie	8	Doukas et al. (2011)
	Spieltheorie	7	Tanimoto (2015)
	Grounded Theory	5	Randall & Mello (2012)
	Unfalltheorie (*normal accident theory*)	4	Marley et al. (2014)
	Design Theorie (*design theory*)	3	Wagenknecht et al. (2017)
	Dynamic Capability Theory	3	Schweizer et al. (2015)
	Humankapitaltheorie	3	Yim & Leem (2013)
	Baye'sche Netzwerktheorie	2	Hosseini et al. (2016)
	Chaos Theorie	2	Stapleton et al. (2006)
	Kontingenztheorie	2	Redding (1976)
	Prinzipal-Agenten-Theorie	2	Fayezi et al. (2012)
	Relational View	2	Wieland & Wallenburg (2013)
	Zelltheorie	1	Xu et al. (2014)
	Collaborative Control Theory	1	Halldórsson et al. (2015)
	Notfallmanagement-Theorie*	1	Wankhade & Murphy (2012)
	Resource-Based View	1	Halldórsson et al. (2015)
	Signaling Theory	1	Wu et al. (2013)
	Theorie der sozialen Netzwerke	1	Borgatti & Li (2009)
	System Dynamics	1	Richardson (2001)
Spezifische Theorien (22)	Kontrolltheorie	5	Spiegler et al. (2016)
	Grey Theorie	5	Rajesh (2016)
	Fuzzy Theorie	4	Zimmermann (1991)
	Bestandstheorie (*inventory theory*)	3	Porteus (2002)
	High Reliability Theorie	2	Wagner & Neshat (2012)
	Lean Six Sigma	2	Chugani et al. (2017)
	Werttheorie (*marginal gain/revenue theory*)	2	Manning & Soon (2016)
	Autonome Agency Theorie	1	Gua et al. (2016)
	Backup Placement*	1	Schmitt & Singh (2012)
	Bargaining-Theorie	1	Sapsford (1982)
	Biologische Zellelastizitätstheorie	1	Shuai et al. (2011)
	Extremwert-Theorie	1	Lindgren & Rootzen (1987)
	Fitness Landscape-Theorie	1	Soni & Jain (2011)
	Organisationale Ambidextrie	1	Lee & Rha (2016)
	Possibility-Theorie	1	Dubois & Prade (2002)
	Probability-Theorie	1	Dubois & Prade (2002)
	Theorie der rationalen Entscheidung	1	Grüne-Yanoff (2012)
	Resilienz-Theorie*	1	Parsons et al. (2016)
	Ripple Effekt*	1	Black (2001)
	Risiko-Kommunikations-Theorie	1	Purpura (2013)
	Risiko-Warnehmungstheorie (*risk perception theory*)	1	Purpura (2013)
	Social Constructionist Theorie	1	Refai et al. (2015)
	Summe (Anwendungshäufigkeiten)	168	
	Anzahl verschiedener Theorien	56	

Anhang 285

Anhang E: Inhaltliche Forschungsperspektiven zu Supply Chain Resilienz im Zeitraum 2003-2016

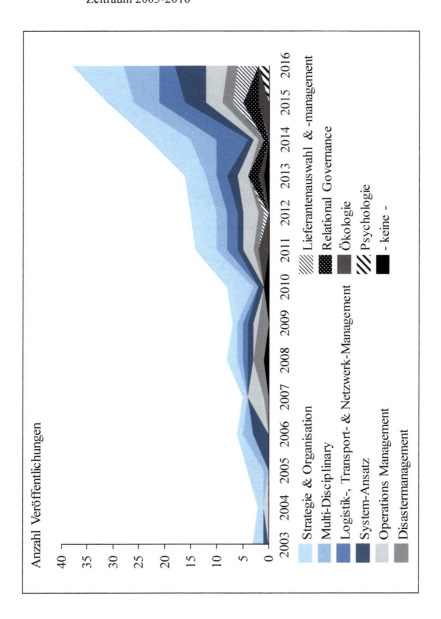

Anhang F: In der Literatur genannte Eigenschaften resilienter Supply Chains

Eigenschaften (1/3)	Anz.	Eigenschaften (2/3)	Anz.	Eigenschaften (3/3)	Anz.
flexibility	90	resourcefulness	2	knowledge management resources	1
redundancy	52	risk scanning process	2	knowledge retention	1
collaboration	39	strategic stock	2	knowledge sharing	1
visibility	38	strategy alignment	2	lead time reduction	1
agility	32	supplier selection	2	lean production	1
culture (corporate / risk mgmt)	19	sustainability	2	maintaining a transit fleet	1
velocity	18	accurate demand forecasting	1	mobility	1
adaptability	17	additive manufacturing	1	modular product design	1
information sharing	17	ambidexterity	1	motivation	1
robustness	16	business continuity management	1	optimism	1
responsiveness	14	capability	1	organizational learning	1
multiple sourcing	9	coherence	1	postponement	1
inventory	8	company's knowledge	1	preseverance	1
capacity	7	competence	1	product design	1
leadership	6	complexity management	1	product quality	1
resource efficiency	6	critical infrastructure protection	1	reconfiguration	1
recovery ability	5	cross-functional teams	1	reduction of uncertainty	1
control	4	decision synchronization	1	reliability	1
re-engineering	4	demand management	1	resource availability	1
risk management infrastructure	4	demand postponement	1	resource reconfiguration	1
security	4	dispersion	1	resource-sharing	1
surplus capacity	4	disruption orientation	1	revenue management	1
cohesion	3	dynamic assortment planning	1	risk awareness	1
connectedness	3	dynamic logistics	1	risk measurement	1
decision making	3	economic vitality index measuring	1	risk sharing	1
diversity	3	employee resilience	1	self-adaption cpability	1
efficiency	3	environment awareness	1	self-organization capability	1
learning capability	3	flexible supply contracts	1	six sigma	1
Logistics Capabilities	3	flexible workforce	1	social capital	1
revenue sharing	3	harmonized system development	1	stability	1
safety stock	3	human resource management	1	staff engagement	1
trust	3	incentive alignment	1	strategic risk planning	1
anticipation	2	information security	1	supplier relationship mgmt	1
contingency planning	2	innovation	1	supply chain design	1
coping capacity	2	internal task force for recovery	1	supply chain integration	1
corporate social responsibility	2	IT systems	1	supply chain structure	1
dynamic capabilities	2	joint knowledge creation	1	surplus capacities	1
financial strengh	2	joint relationship efforts	1	trained employees	1
firm innovativeness	2	knowledge	1	vertical integration	1
network structure	2	knowledge management	1	vulnerability management	1

Anhang   287

Anhang G: Beiträge mit mehr als 14 Zitationen im Supply Chain Resilienz-Forschungsfeld

Rang	Autoren & Jahr	Titel	Zit.	Cluster
1	Christopher & Peck (2004)	Building the resilient supply chain	91	-
2	Ponomarov & Holcomb (2009)	Understanding the concept of supply chain resilience	62	C2
3	Kleindorfer & Saad (2005)	Managing disruption risks in supply chains	57	C1
4	Sheffi & Rice (2005)	A supply chain view of the resilient enterprise	53	C2
5	Craighead et al. (2007)	The severity of supply chain disruptions: Design characteristics and mitigation capabilities	52	C1
6	Rice & Caniato (2003)	Building a secure and resilient supply network	46	C1
7	Sheffi (2005b)	The Resilient Enterprise: Overcoming Vulnerability for Competitive Advantage	46	C1
8	Tang (2006b)	Robust strategies for mitigating supply chain disruptions	44	C1
9	Peck (2005)	Drivers of supply chain vulnerability: an integrated framework	43	C1
10	Chopra & Sodhi (2004)	Managing risk to avoid supply-chain breakdown	42	C1
11	Manuj & Mentzer (2008a)	Global supply chain risk management strategies	39	C1
12	Pettit et al. (2010)	Ensuring supply chain resilience: development of a conceptual framework	37	C2
13	Jüttner et al. (2003)	Supply chain risk management: Outlining an agenda for future research	34	C1
14	Tang (2006a)	Perspectives in supply chain risk management	33	C1
15	Tomlin (2006)	On the value of mitigation and contingency strategies for managing supply chain disruption risks	32	C1
16	Jüttner & Maklan (2011)	Supply chain resilience in the global financial crisis: an empirical study	31	C2
17	Norrman & Jansson (2004)	Ericsson's proactive supply chain risk management approach after a serious sub supplier accident	29	C1
18	Sheffi (2001)	Supply chain management under the threat of international terrorism	29	C1
19	Blackhurst et al. (2005)	An empirically derived agenda of critical research issues for managing supply-chain disruptions	27	C1
20	Lee (2004)	The triple-A supply chain	26	C1

Rang	Autoren & Jahr	Titel	Zit.	Cluster
21	Hendricks & Singhal (2005b)	An empirical analysis of the effect of supply chain disruptions on long-run stock price performance and risk of the firm	25	C1
22	Svensson (2000)	A conceptual framework for the analysis of vulnerability in supply chains	24	C1
23	Wagner & Bode (2006)	An empirical investigation into supply chain vulnerability	24	C1
24	Hamel & Valikangas (2003)	The quest for resilience	24	C2
25	Carvalho et al. (2012b)	Supply chain redesign for resilience using simulation	23	C3
26	Blackhurst et al. (2011)	An empirically derived framework of global supply resiliency	22	C2
27	Yin (2009)	Case Study Research: Design and Methods	22	C1
28	Christopher & Lee (2004)	Mitigating supply chain risk through improved confidence	21	C1
29	Tang & Tomlin (2008)	The power of flexibility for mitigating supply chain risks	21	C2
30	Wagner & Bode (2008)	An empirical examination of supply chain performance along several dimensions of risk	20	C1
31	Klibi et al. (2010)	The design of robust value-creating supply chain networks: A critical review	20	-
32	Hendricks & Singhal (2003)	The effect of supply chain glitches on shareholder wealth	20	C1
33	Sheffi (2005c)	Building a Resilient Supply Chain	19	C3
34	Hendricks & Singhal (2005c)	Association between supply chain glitches and operation performance	18	-
35	Pettit et al. (2013)	Ensuring supply chain resilience: Development and implementation of an assessment tool	18	C3
36	Bhamra et al. (2011)	Resilience: The concept, a literature review and future directions	18	C3
37	Colicchia et al. (2010)	Increasing supply chain resilience in a global sourcing context	17	C3
38	Knemeyer et al. (2009)	Proactive planning for catastrophic events in supply chains	17	C2
39	Fiksel (2006)	Sustainability and resilience: Toward a systems approach	17	C2
40	Hanif et al. (2012)	Understanding responses to supply chain disruptions: Insights from information processing and resource dependency perspectives	17	-
41	Holling (1973)	Resilience and stability of ecological systems	16	C2

Rang	Autoren & Jahr	Titel	Zit.	Cluster
42	Spiegler et al. (2012)	A control engineering approach to the assessment of pply chain resilience	15	C3
43	Zsidisin & Wagner (2010)	Do perceptions become reality? The moderating role of supply risk resiliency on disruption occurrence	15	C3
44	Sawik (2013)	Selection of resilient supply portfolio under disruption risks	15	C3
45	Waters (2011)	Supply chain risk management: Vulnerability and resilience in logistics	15	C4
46	Falasca et al. (2008)	A decision support framework to assess supply chain resilience	14	C3
47	Asbjørnslett (2009)	Assessing the vulnerability of supply chains	14	C4
48	Bakshi & Kleindorfer (2009)	Co-opetition and investment for supply-chain resilience	14	-
49	Fiksel (2003)	Designing resilient, sustainable systems	14	C3
50	Jüttner (2005)	Supply chain risk management: Understanding the business requirements from a practitioner perspective	14	C1

Printed in Poland
by Amazon Fulfillment
Poland Sp. z o.o., Wrocław

47055379R00178